Michael Morris

Der Goldkrieg

Seit 150 Jahren kontrolliert ein westliches Bankenkartell den Goldhandel und die Weltfinanzen. Jetzt gibt es eine Gegenmacht!

amadeus-verlag.com

Amadeus Verlag GmbH & Co. KG
Birkenweg 4
74576 Fichtenau
Fax: 07962-710263
www.amadeus-verlag.com
Email: amadeus@amadeus-verlag.com

Druck:
CPI – Ebner & Spiegel, Ulm
Satz und Layout:
Jan Udo Holey
Umschlaggestaltung:
Jan Udo Holey

ISBN 978-3-938656-12-9

INHALTSVERZEICHNIS

EINFÜHRUNG

Stellen Sie sich ein großes Pokerturnier vor, das heimlich stattfindet. Ich spreche hier nicht von einer Kammer in einer finsteren Spelunke oder von kleinen Einsätzen. Ich spreche von Milliarden-Einsätzen, von einem geheimen Zocker-Treffen der Superlative. Mit dabei sind die Besitzer von Banken, die Chefs von Zentralbanken, die Verwalter großer Investment- und Rentenfonds – und sie zocken um unser Geld!

Seit dem Ende des allgemeinen Goldstandards 1914 versuchen Banken, das Gold zu unterdrücken, seine Bedeutung und seinen Wert zu zerstören, die Menschen davon zu überzeugen, dass Gold ein steinzeitliches Relikt sei. Sein Preis wurde seit jeher manipuliert, doch noch nie in der Geschichte so vehement und skrupellos wie seit Beginn des 21. Jahrhunderts.

Wir leben in einer Welt, die sich seit der Einführung des Computers zusehends beschleunigt hat und auch weiter beschleunigt. Umso wichtiger ist es, fundamentale Fakten in der Wirtschaft und im monetären System nicht aus den Augen zu lassen. Wenn man all diese Daten betrachtet, dann kann man – wenn man dazu bereit und in der Lage ist – zu folgendem Schluss kommen: Die Situation, in der wir uns im Jahr 2014 befinden, gleicht ganz frappierend der der 1920er-Jahre. Was auf jene Zeit folgte, waren Arbeitslosigkeit, Armut, Hunger, Enttäuschung, und in weiterer Folge der Zweite Weltkrieg. Aber natürlich kann man diese Jahre auch anders betrachten und keinerlei Parallelen zu unserer heutigen Zeit sehen – wenn man das so will. Doch wie sagte der Autor und Philosoph *George Santayana* so schön: „*Wer sich weigert, aus den Lektionen der Geschichte zu lernen, ist dazu verdammt, sie zu wiederholen!*“ Wer will das schon?

Gegen Ende der 1920er-Jahre war der Aktienmarkt so aufgeblasen, dass ein Platzen der Blase unausweichlich war. Die *Federal Reserve* (FED), die Zentralbank der USA, hatte über Jahre hinweg sehr viel Geld in die Märkte gepumpt, ganz genau so, wie sie es von 2008 an getan hat. Mit einem Unterschied zu heute: Die Schulden von Staaten und Kommunen sind heute um ein Vielfaches höher als damals. Im ersten Quartal des Jahres 2013 lag die Verschuldung der Staaten in der Eurozone bei durchschnittlich 92% des Bruttoinlandsproduktes. Das bedeutet im Klartext, dass die europäischen Länder allesamt längst bankrott sind. Gleiches gilt auch für Japan und die USA, die mit über 100% noch schlechter dastehen. Das bedeutet, dass die Fallhöhe, im Falle eines Zusammenbruchs der Aktienmärkte oder der Weltwirtschaft, heute deutlich höher ist als in den späten 1920er-Jahren.

„Letzten Endes wird die gesamte Welt zusammenbrechen.", sagte der sehr erfahrene Analyst Jim Rogers in einem CBC-Interview im Dezember 2013. *„Wir haben im Westen Schulden angehäuft. Die USA ist die größte Schuldnernation in der Geschichte. Das wird böse enden!"*[(1)]

Dieser enorme Berg von Schulden ist der Kern des Problems, das unsere Weltwirtschaft und unser soziales Gefüge bedroht, und es gibt keinen einfachen Weg aus dieser Situation. Alle möglichen Szenarien für die nahe Zukunft sind äußerst bitter. Wir werden tief fallen, und es kann keine sanfte Landung geben – es sei denn, die Götter würden eingreifen und uns ein Wunder schenken. Aber seien wir ehrlich: Das ist nicht sehr wahrscheinlich! All diese Schulden wären unter einer durch Goldreserven gedeckten Währung nicht möglich gewesen! Unter einem Goldstandard hätte es weder die zwei Weltkriege noch den Vietnamkrieg oder die Kriege in Afghanistan und im Irak gegeben. Obwohl Gold oft Auslöser für Unrecht und Plünderungen war, ist es unter rechtsstaatlichem Verhalten der einzige uns bislang bekannte Garant für Frieden.

Die EZB- und FED-Politik des „lockeren Geldes" führte zu extrem niedrigen Zinsen, was wiederum dazu führte, dass nach 2008 viele klassische Anlageformen – vom Sparbuch bis hin zu Staatsanleihen – uninteressant wurden, genauer gesagt zu einer Form von Geldvernichtung wurden, da die Erträge, die man aus den Anlagen erzielte, geringer waren als die gleichzeitigen Inflationsraten, die der staatlich verordneten Geldvermehrung geschuldet waren. Was blieb Investoren also anderes übrig, als sich nach Alternativen umzusehen? Niemand will freiwillig dabei zusehen, wie sein Geld weniger wird. „*Quantitive Easing (QE) hat alle Investment-Entscheidungen der letzten Jahre beeinflusst und wird dies wohl auch noch in den kommenden Jahren nachhaltig tun. Um Renditen zu machen, wurden Investoren durch QE in die dunkelsten Ecken der Investment-Welt gedrängt.*“, führte der Hedge-Fonds-Manager Grant Williams bei einem Vortrag im November 2013 aus.

Was hat das mit Gold zu tun? Nun, wenn die Aktien-, die Immobilien- und die Staatsanleihenblase platzen, dann wird Gold wie immer das Einzige sein, was noch glänzt. Daher ist es sinnvoll, sich ein wenig mit Gold zu befassen, um es zu verstehen und von ihm zu profitieren. Es ist die einzige Möglichkeit, sich gegen Inflation und staatliche Enteignung jeglicher Art zu schützen – wenn man weiß, wie man mit Gold umgehen muss.

Von 2002 bis 2011 stieg der Goldpreis unaufhörlich und setzte dem US-Dollar und dem Euro gehörig zu. Um den längst überfälligen Kollaps des Weltwährungssystems hinauszuzögern, musste der Goldpreis gestoppt werden, und dafür griff man in Europa und den USA zu brutalsten Mitteln. Das stabilisierte den Goldkurs. Um noch mehr Zeit zu gewinnen, fuhren die großen westlichen Gold handelnden Banken, gemeinsam mit den Zentralbanken, ihre schwersten Geschütze auf. Daher sank der Preis des gelben Metalls in 2013 deutlich, was viele ahnungslose Menschen dazu veranlasste zu glauben, dass die Gold-Rallye zu Ende sei. In der Presse wurde sogar oft vom Platzen einer „Goldblase“ gesprochen. Doch all das ist ziemlicher Unsinn, denn Gold war 2013 beliebter denn je und brach alle Absatzrekorde. Ja, es wurde sogar deutlich mehr Gold verkauft als vorhanden war, sowohl auf dem Papier als auch physisch. Wie das möglich ist, werden wir im Laufe dieses Buches ans Tageslicht bringen. 2013 hat die finale Phase der Neuordnung der Welt begonnen, und Gold spielt dabei eine entscheidende Rolle.

Im April 2011 erschien mein Buch „Was Sie nicht wissen sollen!“, in dem ich das Thema „Gold und Silber“ nur am Rande berührte. Zu jenem Zeitpunkt stieg der Goldpreis noch unaufhörlich, und die gewaltigen Manipulationen bei den Edelmetallen mittels Hochfrequenzattacken setzten erst wenige Monate später ein. Das Buch war ein großer Erfolg, der auch – und das wunderte mich wirklich – bei Bankern ankam und von Bankern weiterempfohlen wurde. Mir war bis zu jenem Zeitpunkt nicht klar gewesen, dass es tatsächlich viele hochbezahlte und akademisch ausgebildete Menschen in den Bereichen „Geldwesen" und „Wirtschaft" gibt, die nicht wissen, was *Geld* und was *Gold* ist. Ich konnte das anfangs weder glauben, noch verstehen.

Kurz nach Erscheinen des Buches traf ich einen bekannten Wirtschaftsprofessor, von dem ich wusste, dass er mein Buch gelesen hatte, und ich war aufgeregt, weil ich seine Kritik fürchtete. Zu meiner Überraschung beglückwünschte er mich und erklärte mir, dass er allem, was ich geschrieben hatte, beipflichtete. *„Aber wie kann es ein, dass ich – als einer, der das Wirtschaftsstudium nach wenigen Semestern aufgab – Zusammenhänge erkenne, die Profis nicht begreifen?"* Seine Antwort verblüffte mich, denn er meinte, dass genau das mein großer Vorteil sei! Dadurch, dass ich nicht jahrelang akademisch sozialisiert, nicht geschliffen, beeinflusst und verbogen wurde, war es mir möglich, von außen einen Blick auf Vorgänge zu werfen, den offenbar andere, die mitten drin stecken, nicht mehr haben können. Sie haben Scheuklappen auf und hinterfragen nicht. Sie kommen nicht auf die Idee, das System zu hinterfragen, denn sie leben davon – und oft nicht schlecht.

Genau das ist unser größtes Problem auf Erden: Viele von uns sind auf Grund eines Drills in Schulen und an Universitäten nicht mehr in der Lage, selbständig und klar zu denken. Sie haben auch nicht gelernt, Autoritäten zu hinterfragen. Was nicht passt, wird eben passend gemacht...

Genau das sehen wir in der Wirtschaft und in der Politik. Das deutlichste Beispiel hierfür ist die EU. Es ist nicht möglich, Deutschland, Griechenland und Irland das gleiche Geld, die gleichen Wirtschaftsprogramme und die gleichen Gesetze zu verpassen. Das kann nicht funktionieren – zumindest nicht zum Vorteil des Volkes. Es macht auch keinen Sinn, ständig Reichtum umzuverteilen, weil das jede Kreativität und jede Eigenverantwortung im Keim erstickt. Man hat versucht, alle gleich zu machen, und man ist daran gescheitert. Doch man will es nicht wahr haben. Da das System nicht auf die Menschen passt, versucht man nun, die Menschen dem System anzupassen und zu unterwerfen. Man schränkt sie in ihrer Freiheit immer weiter ein und untergräbt die Demokratie. Auch das kann und wird auf Dauer nicht funktionieren. Aber die Politik ist nicht dazu bereit und in der Lage, sich selbst und anderen ein Scheitern einzugestehen. Politiker gehen in der EU, genauso wie in den USA, weiter unbeirrt einen Weg, der schon lange zu Ende ist.

Umso wichtiger ist es, dass die Wenigen, die noch klar im Kopf sind, ihre Stimme erheben und den Menschen alternative Sichtweisen und Lösungsansätze bieten. Wer nicht lernt, für sich selbst zu sorgen, wird in absehbarer Zukunft auf der Strecke bleiben!

Ziel dieses Buches ist es, ein umfassendes Verständnis für Gold, seinen Preis, seinen Wert und seine Bedeutung für die Weltwirtschaft zu schaffen. Ich weiß, ich bin nicht der Erste, der dies versucht, aber man sagt mir nach, dass ich das Talent hätte, komplizierte Vorgänge einfach darzulegen und für jedermann verständlich zu machen. Genau das ist mein Anliegen, denn Gold geht jeden Menschen etwas an, der gerne Verantwortung für sein eigenes Leben und für die Gemeinschaft übernehmen will. Seine Bedeutung ist gerade heute wieder immens.

Wir befinden uns längst inmitten eines Währungskrieges, und die vermutlich einzige bereits existierende Währung, die überleben wird, ist Gold! Warum das so ist und wie Sie ganz persönlich von Gold profitieren können, erfahren Sie auf den folgenden Seiten.

Viel Vergnügen bei der Lektüre!

Michael Morris im März 2014

TEIL 1

MYTHOS GOLD

Gold ist Geld. Es ist unmöglich, Gold und Geld voneinander zu trennen – auch wenn es heute von bestimmten Interessengruppen versucht wird. Hinter den Kulissen aber tobt ein brutaler Kampf um die nächste, kommende Weltwährung – um Geld, das vermutlich wieder durch Gold gedeckt sein wird.

Allein die Ähnlichkeit der Worte sollte jedem zu denken geben. Doch Gold ist noch so viel mehr als Geld, denn es besitzt einen inneren Wert, der über das Materielle hinausgeht. Gold hat eine einzigartige Strahlkraft und Magie, auch deshalb galt es über Jahrtausende als das Metall der Herrscher, der Reichen, der Mächtigen und Schönen. Es wurde zu Ehren der Götter und deren Vertreter auf Erden zu Schmuck, Kunst- und Kultgegenständen und zu Münzen verarbeitet. Die Inkas nannten Gold den „Schweiß der Sonne". Dies ist eine interessante Parallele zur modernen wissenschaftlichen Überzeugung, wonach Gold nicht auf der Erde entstand, sondern vor etwa vier Milliarden Jahren durch Meteoriteneinschläge auf der Erdoberfläche verteilt wurde. Für das Entstehen von Gold braucht es Bedingungen, die auf der Erde nicht vorherrschen.

Seit hunderten von Jahren herrscht viel Verwirrung über das Thema „Alchemie". So wird behauptet, Alchemisten wäre es ausschließlich darum gegangen, Gold aus weniger wertvollen Metallen herzustellen, um den Schöpfungsprozess nachzuahmen. Angeblich jedoch ohne Erfolg. Die Alchemie hat jedoch eine tief spirituelle Komponente, der es um höhere Bewusstseinszustände, um die Verbindung zum „Göttlichen" an sich ging. Es soll einigen wenigen Eingeweihten schon vor mehreren tausend Jahren gelungen sein, den „Stein der Weisen" zu erschaffen, eine mystische Supermedizin, die wir heute als *Monoatomic Gold* (einatomisches Gold) kennen und die bis heute in Burma hergestellt und verwendet wird. Dieses extrem leichte, weiße Pulver soll entstehen, wenn man Gold sehr lange über seinen Schmelzpunkt hinaus erhitzt, bis es zu „Sternenstaub" zerfällt. Dieses weiße Goldpulver, manchmal auch als „Etherium" oder „die Frucht vom Baum des Lebens" bezeichnet, soll Krankheiten heilen, Zellen verjüngen, das Bewusstsein in einen Hyper-Zustand versetzen und so den Zugang zu höheren Dimensionen ermöglichen.[2]

Gold ist „überirdisch" oder göttlich, je nachdem, wie man das Extraterrestrische beschreiben mag. Es entsteht nach heute gängiger Lehrmeinung, wenn massereiche Sterne am Ende ihres Lebens als Supernova explodieren. Während das Zentrum des Sterns zu einem Schwarzen Loch kollabiert, herrschen in seinen äußeren Schichten, die explosionsartig abgestoßen werden, so extreme Bedingungen, dass Atome plötzlich zahlreiche Neutronen aufnehmen, instabil werden und sich in neue Elemente verwandeln. Die Elemente werden quasi im Periodensystem durchgereicht. So wird aus Nickel Kupfer, aus Palladium Silber und aus Platin Gold.[3]

Somit könnte man Gold auch als „Geschenk des Universums an die Menschen" bezeichnen. Astrophysiker des *Harvard-Smithsonian-Zentrums* behaupten, Gold entstünde auch durch Gammastrahlen-Blitze, die wiederum das Resultat von Zusammenstoß und Verschmelzung zweier Sternleichen, sogenannter „Neutronensterne" sind.[4]

Jedenfalls ist es Wissenschaftlern vor wenigen Jahren gelungen, Gold unter enormem Druck künstlich herzustellen, nämlich aus Platin. Somit scheint die These der Supernova bestätigt. Da Platin teurer ist als Gold und der nötige Druck, der nur in einem Kernreaktor oder einem Teilchenbeschleuniger erzeugt werden kann, sehr hohe Kosten verursacht, lohnt sich die Verwandlung von Platin in Gold aber definitiv nicht.

Fest steht, dass unser irdisches Gold mindestens vier Milliarden Jahre alt ist. Es ist also für unsere Verhältnisse äußerst zeitlos. Genau diese Zeitlosigkeit ist auch Teil seiner Faszination. Es strahlt eine Ruhe, Sicherheit und Beständigkeit aus, die nichts von Menschenhand Gemachtes erreichen kann.

Goldbugs vs. Goldskeptiker

In den letzten Jahren wurde viel über Gold gesprochen und geschrieben. Manches war wichtig und sinnvoll, vieles aber blanker Unsinn. In unserer westlichen Wohlstandsgesellschaft herrscht heute weitestgehend Gold-Skepsis oder sogar Gold-Ablehnung vor. Zur selben Zeit erfreut sich Gold bei jenen Menschen, die wirtschaftliche und politische Unsicherheit kennen, ungebremst großer Beliebtheit – allen voran in Asien.

Die meisten Menschen, die unser monetäres System verstanden haben, wissen um die Bedeutung von Gold. Jene Menschen aber, die der gefährlichen Illusion erliegen, dass unsere Welt sicher sei, wir niemals Krieg erleben werden, wir uns konstant zum Positiven weiterentwickeln und Reichtum für alle auch ohne entsprechende Leistung möglich sei, leiden heute fast schon unter „Aurophobie", unter einer massiven Aversion gegen Gold. Dies liegt großteils an mangelnder Bildung bezüglich des Themas „Geld", und geht mit einem subtil, auf tiefster psychologischer Ebene geführten Krieg gegen Gold einher.

Wer Gold für ein steinzeitliches Relikt hält, hat nicht verstanden, was Geld ist. Es gibt eine wachsende Zahl von Menschen in der westlichen Welt, die glauben, dass Geld aus dem EC-Automaten, Strom aus der Steckdose und Lebensmittel aus dem Supermarkt kommen. Da momentan noch alles im Überfluss vorhanden ist, machen sie sich darüber keine weiterführenden Gedanken. Sie unterliegen dem Irrglauben, dass alles unbegrenzt und für jeden zur Verfügung stehen muss und wird. Das könnte sich schon sehr bald als Trugschluss erweisen!

In Asien ist Goldschmuck weiterhin Wertspeicher, Statussymbol, individueller Ausdruck und ein bleibender Wert für die Nachkommen. Die Statussymbole der westlichen Kulturen hingegen sind nicht mehr für die Ewigkeit gemacht. Sie sind heute nicht aus Gold oder Silber, sondern aus weißem oder schwarzem Kunststoff und halten nicht länger als drei Jahre. Was das mit Gold zu tun hat, mögen Sie sich jetzt fragen? Nun, sehr viel, denn alles, was ist, hängt vom Geld ab und mit

Geld zusammen. Unser unglaublicher Wohlstand muss bezahlt werden. Doch wer Geld verstehen will, muss Gold verstehen, und wer sich die Zeit nimmt, wird lernen, es zu lieben, weil es der einzige Garant für Stabilität und Sicherheit ist, wie wir im Lauf des Buches erkennen werden.

Zu Beginn des Jahres 2014 gab es auf Erden so viele Konfliktherde, Kriege und Bürgerkriege wie seit 1945 nicht mehr. Arbeitslosigkeit, Obdachlosigkeit und Armut nehmen seit Jahren rasant zu, auch im Herzen Europas. Dennoch vertrauen die meisten Menschen darauf, dass sie persönlich davon nicht betroffen sein werden. In der Wissenschaft nennt man dies „*Verfügbarkeits-Heuristik*". Man könnte diesen Umstand auch als „selektive Informationswahrnehmung" bezeichnen. Der Mensch tendiert dazu, Ereignisse in der jüngeren Vergangenheit gegenüber lange zurückliegenden Ereignissen überzubewerten. Die jüngere Vergangenheit wird somit in die Zukunft projiziert, die Geschichte – mit all ihren negativen Aspekten – wird außer Acht gelassen.[(5)]

> *„Wir lernen aus der Geschichte, dass wir aus der Geschichte nichts lernen."*
>
> George Bernard Shaw, Autor und Ökonom

Wenn man die Wirtschaftspresse verfolgt, dann erkennt man eindeutig, dass es heute zwei große Lager gibt: Personen, die Gold lieben oder darauf vertrauen, „**Goldbugs**" genannt, und Personen, die es entweder belächeln oder vehement ablehnen. Zwischen diesen beiden Extremen scheint es tiefe Gräben zu geben, und nur langsam wechseln Personen von einem Lager in das andere. Letztlich ist das jedoch für alle Goldbugs äußerst positiv, weil es ihnen erlaubt, weiterhin Gold zu einem vernünftigen Preis zu erwerben – und mit ihm Sicherheit und einen bleibenden Wert.

Ich möchte hiermit niemand zum Goldbug bekehren. Ich möchte nur auf zahlreiche Fakten aufmerksam machen, die heute so nicht mehr an Schulen und an Universitäten gelehrt werden – und das, obwohl die deutschen Privathaushalte im Jahr 2012 fast 8.000 Tonnen Gold im

Wert von rund 393 Milliarden Euro besessen haben sollen. Das geht aus einer Studie der Berliner *Steinbeis-Hochschule* hervor. Deutsche haben demnach inzwischen mehr Geld in Gold als in direkten Aktienanlagen investiert. Jeder Erwachsene besitzt demnach im Schnitt 55 Gramm Goldschmuck und 62 Gramm Barren und Münzen im Gesamtwert von 5.065 Euro. Dazu kommen goldbezogene Wertpapiere im Wert von durchschnittlich 685 Euro. Gold hatte damit einen Anteil von 3,9 Prozent am Gesamtvermögen.(6)

In Wahrheit aber ist das Gold natürlich nicht gleichmäßig verteilt, sondern ruht in den Händen – oder Tresoren – einiger weniger, die das monetäre System verstanden haben und davon profitieren, dass andere es nicht verstehen!

Eigenschaften

> *„Es fühlt sich fast weich an, als müsste man es liebkosen. Nur Gold fühlt sich so an."* (7)
>
> William Faulkner, Literaturnobelpreisträger

Gold (lateinisch: *Aurum*) ist ein Edelmetall und verfügt über eine ungewöhnlich hohe Dichte, ist also sehr schwer. Gleichzeitig ist es für ein Metall sehr weich. Das einzige Metall mit einem nahezu identischen Raumgewicht ist Wolfram. Es kann jedoch nicht damit verwechselt werden, da Wolfram spröde, stumpf und gräulich matt ist. Der Schmelzpunkt von Gold liegt bei 1.064 Grad Celsius, der von Eisen bei 1.536 Grad und der von Wolfram bei 3.422, was nur knapp unter dem von Diamanten (3.547 Grad) liegt.

Das Wort „Gold" leitet sich, ebenso wie das Wort „Geld", vom indogermanischen Wort „Ghel" (glänzend, gelb) ab. Es zählt mit Kupfer zu den wenigen farbigen Metallen, und es wird weder durch Luft, Feuchtigkeit, Hitze, noch durch die meisten Lösungsmittel angegriffen. Dadurch ist es de facto unzerstörbar und hält ewig. Diese Korrosionsbeständigkeit ist ein Geheimnis seines Erfolges.

Industriell wird Gold auf Grund seines hohen Preises seltener als andere Metalle – wie etwa Silber – verwendet. Es kommt jedoch in der Zahnheilkunde für Kronen, in der High-End-Elektronik für Steckverbindungen und Kontakte und für Wärme reflektierende Beschichtungen in der Optik zum Einsatz. In der Lebensmittelindustrie wird es als Zusatzstoff mit der E-Nummer E175 verwendet.(8) In der Medizin werden Goldsalze zur Heilung in der Rheumatherapie und gegen Arthritis eingesetzt.(9) In der alternativen Medizin kommt es als *kolloidales Gold* zum Einsatz. Es ist eines der ältesten und wertvollsten Heilmittel, brachten doch schon die Heiligen Drei Könige dem Jesuskind „Weihrauch, Myrrhe und Gold".

Neben Barren, Münzen und Medaillen, wird es vor allem als Blattgold zum veredeln von Orden, Pokalen, Bilderrahmen, Statuen oder Kunstwerken verwendet, aber selbst für Speisen und Getränke eingesetzt. Dafür wird das Metall erst durch Walzen, später durch Hämmer zu einer Folie von einer Stärke von bis zu 1/1000 mm geschlagen.

In der Schmuckindustrie wird Gold mehr als jedes andere Metall genutzt, meist in Form von Legierungen, es wird also mit anderen Metallen zusammengeschmolzen, um es härter zu machen. Der Art der Legierungen und ihren Bezeichnungen widmen wir uns in Teil 4 des Buches.

Mystik und Mythologie

Gold verweist im Traum auf die besten und wertvollsten Aspekte der Persönlichkeit. Findet der Träumende Gold, so bedeutet dies, dass er bestimmte Merkmale an sich selbst entdecken kann. Wer hingegen im Traum Gold vergräbt, versucht, etwas vor anderen zu verbergen. Gold kann wie Geld in der Traumdeutung für Potenz, Ansehen, Einfluss und Macht stehen, deutet aber vor allem Beständigkeit an und steht oft für den spirituellen oder emotionalen Reichtum eines Menschen.(10)

Gold war seit jeher ein Symbol für Macht und Stärke. Deswegen trugen Herrscher immer Kronen und Zepter aus Gold. Das glänzende Metall machte die Bedeutung des Trägers sehr anschaulich und weithin sichtbar. Zahllose Märchen drehen sich um Gold, wie etwa *Der Froschkönig, Die Sterntaler, Hans im Glück, Die goldene Gans, Aschenputtel, Tischlein deck dich* oder *Rumpelstilzchen*, in dem die Tochter des Müllers zur Frau des Königs wird, weil sie angeblich aus Stroh Gold spinnen kann.

Im alten Ägypten war Gold den Pharaonen und Priestern vorbehalten. Pharaonen wurden mit gewaltigen Goldschätzen beigesetzt, um nicht mit leeren Händen im Jenseits anzukommen und dort ihre Macht zu verlieren. Gold war für den Pharao somit ein Garant auf Unsterblichkeit. Die Inkas verehrten ihre Götter ebenfalls durch aufwendige Goldarbeiten. Obwohl das Metall für sie keine Bedeutung als Tauschmittel oder Wertaufbewahrungsmittel hatte, so hatte es einen zentralen Platz bei religiösen Zeremonien und in den Tempeln.(11)

Seit jeher träumten und suchten Menschen nach Goldschätzen, ja nach ganzen Städten oder Ländern aus Gold. Diese mythologischen Orte waren keine physisch realen Plätze, dennoch sind zahlreiche Abenteurer auf der Suche nach ihnen schier um den Verstand gekommen. Die erste derartige Aufzeichnung stammt aus dem Alten Testament, wo vom Goldland *Ophir* berichtet wird, das mit dem altägyptischen *Punt* (Ta Netjer) identisch sein könnte.(12)

Die Ureinwohner Mittel- und Südamerikas machten den schweren Fehler, den Spaniern, die nach der Entdeckung durch Kolumbus den Kontinent erkundeten, Geschenke aus Gold zu machen. Dies führte bei den Eroberern zum Goldfieber. Im 16. Jahrhundert landete *Hernandez Cortes* in der Nähe des heutigen *Vera Cruz*, wo er von dem Aztekenkönig *Montezuma* immer wieder mit Goldgeschenken überhäuft wurde. Die Gerüchte über das sagenhafte Goldland *El Dorado* (spanisch; „Der Goldene") wollten fortan nicht verstummen, was die Spanier immer gieriger und brutaler werden ließ. Es brachte noch mehr Konquistadoren nach Südamerika. Man schätzt die Zahl der Indios, die zwischen 1500 und 1600 n.Chr. direkt durch die Konquistadoren oder indirekt durch Hungersnöte oder durch eingeschleppte Krankheiten ihr Leben verloren, auf 15 Millionen. Genaue Angaben darüber sind jedoch unmöglich.[13]

Die Spanier löschten das Volk der Azteken innerhalb weniger Jahre völlig aus. Das Gold wurde auf dem ganzen Kontinent eingesammelt, auch mit brutalster Gewalt. Teilweise wurde es mit Lasttieren von der Pazifikküste bis an die Karibikküste gebracht, wo es eingeschmolzen und danach in Form von Barren nach Spanien verschifft wurde. Um den Gold- und Silberschmuck der *Inka* einzuschmelzen, sollen die Schmelzöfen 34 Tage lang gebrannt haben. Die Spanier sollen ihnen 180 Tonnen Gold und 16.000 Tonnen Silber geraubt haben.[14] Wer nicht an den neuen Krankheiten der Pocken und Masern verstarb, verlor unter dem Kommando von *Francisco Pizarro* sein Leben durch das Schwert.

Auch um den sagenhaften Goldschatz der *Maya* ranken sich viele Mythen und Legenden. Angeblich sollen im Izabal-See in Guatemala 2.156 Goldtafeln mit einem Gewicht von 8 Tonnen liegen. Gefunden wurden Sie jedoch trotz zahlreicher Expeditionen von Schatzsuchern bis heute nicht.

Goldrausch

Nachdem bald alles vorhandene Gold geplündert war, musste man sich daran machen, selbst welches zu suchen. Der erste sogenannte „Goldrausch“ fand in den 1690er-Jahren in Brasilien, im heutigen Bundesstaat *Minas Gerais*, westlich von Rio de Janeiro statt. Hier wurden sowohl große Mengen Flussgoldes als auch Berggoldes gefunden, was nicht nur viele Brasilianer anzog, sondern auch viele Portugiesen ins Land brachte. Afrikanische Sklaven schufteten in den Minen unter unmenschlichen Bedingungen. Sogenannte *„Bandeirantes“*, Mitglieder von Expeditionstruppen, durchstreiften das Land auf der Suche nach immer neuen Gold- und Diamantenvorkommen, aber auch nach neuen Sklaven. Dafür entführten sie Ureinwohner und verkauften sie an die Minenbetreiber. Riesige Gebiete wurden erkundet, die Erschließung des Landes wurde durch die Suche nach Reichtümern vorangetrieben. Wo Gold gefunden wurde, entstanden rasch wachsende Städte – und mit ihnen Kriminalität und Elend. Im frühen 18. Jahrhundert war Brasilien der größte Goldproduzent der Welt, doch ab 1750 gingen die geförderten Mengen an Gold immer weiter zurück. [15]

Dann fanden Siedler 1828 Gold in North Georgia, wodurch der Goldrausch in Nordamerika eingeleitet wurde. Das Wort „Goldrausch" stammt übrigens vom englischen Wort „gold rush", was so viel wie ein „Ansturm auf Gold" bedeutet. Bei uns war das Phänomen auch als „Goldfieber" bekannt.

Das 19. Jahrhundert war eine Zeit großer Veränderungen. Dampfschifffahrt und Eisenbahnen machten mit einem Mal große Reisen möglich, und so zogen große Goldfunde in Amerika, Australien und Afrika Abenteurer aus Europa an, da sie sich durch das Waschen oder Schürfen von Gold schnellen Reichtum erhofften. Im Januar 1848 hatte der Schweizer USA-Auswanderer *Johann August Sutter* auf seiner Farm beim Graben Goldstücke, sogenannte „Nuggets", gefunden. Die Nachricht verbreitete sich wie ein Lauffeuer. Zeitungen hatten etwas, worüber sie berichten konnten, und sie entfachten ein Lauffeuer. Hunderttausende Menschen, vor allem aus Europa und China, machten sich auf, um in den USA ihr Glück als Goldgräber zu suchen. Wo einst Bisonherden friedlich grasten, wüteten nun hemmungslose Desperado-Herden.

Johann August Sutter musste wegen Betruges aus der Schweiz fliehen und hatte sich in Kalifornien niedergelassen. Er bekam ein riesiges Stück Land zugesprochen und gründete eine Kolonie namens „Neu-Helvetien", in einem Gebiet, das bis kurz vor dem Goldfund noch zu Mexiko gehörte, ehe es 1848 an die USA überging. Für einige Jahre war er ein erfolg- und einflussreicher Mann. Die wilden Bisonherden konnte er vertreiben, das Land fruchtbar machen. Aber die wilden Goldgräberherden überrollten ihn, und er hatte keine Chance. Sie töteten sein

Vieh, gruben seine Äcker um und besetzten sein Haus. Sutter floh und starb verarmt im Jahr 1880. Sein Leben diente als Vorlage für den Luis-Trenker-Film „Der Kaiser von Kalifornien“.(16)

Die Menschen strömten von überall her, und der Strom wollte nicht enden. Städte schossen wie Pilze aus dem Boden. Zwischen Januar 1848 und Dezember 1849 wuchs San Francisco von 1.000 auf 25.000 Einwohner. In den zwanzig Jahren von 1850 bis 1870 stieg die Einwohnerzahl Kaliforniens von zirka 92.000 Weißen auf zirka 560.000. Die Indianer und die Schwarzen zählten nicht. In dem Maße, wie die weiße Bevölkerung wuchs, wurde die indogene Bevölkerung dezimiert und von ihrem angestammten Land vertrieben, wenn sich darauf irgendetwas von Wert finden ließ.

1859 waren San Franciscos Minen versiegt, aber die Stadt wurde auf Grund ihrer strategisch günstigen Lage am Meer und wegen ihres Hafens zu einer Drehscheibe für den Goldhandel und erblühte weiterhin. Dann fand jemand Gold an den östlichen Ausläufern der Sierra Nevada. Löcher wurden in den Fels gesprengt und von Hand erweitert. Innerhalb weniger Monate führte die Mine bereits hundert Meter tief in den Berg hinein. Sie wurde täglich länger, einige Häuser entstanden drum herum. 1878 kam es in *Bodie*, wie das neu entstandene Dorf hieß, zu den ersten großen Goldfunden. Innerhalb eines Jahres wuchs die Bevölkerung von 20 auf über 10.000 Einwohner, was Bodie zu jener Zeit zu einer der größten Städte Kaliforniens machte – und zu einer der berüchtigtsten, denn der Kampf um das begehrte Metall zog allerlei Gesindel an und brachte viel Streit und Brutalität. Mord war an der Tagesordnung, und in den 65 Saloons ging es heiß her. In 25 Jahren wurde Gold im Wert von mehr als 15 Millionen US-Dollar gefördert.

Nach 1900 sank die Fördermenge – und somit der Profit. Die US-Regierung bereitete sich auf ihren Eintritt in den Ersten Weltkrieg vor und verbot die Verwendung von Ressourcen für „sinnlose Zwecke“. Die Schienen der Eisenbahnlinie, die Bodie mit San Francisco verband, wurden abgebaut. Das war das Ende für die Stadt. Das war das Ende des Goldrauschs. Erst hatte man dem Gold den Transportweg abgeschnitten, dann trennte man es vom Geld und schaffte die Golddeckung ab. Heute ist Bodie ein höchst sehenswertes Museum mitten in der kalifornischen Wüste und ist ein Symbol für den Beginn des Krieges gegen das Gold. Viele Häuser blieben erhalten. In einem Saloon stehen noch immer die Bierflaschen auf dem Tresen, hinter den Häusern stehen verrostete Autos. Die zehntausend Desperados zogen von heute auf morgen ab und ließen das meiste zurück.

Ohne die Goldfunde wären diese trockenen, kargen und schwer zugänglichen Teile Kaliforniens nie soll schnell besiedelt worden. Eine der wenigen Städte, die im Goldrausch entstanden und immer noch bewohnt sind, ist die Provinzhauptstadt *Yreka*, ganz im Norden Kaliforniens. Im März 1851 campierte Abraham Thompson dort auf seinem Weg nach Oregon. Es regnete heftig, und als sein Esel am Morgen zum Frühstück ganze Grasbüschel ausriss, sah Thompson an deren Wurzeln Goldflitter. Er blieb, war jedoch nicht lange allein. Einen Monat später waren bereits 2.000 weitere Männer da und schürften neben ihm nach weiterem Gold. Im August hatte der Ort, der zuerst „Shasta Butte City" hieß, bereits 5.000 Einwohner. Zwanzig Jahre später war das Goldfieber zu Ende, denn die Vorkommen waren erschöpft. In Kürze lebten hier nur noch etwa 1.000 Menschen, doch das einstige Zeltlager hatte den Übergang zu einer richtigen Stadt mit Geschäften, Schulen und Kirchen geschafft. Selbst ein großes Feuer 1871 konnte die mittlerweile sesshaften Bewohner von Yreka nun nicht mehr von ihrem Land vertreiben. Die Abenteurer waren mittlerweile nach *Colorado, South Dakota* oder *Alaska* weitergezogen, wo es die nächsten Goldräusche gab. Einige gingen ab Mitte der 1850er-Jahre sogar bis nach Australien, wo es im Lauf der darauf folgenden Jahrzehnte ebenfalls zu einigen beachtlichen Goldfunden kam, die Menschen aus Kalifornien, Europa und aus Asien in Scharen anzogen. Innerhalb eines Jahrzehnts verzehnfachte sich die Bevölkerung Australiens, und aus der britischen Sträflingskolonie wurde quasi über Nacht ein moderner, zivilisierter Staat.

Geschichten wie die von Bodie oder Yreka gibt es unzählige in Kalifornien, daher leitet sich auch dessen Beiname „The Golden State" ab.

Die wenigsten Goldsucher wurden jedoch reich, denn die Arbeit war hart, und man musste viel Glück haben, um ein großes „Nugget" zu finden. Die wahren „Goldgruben" zur Zeit des Goldrauschs waren die Bars und Bordelle, ebenso wie der Handel mit Utensilien wie Werkzeug oder Zelten. Eine Erfindung aus dieser Zeit hat Geschichte geschrieben und ist bis heute weltweit im Einsatz: die Blue-Jeans.

Der kleine Levi Strauss (der ursprünglich *Löb* hieß) war mit seiner Mutter und seinen zwei Schwestern 1847 aus wirtschaftlicher Not von Oberfranken nach New York ausgewandert, wo seine beiden größeren Brüder bereits einen Textilhandel betrieben. 1853 zog der kleine Strauss dann nach San Francisco und gründete einen Handel mit Waren aller Art. Da es zu jener Zeit keine Hosen gab, die den Strapazen des Goldgrabens und -waschens standhielten, nahm er kurzerhand Zeltplanen her und fertigte daraus jene Hosen, die bis heute als „Levi's" beliebt sind.

Der letzte große Goldrausch fand dann ab 1886 im südafrikanischen *Transvaal* statt. Im Gegensatz zu anderen Goldvorkommen gab es in dem unwirtlichen südafrikanischen Wüstengebiet nur wenige Einwanderer. Die hatten jedoch genug Geld, um das Land aufzukaufen und das Gold von billigen Arbeitskräften abbauen zu lassen. Um 1900 wurde Transvaal der größte Goldproduzent der Welt.[17]

Goldschätze

Viele Romane und Filme handeln von der Schatzsuche. Kisten voller Gold zu finden, und schneller, unerwarteter Reichtum beflügelte bereits die Fantasie unzähliger Menschen. Einige von ihnen begnügten sich aber nicht damit, von Goldschätzen zu träumen, sie suchten sie, und manche wurden sogar fündig!

Noch heute gehen Menschen auf Schatzsuche. Neben professionellen Teams, die vorwiegend nach gesunkenen Schätzen auf dem Meeresgrund suchen, gibt es auch noch sehr viele Hobby-Schatzsucher. Mehrere zehntausend Hobby-Archäologen suchen angeblich allein in Deutschland nach Schätzen. Darunter sind Ehrenamtliche, die den Denkmalämtern bei ihrer Arbeit helfen, aber auch sehr viele Raubgräber, also Personen, die ohne die erforderliche amtliche Genehmigung graben. Metallsuchgeräte, die zwischen den unterschiedlichen Metallen unterscheiden können, kann man schon ab etwa 200 € kaufen, was viele Menschen veranlasst, nach verlorenen oder vergrabenen Goldmünzen, Goldbarren oder Schmuckstücken zu suchen. In Deutschland tun dies die meisten Menschen im Geheimen, denn in 13 deutschen Bundesländern gilt das „Schatzregal" (lat. regalis = königlich), das im Denkmalschutzgesetz verankert ist und besagt, dass alles, was im Boden gefunden wird und nicht eindeutig einem rechtmäßigen Besitzer zugewiesen werden kann, dem Staat gehört. Übergibt der Hobby-Archäologe seinen Fund nicht, begeht er damit eine Straftat. Ein Anrecht auf Finderlohn besteht nicht.

Lediglich die drei Bundesländer Nordrhein-Westfalen, Bayern und Hessen wenden die *Hadrianische Teilung* an, die im BGB geregelt ist und auf das Römische Reich zurückgeht. Im Paragraph 984 BGB heißt es dazu: Wenn eine Sache, die so lange verborgen gelegen hat, dass der Eigentümer nicht mehr zu ermitteln ist, also ein Schatz, in Besitz genommen wird, *„so wird das Eigentum zur Hälfte von dem Entdecker, zur Hälfte von dem Eigentümer der Sache erworben, in welcher der Schatz verborgen war"*. In der Praxis muss sich der Finder den Schatz mit dem Eigentümer des Grundstücks teilen.(18) Dazu wird entweder ein Gutachter herangezogen oder der Schatz verkauft und der Erlös geteilt. (In anderen Ländern wird dies anders geregelt. In Großbritannien etwa überlässt der Staat dem Finder seinen Schatz, oder er kauft ihn ihm ab.)(19)

Zwar ist es heute möglich, auch große Schätze, die tief in Bergen oder in Gewässern verborgen sind, per Satellit zu orten, doch ist die Bergung meist problematisch, da sie zu viel Aufsehen erregt. Aber auch kleine Funde können sich durchaus lohnen – wenn man dadurch nicht mit dem Gesetz in Konflikt kommt.

1996 fand ein Paar bei Moritzburg den Rest des verschollenen *Schatzes der Wettiner* („Schatz der Sachsen"). 1945 hatten der Prinz von Sachsen und sein Revierförster 43 Kisten mit dem Familienschatz im Wald vergraben. Die Russen fanden 40 der Kisten, nachdem sie den Förster gefoltert hatten und schickten sie in die Heimat. Drei Kisten blieben jedoch verschollen, bis zwei Goldsucher sie 1996 mit einem Metallsuchgerät entdeckten. Nach zweitägigem Zögern meldeten die beiden den Fund. Der Schatz ging schließlich an seinen rechtmäßigen Besitzer, das Haus Wettin. Die beiden Schatzgräber wurden zu einer Geldstrafe verurteilt, erhielten jedoch vom Hause Wettin zum Ausgleich einen Finderlohn.[20]

Zwei legendäre Schätze, die schon viele tausende Schatzsucher vergebens beschäftigten, sind der *Schatz im Baikalsee* und der *Schatz im Toplitzsee* – es sei denn, sie wurden im Geheimen gehoben, und niemand hat davon Wind bekommen. Beim *Schatz im Baikalsee* soll es sich um den Staatsschatz der Zaren handeln, der im Winter 1919/20 von einem Zug russischer Soldaten quer über den zugefrorenen See vor den Unruhen des Bürgerkriegs in Sicherheit gebracht werden sollte. Das Eis brach, und Teile der Goldbarren und Münzen, die insgesamt auf 5.143 Kisten und 1.678 Säcke verteilt waren, sollen gesunken sein. Beim *Schatz im Toplitzsee* soll es sich um den legendären Nazi-Schatz handeln, der 1945 von Berlin nach Österreich gebracht werden sollte. In 50 Kisten sollen sich 2 Tonnen Goldbarren, in weiteren 47 Kisten Goldmünzen befunden haben, daneben noch Diamanten und andere wertvolle, erbeutete Gegenstände. Die Kisten sollen verschweißt und im See versteckt worden sein, doch keiner der zahlreichen Tauchgänge der letzten Jahrzehnte brachte sie zum Vorschein.[21]

Die *Vereinten Nationen* (UNO) gehen von 3 Millionen Wracks auf dem Meeresgrund aus, davon sollen zahlreiche Gold und Silber geladen haben. Das Besondere an diesen Metallen ist auch, dass sie ewig im Wasser liegen können, ohne sich zu verändern. Auf dem Meeresgrund finden sich daher milliardenschwere Besitztümer.

2007 fand die professionelle Schatzsuch-Firma *Odyssey Marine Exploration* einen beträchtlichen Schatz vor der Küste Portugals, der keinem Schiff zugeordnet werden konnte. 600.000 Münzen wurden gehoben, etwa 500 Millionen Dollar an Wert. Die Firma meldete den Fund bei Gericht, um den Besitzanspruch zu regeln. Spanien meldete ebenfalls Besitzansprüche an und behauptete, der Schatz würde von dem Schiff „Noestra Seniora de las Mercedes" stammen, das die Engländer 1804 versenkt hatten. Auch Peru meldete Ansprüche an, da die Spanier das Gold zuvor den Inkas gestohlen hatten. Aber das Gericht wies den Antrag ab, weil Peru zu jenem Zeitpunkt nur eine spanische Kolonie war. Die Firma musste das Gold zur Gänze an Spanien abtreten und blieb auf 4,5 Millionen Dollar Kosten sitzen. Doch die Firma aus Florida machte weiter, denn nicht immer geht die Suche zu ihrem Nachteil aus. Im Jahr 2003 hatte sie den Schatz des 1865 vor der Küste von Georgia gesunkenen Schaufelraddampfers *Republic* geborgen, dessen Wert mehr als 75 Millionen Dollar betrug.

Doch die laufenden Kosten für solche Suchaktionen sind extrem hoch, daher muss ein Schatz mindestens 50 Millionen Dollar wert sein, damit die Firma sich seiner Bergung widmet.

Auf dem Grund der Meere liegen mehrere abgeschossene Kriegsschiffe und U-Boote, die Gold geladen hatten, das zwischen Europa und Japan oder zwischen Europa und Nordamerika verschickt wurde. Wie viel Gold genau in den Tiefen liegt, weiß vermutlich niemand, aber immer wieder gelingt es, einzelne Schätze zu lokalisieren und zu bergen, wie etwa dem Engländer Keith Jessop. Seine Firma hob im Jahr 1981 immerhin 465 Barren Gold mit einem Gewicht von insgesamt 5,5 Tonnen. Die waren 1942 mit dem britischen Navy-Kreuzer *5. HMS Edinburgh* gesunken. Das Gold der Engländer war im Krieg für Russland bestimmt gewesen, deshalb musste Jessop sich auch mit England und Russland über die Bergung des Schatzes einigen. Das Bergungsunternehmen trug alle Risiken der „*Operation Greyhound*", erhielt dafür aber 45% des gefundenen Goldes. Den Rest teilten sich die UdSSR und Großbritannien. So eine Aktion kann also sehr lukrativ sein.[22]

Gold und Geld

Da Gold seit mehr als 4.000 Jahren das wichtigste Geld auf Erden ist, ist seine Geschichte auch sehr vielfältig und könnte mehrere Bücher füllen. Ich habe mich in meinen beiden ersten Büchern („Was Sie nicht wissen sollen!" und „Jetzt geht's los!") bereits ausführlich mit Geld und unseren modernen Währungen auseinandergesetzt und möchte mich daher hier nicht allzu sehr wiederholen, sondern mich eher auf die aktuellsten Ereignisse und ihre mögliche Interpretation konzentrieren.

> *„Geld war oft ein Grund für den Irrglauben der Massen. Große Kulturen wurden irgendwann alle zu verzweifelten Spielern und riskierten ihre gesamte Existenz für ein Stück Papier. ...Die Menschen denken, vorsichtig formuliert, im Herdentrieb. Es zeigt sich, dass sie in der Herde schnell ihren Verstand verlieren, während sich ihre Sinne nur langsam erholen und nur bei einem nach dem anderen."*
>
> Charles Mackay, schottischer Schriftsteller (1814-1889)

Geld ist ein Tauschmittel, um den Handel von Waren zu erleichtern. Alles Mögliche kann Geld sein und war es im Lauf der Geschichte auch: Salz, Silber, Gold, Edelsteine, besondere Muscheln. All diesen Dingen war eines gemeinsam: Sie wurden als wertvoll angesehen, und sie waren selten – sie konnten also nicht beliebig vermehrt werden. Lange Zeit war Silber wertvoller als Gold, doch hat sich das gelbe Metall auf Dauer durchgesetzt. Ab dem 13. Jahrhundert war der *Gulden* (=Goldmünze) die erste internationale Münze. Er wurde bis ins 16. Jahrhundert gleich in mehreren Ländern geprägt, ehe der Gulden immer häufiger in kleineren Einheiten und schließlich in Silber angeboten wurde.

Echte Gold- und Silbermünzen werden auch als *Kurantmünzen* (Münzen mit innerem Wert) bezeichnet. Immer wieder in der Geschichte hatten Herrscher den glorreichen Einfall – zu ihrem eigenen Vorteil –, das Geld ihres Landes zu „verwässern", indem sie das Gold streckten (legierten) oder indem sie gar Papiergeld oder wertlose Blech-Münzen einführten, die als Platzhalter für das Gold (echtes Geld) dienten. Münzen, die weniger wert sind als das, was draufsteht, nennt man *Scheidemünzen*. Vielleicht, weil sich daran die Geister scheiden?

Scheidemünzen oder Papiergeld werden auch als „Kreditgeld" bezeichnet, da der Bürger damit dem Staat oder dem Herrscher quasi Kredit gewährt, indem er seine Leistungen erbringt, dafür aber wertlose Münzen oder Papierfetzen erhält, die er als Geld anerkennt und wieder gegen Waren eintauscht. Im Vergleich zu einem echten Kredit muss der Kreditnehmer (also der Staat) seinem Gläubiger (dem Bürger) aber weder Zinsen zahlen, noch den Kredit je tilgen. Immer scheiterten die Experimente mit dem wertlosen Geld nach kürzester Zeit. Entweder versank das betreffende Land im wirtschaftlichen Chaos, oder die Bürger begehrten gegen die Herrscher auf.

Die Politik, die Banker und die Notenbanker haben zu Beginn des neuen Jahrtausends exakt dieselben Fehler wieder gemacht, wie viele ihrer Pendants in den letzten dreihundert Jahren. Aber nicht nur die Finanzaristokratie, sondern auch die Bevölkerungen wiederholen die Fehler ihrer Vorfahren: Sie vertrauen vermeintlichen „Experten", die jedoch nicht die Interessen des Volkes vertreten, sondern ihre eigenen und die ihrer Auftraggeber im Auge haben – ein Verhalten, das sich auch dieses Mal wieder als folgenschwer entpuppen wird.

Was all das mit Gold zu tun hat? Nun, sehr viel, denn noch nie in der Geschichte war die weltweite Verschuldung größer als heute. Doch jeder, der Schulden macht, weiß, auch wenn er es nicht wahrhaben will: Irgendwann ist Zahltag! Mehr als 2.000 Milliarden Euro betrugen allein die Schulden Deutschlands zu Beginn des Jahres 2014, und sie steigen sekündlich weiter![23]

Banken profitieren vom ungedeckten, wertlosen virtuellen Geld, von den heutigen Fiat- oder Konfetti-Währungen, die sie beliebig vermehren können. Der Begriff „Fiat-Geld" steht für ungedecktes, wertloses Geld, das frei, aus dem Nichts heraus, erfunden wird, wobei das Wort „fiat" lateinisch ist und so viel wie „es werde" bedeutet. Fiat-Geld entsteht allein durch die Behauptung. Da es an keinen realen Wert gebunden ist, ist es beliebig vermehrbar, weshalb ich den Ausdruck „Konfetti-Geld" bevorzuge.

Genau diese ungezügelte Vermehrung unserer heutigen Währungen – auch oft „lockere Geldpolitik" oder „Quantitive Easing" (QE) genannt – wird den Banken und Zentralbanken – und somit uns allen – nun zum Verhängnis.

Dabei ist das, was wir heute als „Geld" bezeichnen, gar keines, denn Geld muss per Definition der Volkswirtschaftslehre drei Merkmale erfüllen:

1. **Zahlungsmittelfunktion** – das heißt, es muss allgemein zum Tausch akzeptiert werden;
2. **Wertmaßstab** – sein Wert muss klar ersichtlich sein;
3. **Wertaufbewahrungsmittel** – es muss seinen Wert dauerhaft behalten.

Zumindest der dritte Punkt ist bei unseren Konfetti-Währungen – wie dem US-Dollar oder dem Euro – nicht erfüllt, da der Wert sich dank der Inflation ständig verringert. Der US-Dollar hatte 2013 nur noch etwa 2% der Kaufkraft, die er bei seiner Einführung 100 Jahre zuvor hatte. Als Wertaufbewahrungsmittel taugt er also eindeutig nicht – anders als Gold.

> *„Im Londoner Savoy-Hotel kostet ein Abendessen für drei Personen noch immer einen Gold-Sovereign (eine alte britische Goldmünze von 20 Schilling), also genauso viel wie 1913. Im antiken Rom kostete eine feine Toga mit Gürtel und einem Paar Sandalen eine Unze Gold. Das ist in etwa der gleiche Preis wie heute, 2.000 Jahre später, für einen handgeschneiderten Anzug, einen Gürtel und ein paar Schuhe. Es gibt keine Zentralbanken oder andere menschlichen Institutionen, die auch nur im Entferntesten eine solche Preisstabilität garantieren könnten."*[24]

Banken machen heute Geld dadurch, dass sie Zahlen, fiktive Werte im Kreis laufen lassen. Daraus machen sie über komplizierte Verfahren noch mehr Geld. Es geht ihnen nicht um die Qualität des Geldes, sondern ausschließlich um seine Quantität. Je mehr die Menschheit virtuelles Geld nutzt, desto leichter kann die Geldmenge durch die Banken beliebig vermehrt werden. Je mehr dies geschieht, desto schwieriger sind Banken zu kontrollieren. Sie schaffen immer kompliziertere Finanzprodukte, versuchen sich selbst und ihresgleichen unentwegt durch noch „schlauere" Geschäfte und noch höhere Gewinne zu übertrumpfen. Es überrascht also wenig, dass sie alles, was ihre „Kreativität" beschränkt, bekämpfen. Dazu zählen neben Gold noch Bargeld und mengenmäßig begrenzte Währungen wie etwa der *Bitcoin*.

Das „fraktionale Reservesystem" – demzufolge Banken nur einen Bruchteil (etwa 3%) des Geldes, das sie verleihen, auch tatsächlich zuvor besitzen müssen – führt automatisch zum Aufblähen der Geldmenge, zu Inflation und zu Umverteilung des Vermögens von unten nach oben. Folgende Zahlen belegen dies sehr eindrucksvoll: Zwischen 1979 und 2011 wuchs in den USA das durchschnittliche Haushalteinkommen des reichsten 1% um knapp 300%, während die untersten 20% der Bevölkerung (gemessen am Nettogesamtvermögen pro Kopf) nur 18% dazugewannen.[(24b)] Ähnliches gilt auch für Europa.

Angesichts einer realen Inflation in Deutschland von etwa 5% bis 10% p.a. seit der Euro-Einführung (zwischen 2002 und 2012) bei den essentiellen Dingen des Lebens (Nahrungsmittel, Energie, Wasser, Heizen) kommt ein 18%iger Vermögenszuwachs in mehr als 30 Jahren einem staatlich organisierten Raubzug gleich.

Beliebig vermehrbares Geld gaukelt den Menschen vor, dass man flächendeckend mehr Wohlstand haben könnte, ohne dafür mehr leisten zu müssen. Die Geschichte beweist uns, dass dies nicht möglich ist. Immer wenn eine Nation jedes Maß und Ziel verloren hatte, wenn sie sich im Rausch der Expansion befand und sich in Selbstbeweihräucherung und Überschwang verlor, scheiterte sie kurz darauf abrupt und (für sich selbst) unerwartet.

Die Eurozone stellt heute etwa 7% der Weltbevölkerung und erbringt zirka 25% der globalen Wirtschaftsleistung – sie schüttet aber 50% aller globalen Sozialleistungen aus. 7% der Menschheit kommen also in den Genuss der Hälfte aller sozialen Transfers auf dem Globus.[24] Das kann auf Dauer nicht gut gehen.

> *„Geld ist nicht nur ein Wertaufbewahrungsmittel, sondern auch ein Kommunikationsmittel. In seiner grundlegendsten Ebene ist wirtschaftliche Interaktion meist ein Austausch zwischen Fremden. Es bedarf deshalb eines gewissen Maßes an Vertrauen zwischen den Fremden. Geld ist das Mittel zum Austausch dieses Vertrauens. Das Vertrauen am Finanzmarkt wird in Form von Rendite ausgedrückt. Je weniger vertrauenswürdig ein Kreditgeber ist, desto höher muss die Rendite sein, die der Kreditgeber verlangen wird. Finden jedoch Interventionen statt, so fördert dies die Fragilität des Vertrauens. Kredit ist bekanntlich ‚schlummerndes Misstrauen'. Dies ist auch der Grund, wieso die exakte Prognose von Schuldenkrisen so schwerfällt. Der exakte Punkt, an dem Vertrauen kollabiert und die Kreditgeber den Glauben in die Bonität aufgeben, ist deshalb unmöglich zu prognostizieren. Wir glauben, dass Gold einen sinnvollen ‚Hedge'* (Absicherung; A.d.V.) *für solche Vertrauenskrisen darstellt.*[25]
>
> Ronald-Peter Stöferle, österreichischer Bankier und Goldexperte

Gold ist nicht beliebig vermehrbar, und es hat in reiner Form immer dieselbe Qualität. Es ist die älteste, erfolgreichste und beliebteste Währung der Welt. Gold ist das ultimative Geld, denn es ist in seiner Menge begrenzt. Es ist interessant, dass *John Pierpont Morgan* – der wohl berühmteste Banker aller Zeiten – genau darüber Bescheid wusste, deshalb war er einer der ersten treibenden Kräfte im Krieg gegen das Gold. Diesen Krieg setzt die Bank, die aus seinem Imperium hervorging, *JP Morgan Chase*, bis heute mit allen Mitteln fort, wie wir im Laufe des Buches noch feststellen werden. Von dem Bankier John Pierpont Morgan stammt der berühmte Ausspruch: *„Gold ist Geld, alles andere ist Kredit!"*

Wann immer ein Land über eine stabile Währung verfügt, tritt die monetäre Bedeutung von Gold in den Hintergrund, und es wird mehr wegen seiner Schönheit und Magie begehrt. Doch sobald eine Währung zu sehr inflationiert wird, sobald die Menschen ihr nicht mehr vertrauen, setzen sie wieder intuitiv auf Gold als Währung, denn es hat sich immer bewährt. Der Preis von Gold steigt und fällt, aber nicht, weil sich der Wert des Metalls verändert, sondern weil der Wert der Papierwährung schwankt, in der es gehandelt wird. Genau das ist das Problem, das Banker und Notenbanker mit Gold haben: Es zeigt ganz deutlich an, wenn eine Währung schwächelt. Das wusste selbst *Alan Greenspan*, der von 1987 bis 2006 Vorsitzender der *FED* und damit Wächter über den US-Dollar war und somit über die Weltwirtschaft herrschte: „*Gold repräsentiert immer noch die ultimative Zahlungsform auf der Welt. Fiat-Geld wird im schlimmsten Fall von niemandem angenommen. Gold wird immer angenommen.*" Von ihm stammt auch der bemerkenswerte Satz: „*Geldpolitik ist keine angewandte Wissenschaft, sondern Kunst!*"

Geld kann vieles sein. Eine „Währung" hingegen ist nur ein Geldstandard, der von einem Staat verpflichtend festgelegt wird. In jedem Währungsraum müssen die Menschen die gesetzliche Währung für Zahlungen akzeptieren. Ein Händler muss sie also annehmen, er darf jedoch auch andere benutzen, wenn sein Handelspartner damit einverstanden ist. Gold ist sowohl staatliche Währung – zumindest in allen Ländern, die Goldmünzen emittieren – als auch internationale Währung, da die Goldreserven von allen Nationen den Währungsreserven zugeordnet werden.

Währungen werden an internationalen Devisenmärkten gehandelt. Der Preis, der – zumindest in der Theorie – aus Angebot und Nachfrage resultiert, wird als „Wechselkurs" bezeichnet. Zentralbanken (auch *Notenbanken* genannt) sind die Hüter über ihre jeweilige Landeswährung. Da die Währung (also das staatliche Geld) dem Staat, also den Staatsbürgern gehören sollte, müsste die Zentralbank demnach auch dem Staat gehören. Das ist jedoch in vielen Ländern nicht der Fall. Die US-amerikanische Zentralbank *FED* gehört größtenteils den großen Bankiersfamilien der westlichen Welt und nur zu einem kleinen Teil Kommunen und Bundesstaaten. Die *Banca d'Italia* ist zu 90 Prozent privat, die *Belgische Nationalbank* zu 50 Prozent. Während die *Österreichische Nationalbank* eine AG ist und bis vor kurzem auch noch zu 30 Prozent privat war, konnte man sich doch dazu durchringen, sie offiziell zu einer staatlichen Bank zu machen. Der österreichische Staat soll seit Mai 2010 im Besitz von 100 Prozent der Anteilsscheine sein. Dennoch sitzen im Generalrat Vertreter von Privatbanken und der Privatwirtschaft, die sicher nicht gegen die Interessen privater Banken entscheiden werden. Die Interessen von privaten Geschäftsbanken und von Notenbanken sind diametral gegensätzlich, daher dürfte eine Zentralbank im Grunde nicht privat sein – auch nicht in Teilen. Wenn sie es doch ist, dann läuft einiges falsch!

Die nationalen europäischen Zentralbanken (die *Deutsche Bundesbank*, die *Österreichische Nationalbank* usw.) waren früher für die Währungen (Deutsche Mark, Schilling) ihres Landes zuständig. Seit es diese Währungen nicht mehr gibt, sind sie Anteilseigner der *Europäischen Zentralbank* (EZB), die formal über ihnen steht und nun allen Zentralbanken des Euro-Raumes vorschreibt, was sie zu tun haben.

Wenn ein Staat über eine Zentralbank eine Währung ausgibt, die Zentralbank aber nicht dem Staat – also den Menschen, die diesen Staat bilden – gehört, sondern einigen wenigen Privatpersonen, reichen Familien, denen Banken und internationale Großkonzerne gehören, dann ist die Währung eigentlich keine staatliche Währung, sondern die einiger weniger privater Personen. Sie ist im Grunde kein staatliches Zahlungsmittel, keine echte Währung, sondern etwa mit *Jetons* eines Spiel-Casinos vergleichbar. Dies trifft heute auf alle wichtigen westlichen Währungen zu. Was bleibt den Menschen also anderes übrig, als sich eine echte Währung zu suchen, die ihnen selbst gehört? Nichts! Deshalb ist Gold heute wichtiger denn je.

In unserem heutigen fraktionalen Reservesystem leben Banken davon, dass Staaten, Kommunen und Privatpersonen sich bei ihnen verschulden. Sie leben von den Zinsen, die sie für das Verleihen des Geldes einfordern dürfen. Modernes virtuelles Geld entsteht durch Verschuldung, daher nennt man es auch „Schuldgeld". Dass dies auf Dauer nicht gut gehen kann, hat sich mittlerweile sogar bis zur *Deutschen Bank* herumgesprochen. So formulierte es Jim Reid (Managing Director) wie folgt:

> *„...Wir haben ein globales Schulden-Monster geschaffen, das mittlerweile so groß und so entscheidend für das Finanzsystem und für die Wirtschaft ist, dass Insolvenzen nur noch durch extrem aggressive Maßnahmen begrenzt werden können. Es ist jetzt wohl zu spät, den Kurs zu ändern, denn das hätte gewaltige Konsequenzen."*[26]

Solange Währungen durch Gold oder andere reale Werte gedeckt sind, kann die Geldmenge nicht beliebig ausgedehnt werden. Es kann nur neues Geld geschöpft werden, wenn auch die entsprechenden Goldreserven eines Landes erhöht werden. Dieser Umstand begrenzt die Gewinnmöglichkeiten von Banken. Daher führen Banken einen erbitterten Krieg gegen Gold. Dabei ist eines klar: Sie werden ihn immer verlieren.

Ich kann nicht in die Zukunft sehen, daher weiß ich auch nicht, wann genau der US-Dollar und der Euro das Zeitliche segnen werden, aber ich gehe davon aus, dass es sich bestenfalls um wenige Jahre handeln kann, denn die Währungshüter der *FED* und der *EZB* haben fast ihr gesamtes Pulver verschossen. Fast wäre es bereits 2011 soweit gewesen, wie wir später noch sehen werden. Eine alte Börsenweisheit lautet: *„Der Markt tut immer das Erwartete, aber nicht zum erwarteten Zeitpunkt."*

TEIL 2

GRUNDWISSEN

Viele Zahlen und Daten rund um das Thema „Gold“ sind vage oder falsch, da viele Beteiligte im Goldhandel mit verdeckten oder gezinkten Karten spielen – vor allem, wenn es um die Menge und Verteilung des Edelmetalls geht. Es ist natürlich nicht ganz einfach, etwas so Sensibles wie Gold statistisch zu erfassen, aber ich möchte hier zumindest einige Zahlen in ein etwas anderes Licht rücken und auf Ungenauigkeiten aufmerksam machen. Da Gold ein monetäres Metall ist, ist es auch ein politisches Metall. Daher ist es nicht weiter verwunderlich, dass viele Spieler im Poker um Gold nicht immer die Wahrheit sagen. Der alte Spruch *„Gold geht dahin, wo Reichtum entsteht.“*, fasst alle möglichen Motive für die Verschleierung der Tatsachen bestens zusammen.

Goldmenge

Der weitaus größte Teil des Goldes, das heute physisch gehandelt wird, ist schon vor langer Zeit gefördert worden, denn Gold wird praktisch kaum verbraucht. So schätzen Experten, dass etwa 85%-90% allen je geförderten Goldes heute noch verfügbar sind. Der Rest wurde verloren und nicht wiedergefunden, sank mit Schiffen und liegt nun am Meeresgrund oder wurde in diversen Formen mit Menschen beerdigt. Das vorhandene Gold lässt sich immer wieder einschmelzen und so endlos recyceln. Da Gold in der Erdkruste im Vergleich zu Silber etwa im Verhältnis von 1:15 vorkommt, sollten sich die Preise dieser beiden Edelmetalle für gewöhnlich auch in diesem Verhältnis bewegen. Auf Grund massiver Manipulationen und Spielchen auf den Rohstoffmärkten ist dieses Verhältnis jedoch heute ebenso verzerrt wie die Preise der beiden Metalle.

Nach offizieller Schätzung wurden bislang etwa 165.000 bis 180.000 Tonnen Gold zu Tage gefördert – die erste Zahl entspricht einem Würfel mit etwa 20 m Kantenlänge oder 8.000 Kubikmetern reinem Gold.

Die weltweit in Banken gelagerten Goldreserven sollen sich auf etwa 30.000 Tonnen belaufen.[27]

Halbwegs gesicherte Produktionszahlen reichen bis etwa ins 18. Jahrhundert zurück, wobei China und Russland schon immer schwer einzuschätzen waren und immer noch sind, da sie nie verlässliche Zahlen nannten.

Die offiziellen Zahlen in Bezug auf diese Menge sind mit Sicherheit nicht richtig, da es unmöglich ist zu beziffern, wie viel Gold vor dem 18. Jahrhundert gefördert und gefunden wurde – und welche Mengen illegale Goldschürfer in den letzten 150 Jahren aus dem Boden und aus den Flüssen geschürft haben. Wie viel Gold es wirklich gibt, kann niemand sagen, da es oft im Geheimen verarbeitet, gehandelt und aufbewahrt wird. Es gibt jedoch Schätzungen, denen zufolge die Menge an vorhandenem Gold eher doppelt so hoch liegen dürfte, also etwa bei 340.000 Tonnen.

*„Gold ist die einfachste Finanzanlage – man besitzt es oder eben nicht. Gleichzeitig zählt Gold aber auch zu den privatesten aller Anlagen. Sobald jemand seinen Safe verriegelt, verschwindet das Gold praktisch vom Markt. Im Gegensatz zu Bankeneinlagen oder Aktien lässt sich unmöglich zusammenzählen, wie viel Gold private Investoren insgesamt halten. Ich benutze dafür auch gerne den Begriff ‚**Dunkelgold**'. Damit gemeint ist der reale, allgemeine Goldmarkt, der unter den Oberflächentransaktionen der großen Börsen existiert. Keiner weiß genau, wie viel dunkles Gold auf der Welt existiert; bekannt ist allerdings, dass es so viel Gold ist, dass die offiziellen Goldbestände dagegen unwesentlich erscheinen. Aus diesem Grund mache ich meine Kauf- oder Verkaufsentscheidungen auch nicht an den Entscheidungen eines John Paulson oder einer JP Morgan Chase fest. Wir haben es hier mit einem langfristigen Investment zu tun, welches ein weitreichendes Verständnis vom Wesen des Geldes erfordert – und eine Vorstellung davon, inwieweit der Medienzirkus der Wall Street dabei wirklich wichtig ist."*[28]

Peter Schiff, Börsenmakler und Wirtschaftskommentator

Etwa die Hälfte allen bekannten Goldes soll als Schmuck existieren, der heute vor allem in Asien immer noch sehr große Bedeutung hat – einerseits aus dekorativen Gründen, zum anderen auch als Wertspeicher. Auch bei uns hatte Schmuck bis in die 1980er-Jahre hinein eine ähnliche Bedeutung, die sich jedoch rasch verlor, als Kaffeeröster und Tankstellen begannen, billigen, minderwertigen Goldschmuck zu vertreiben. Heute spielt die Schmuckindustrie im Westen eine untergeordnete Rolle, während sie in Asien nie an Bedeutung verloren hat.

Pro Jahr kommen derzeit rund 3.000 Tonnen neu geförderten Goldes hinzu, wobei diese Zahl künftig vermutlich sinken wird, da die Gold-Konzentration in Boden und Gestein konstant abnimmt und die reichhaltigsten Vorkommen erschöpft sind. (siehe Abb. 1) In 2013 sank der Goldpreis, und deshalb wurden mehrere Minen geschlossen. Dennoch stieg die Jahresproduktion auf ein Allzeithoch von knapp 3.020 Tonnen weltweit, was jedoch langfristig bei zu geringen Gewinnmargen nicht haltbar sein dürfte. Es ist davon auszugehen, dass wir die Spitze

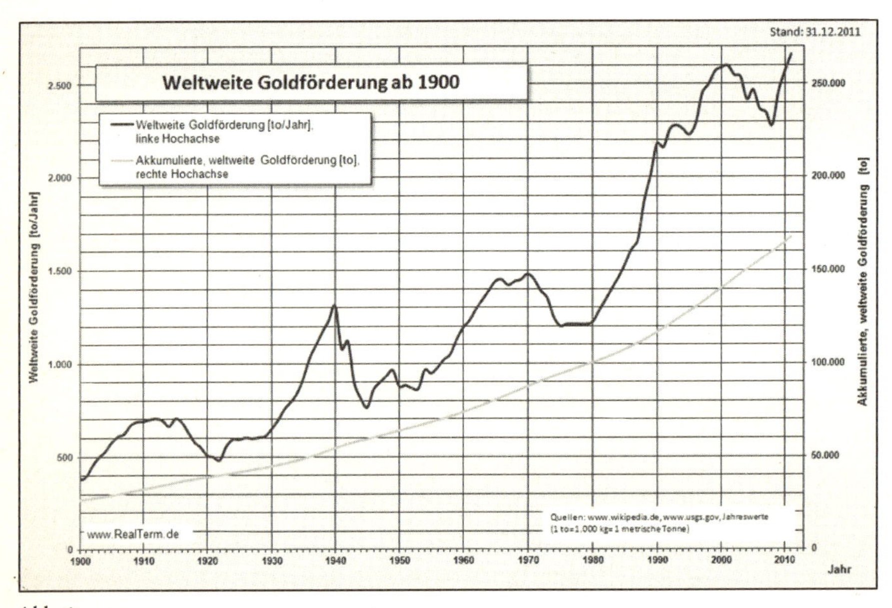

Abb. 1:

Die weltweite Goldförderung ab 1900.

der möglichen Fördermenge erreicht haben. Dieses Goldfördermaximum wird im englischen als „peak gold" bezeichnet.

Laut des *United States Geological Survey* (USGS) existierten im Jahr 2011 weltweit nur noch 51.000 Tonnen förderfähiger Reserven. Davon entfielen 7.400 Tonnen auf Australien, 6.000 Tonnen auf Südafrika und 5.000 Tonnen auf Russland. Alle drei Staaten hatten zusammen einen Anteil von 36% an den Weltreserven. Würde die Fördermenge weiter konstant bleiben, könnte noch für knapp 20 Jahre Gold gewonnen werden.[(29)]

Rechnet man dazu noch 53.000 Tonnen, die zu heutigen Preisen und mit heutiger Technik noch nicht gefördert werden können, kommt man alles in allem offiziell (!) auf etwa 280.000 Tonnen – mehr Gold soll auf diesem Planeten nicht existieren. Mit einer Ausnahme: Im Salzwasser der Ozeane kommt Gold in sehr, sehr geringer Konzentration in Form von Chlorid-Komplexen vor.[(30)]

Sollte das Gold auf und in der Erde eines Tages erschöpft sein, dann wird das Gold aus dem Meer garantiert von Interesse sein. Mehrere Staaten, darunter auch Deutschland, haben bereits begonnen, die Möglichkeit der Rohstoffgewinnung aus Meerwasser zu erforschen. Momentan liegt deren Hauptaugenmerk noch bei den „Manganknollen", die Metalle wie Mangan, Eisen, Nickel, Kupfer und Kobalt enthalten, aber das kann sich jederzeit ändern, sollte Gold künftig im internationalen Währungssystem wieder eine größere Rolle spielen. Im Februar 2014 gab die NASA bekannt, dass sie künftig auf dem Mond Rohstoffe abbauen wolle, vorwiegend Gold, Platin, Iridium und Rhenium.[(31)]

Je höher der Goldpreis steigt, desto eher lohnt sich auch der Abbau schwer zugänglicher Lagerstätten. In 2012 lohnte sich selbst der Abbau von Gestein, das nur ein Gramm Gold pro Tonne enthielt – ein Umstand, den noch zehn Jahre zuvor niemand für möglich gehalten hätte. In 2013 jedoch mussten solch schwach durchsetzte Lagerstätten wegen des gefallenen Goldpreises wieder geschlossen werden. Alle Unternehmen waren gezwungen, sich nur noch auf ihre lukrativsten Vorratsstätten zu konzentrieren. Je schwieriger die Lagerstätten zugänglich sind, desto höher sind die Produktionskosten. Weltweit hohe Inflation lässt zudem die Energie- und somit auch die Abbau-, Transport- und Verarbeitungskosten steigen. Zwischen 2002 und 2012 stiegen diese Kosten um etwa 600%.

Durch den massiven Preisverfall wurden die Minenbetreiber 2013 gezwungen, auch ihre Kosten drastisch zu senken, was zumindest den etablierten, mittelgroßen bis großen Minenbetreibern gelang. Im Schnitt konnten sie die Kosten um etwa 20% bis 25% senken. Mehrere kleinere Minen kamen jedoch bei dem Preiskampf unter die Räder, mussten schließen oder wurden von anderen übernommen. Im Großen und Ganzen aber scheint der Preiskampf den Managements der Goldförderbetriebe recht gut getan zu haben.

China war in 2012 mit offiziellen 370 Tonnen gefördertem Gold der größte Goldproduzent weltweit. Im Vergleich zum Jahr 1991 hat sich seine Produktion verdreifacht, verglichen mit 1980 ist es sogar auf den 50-fachen Wert gestiegen.

Australien belegte mit 250 Tonnen gefördertem Gold den zweiten Platz, die USA (230 Tonnen) waren Dritter. Danach kamen Russland (205 Tonnen), Südafrika (170 Tonnen), Kanada (102 Tonnen) und Indonesien (95 Tonnen Gold).[33] (siehe Abb. 2)

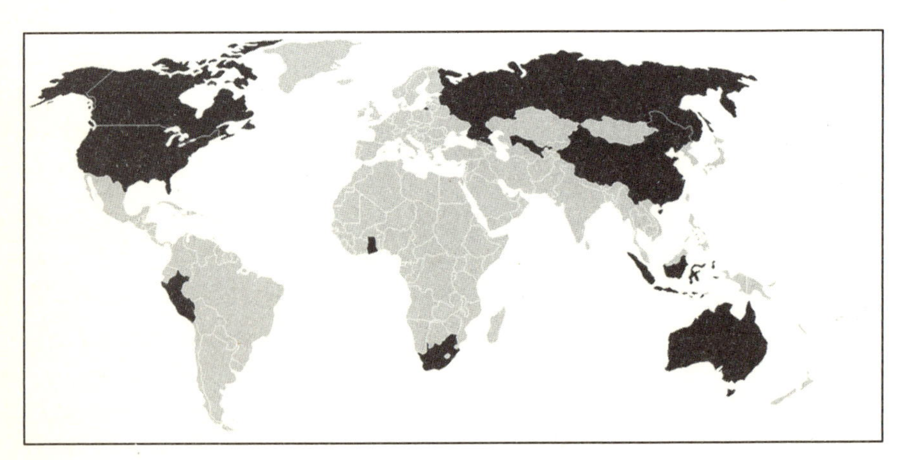

Abb. 2:

12 Staaten decken 66 Prozent der weltweiten Goldförderung ab (Stand: 2003)[32]

Die wichtigsten **Goldvorkommen Europas** lagern im *Karpatischen Bogen*, dem *Baltischen Schild* und im *südiberischen Pyritgürtel*. Die drei größten Minen in Europa sind gegenwärtig die *Kittila Mine* (Agnico-Eagle Mines) in Lappland, 900 Kilometer nördlich von Helsinki, die schwedische *Björkdal Mine* (Elgin Mining) und *Chelopech* (Dundee Precious Metals) in Bulgarien.[34] Das größte europäische Goldvorkommen lagert in Rumänien (Karpatischer Bogen), wird aber auf Grund des Widerstandes der dortigen Bevölkerung nicht gefördert. Seit 2012 sind die Minenunternehmen *Eldorado Gold* und *Glory Resources* aktiv dabei, Minen in Griechenland zu erschließen. *Colt Resources* bereitet die Förderung aus sechs Gold- und zwei Wolframminen in Portugal vor, und *Petaquilla Minerals* versucht, eine historische Mine in Portugal und mehrere neue in Spanien zu erschließen. *Reservoir Minerals* bereitet zwei Abbauprojekte in Serbien vor.

„*In Europa dauern Genehmigungen zwar länger, aber wenn man sie hat, dann hat man sie. Worauf man sich in anderen Regionen der Erde nicht immer verlassen kann.*“, sagt Cary Pinkowski, Chef von *Astur Gold*, die im Norden Spaniens in *Salave* den Goldabbau vorbereiten. Auf dem Astur-Explorationsgebiet finden sich zumindest sechs alte römische Bergwerke, von denen noch Überbleibsel wie in die Felsen gehauene Abläufe zu sehen sind. Im 1. Jahrhundert n.Chr. sollen dort von den Römern rund sechs Millionen Tonnen Gestein bewegt worden sein.[35]

Wesentlich größer sind zwar die Fördermengen der Minen in der Türkei und in Kasachstan, doch liegen beide Länder nur zu einem sehr kleinen Teil in Europa und müssen eher zu Asien gerechnet werden.

Da die Goldvorkommen weltweit schrumpfen, werden aber nun auch kleinere oder aber auch historische, lange stillgelegte Lagerstätten wieder interessant, wie das Beispiel Österreich zeigt. In den Hohen Tauern wurde bereits von den Römern Gold und Silber abgebaut. Aus dem Tauerngold wurden Münzen geschlagen, die den Stempel „*metallum noricum*“ als Herkunftsangabe trugen. Vom 14. bis zum 16. Jahrhundert gab es einen zweiten Goldrausch in den österreichischen Alpen. Zahllose Tunnel und Stollen bestehen noch heute und sind teilweise auch noch zugänglich. Nun hat ein britisch-amerikanisches Finanzkonsortium das Goldexplorationsunternehmen *Noricum Gold* gegründet und die Abbaurechte für die Goldvorkommen im Grenzland zwischen Salzburg und Kärnten erworben. Die im Sommer 2013 gemachten Probebohrungen sollen sehr vielversprechend gewesen sein. Haupteigentümer von *Noricum Gold* sind die „üblichen Verdächtigen" *BlackRock* und *JP Morgan Chase* sowie die *Erste Bank.*[36] [37] [38]

BlackRock Inc. ist der weltgrößte Vermögensverwalter und gehört zu großen Teilen der Familie Rothschild. *BlackRock* ist an fast allen westlichen börsennotierten Firmen beteiligt sowie an anderen Investmentunternehmen, den meisten großen Banken und an fast allen Goldminen. *Barclays Global Investors* (eine Tochter der *Barclays Bank*) gehört ebenfalls zu *BlackRock*, wobei die Barclays-Mutter mit etwa 20% an *BlackRock* beteiligt ist. All diese Firmen sind wiederum mit *JP Morgan Chase* verbunden, indem sie alle gegenseitig aneinander beteiligt sind. Das von *BlackRock* verwaltete Vermögen beträgt rund $ 2.700 Milliarden – das sind 2,7 Billionen! In Zahlen: $ 2.700.000.000.000!

BlackRock ist auch an *Glencore Xstrata International plc* beteiligt, dem weltgrößten Rohstoffhändler.

Goldgewinnung

Bei der Gewinnung von Gold unterscheidet man zwischen sogenanntem *Berggold* und *Seifengold*. **Seifengold**, oft auch *Waschgold, alluviales Gold* oder *Placer Gold* genannt, kommt in sehr kleinen Teilchen in vielen Flüssen vor – auch in weiten Teilen Europas. Dabei stammt der Begriff „Seife" aus der Geologie und meint verwitterungsbeständige, sekundäre Mineralanreicherungen in Sedimenten wie Sand oder Kies. Der mengenmäßig weitaus größere Teil des heute geförderten Goldes ist industriell abgebautes „Berggold". Es gibt auch heute noch viele Millionen Goldschürfer, die, wie vor 150 Jahren, mit einfachem Werkzeug losziehen, um „Seifengold" aus Flüssen zu waschen, aber ihr Erfolg ist zumeist bescheiden. In Europa und Nordamerika wird das Goldwaschen heute meist als Hobby betrieben. Diese Funde kleinster Teilchen werden oft als „Goldstaub“ oder „Goldflitter“ bezeichnet. Es gibt Goldwaschkurse und Abenteuercamps rund um diesen nostalgischen Zeitvertreib, der durchaus faszinieren kann.

Im Rheintalgraben etwa findet sich heute in Kiesen und Sanden Goldstaub, doch sind in einer Tonne Rohkies nur etwa 0,05 Gramm Rheingold zu finden. Die einzelnen Flitter sind sehr klein; sie sind am Mittleren Oberrhein selten größer als 0,015 Millimeter. Für 1 Gramm benötigt man etwa 280.000 Flitter.[(39)] Mehr als ein Hobby kann das also hierzulande nicht sein.

In Südamerika aber, vor allem im Amazonasgebiet, gibt es seit einigen Jahren wieder einen regelrechten Goldrausch. Dort schürfen wieder Millionen Menschen, meist illegal, nach Gold – oft mit primitiven Mitteln und leider auch zum großen Nachteil für die Natur und die eigene Gesundheit. Zwar sind auch hier die meisten Funde bescheiden, aber die beruflichen Alternativen der Menschen sind es auch. Also hoffen sie, um ihren Lebensunterhalt bestreiten zu können, zwischen dem Goldstaub auch mal ein Nugget zu finden.

Goldnuggets können ein Gewicht von gleich mehreren Gramm wiegen. Das mit 2.316 Feinunzen Goldgehalt (etwa 72 kg) bisher größte Goldnugget wurde 1869 in Moliagul/Australien gefunden und auf den Namen *Welcome Stranger* getauft. Bis 1986 zierte es die Rückseite der Goldmünzen der *Perth Mint*, dann wurde es von den Känguru-Motiven abgelöst. Von solchen Funden können die Millionen illegaler Schürfer im Regenwald heute nur träumen. Sie werden in den spanisch sprechenden Gebieten „*Garimpeiros*“ genannt. In den französischsprachigen Regionen wie Französisch-Guayana oder in Westafrika bezeichnet man sie als „*Orpailleurs*“.

Dieser illegale Goldabbau unterscheidet sich kaum vom Goldrausch des 19. Jahrhunderts. Er kommt aber stark in Konflikt mit den Vorstellungen und Interessen einer vermeintlich ökologisch bewussten westlichen Gesellschaft. Der illegale Goldabbau erzeugt verzweigte soziale und wirtschaftliche Strukturen, die sich meist der Kontrolle eines Staates entziehen. Wo illegal geschürft wird, entsteht ein Wirtschaftskreislauf im Verborgenen, denn die Garimpeiros müssen mit Geräten, Pumpen, Dieselmotoren, Waschpfannen, Sieben, Zelten, Benzin und Lebensmitteln versorgt werden, was für die übrigen Menschen, in den oft entlegenen Gebieten die einzige Einnahmequelle ist. Somit ist der illegale Goldabbau ein riesiger, schwer zu kalkulierender Wirtschaftsfaktor.[40]

Wie der Abbau großer Unternehmen zerstört auch der illegale Raubbau große Flächen des Regenwaldes. Oft wird von den Garimpeiros unachtsam Quecksilber zum Lösen des Goldes aus dem Gestein benutzt (Amalgam-Methode). Dabei wird die Umwelt ebenso vergiftet wie die Benutzer selbst. Etwa 2.000 Tonnen hochgiftigen Quecksilbers sollen so in den letzten zwei Dekaden in den Amazonas gelangt sein.[41] Dabei ist der Einsatz von *Borax* (Natriumborat) kostengünstiger und sehr viel weniger schädlich als das Quecksilber. Borax setzt den Schmelzpunkt der Begleitstoffe des gefundenen Goldes herab, sodass man sie schon über einem normalen Feuer oder mit einem einfachen Bunsenbrenner in einem Gefäß voneinander trennen kann.

Für *Ghana* ist Gold die wichtigste Einnahmequelle. Es erbringt etwa ein Drittel der gesamten Exporterlöse des Landes. Doch am Rande der großen legalen Minen, die von Unternehmen wie *AngloGold Ashanti* betrieben werden, schürfen nach Schätzungen 400.000 bis 500.000 Ghanesen – oft Frauen und Kinder – teilweise mit bloßen Händen im trockenen Boden – die meisten von ihnen illegal. In Ghana werden diese Kleinschürfer „Galamsey" (vom Englischen „gather and sell") genannt. Sie sollen jährlich etwa 4 Tonnen Gold, aber auch Diamanten fördern und über Zwischenhändler illegal verkaufen.[42]

Die in Wien ansässige *Organisation der Vereinten Nationen für industrielle Entwicklung* (UNIDO) schätzt, dass sich weltweit bis zu 15 Millionen Menschen als Kleinbergleute verdingen.[43] Der UNIDO zufolge wurden 2008 etwa 400 Tonnen Gold inoffiziell gewonnen, das entsprach etwa 15 Prozent des weltweiten Goldabbaus. Ungefähr 10 Prozent dieser Menge stammen aus dem Amazonasgebiet.[44]

Demnach würden also etwa 85 Prozent des Goldes, das jedes Jahr neu auf den Markt kommt, industriell gefördert sein oder aus Recycling stammen. Dabei wiederum liegt das Verhältnis etwa bei 70:30. All dies zeigt jedoch schon deutlich, wie schwierig es ist, wirklich aussagekräftige Zahlen im gesamten Gold-Bereich zu nennen. Sie alle beziehen sich letztlich nur auf Schätzungen.[45]

Berggold („Primäres Gold") wird gesucht, indem man Gegenden, die für Goldvorkommen bereits bekannt sind oder aber theoretisch in Frage kommen, seismisch untersucht oder aber mittels Sattelitenbildern von Geologen auswerten lässt. Ist ein bestimmtes Grundstück vielversprechend und verfügbar, werden Probebohrungen durchgeführt. Sind diese erfolgreich, wird das Bohrprogramm erweitert und verfeinert, bis man genau weiß, wie viel Gold wo und in welcher Tiefe im Gestein vorhanden ist, was dann anhand eines „3D-Resource Models" dargestellt wird. Dieser Prozess und seine Auswertung sind teuer und zeitaufwendig. So vergehen von der Erkundung einer Lagerstätte bis zur Produktion der ersten Unze Gold mehrere Jahre, und es können Kosten deutlich jenseits von 10 Millionen Euro pro Mine entstehen. Im Durchschnitt wird nur eines von 1.000 Explorationsprojekten jemals zu einer wirtschaftlichen Förderstätte.[46]

Entscheidend für den Finanzierungsplan einer neuen Goldmine sind neben dem Goldgehalt und der Tiefe der Förderstätte auch die Zugänglichkeit des Geländes und die umliegende Infrastruktur, also die Frage, ob etwa ausreichend Strom, Wasser und Straßen vorhanden sind, aber auch, wie weit weg sich die nächste Aufbereitungsanlage befindet. Auch das politische und soziale Umfeld einer Region ist von großer Bedeutung. Erst wenn all dies genau berechnet ist, kann das Unternehmen das nötige Geld einsammeln und mit dem Bau eines Bergwerkes beginnen. Solche Gelder kommen entweder von Banken, von Investmentfirmen oder von Streaming- oder Royalty-Unternehmen, die auf die Finanzierung von Rohstoffunternehmen spezialisiert sind.

Gold wird entweder im **Unter-** oder **Übertagebergbau** gezielt gefördert. Nur ein kleiner Teil fällt auch bei der Raffinierung anderer Metalle, wie Kupfer, Nickel oder Silber, als Beiprodukt an. Befinden sich die Gold führenden Schichten, wie in Australien, nur knapp unter der Oberfläche, dann bietet sich die Errichtung eines Tagebaus an. Dafür werden Löcher in den Boden gesprengt und das goldhaltige Gestein systematisch abgegraben. Dabei frisst sich der Tagebau immer tiefer in den Boden vor, wodurch die bekannten treppenartigen Gruben entstehen, die an gigantische Amphitheater erinnern. (siehe Abb. 5)[49]

Liegen die goldhaltigen Schichten tief, wie beispielsweise in Südafrika, dann muss man Schächte in Gestein oder Erde graben, die bis zu einer „Teufe" (bergmännisch für „Tiefe") von 5.000 m reichen können. In den ersten 25 m unter der Oberfläche herrscht in etwa eine gleich bleibende Temperatur von 8-9 Grad Celsius, wie man dies aus jedem Erd- oder Weinkeller kennt. Je tiefer man jedoch gräbt, desto wärmer wird es.

Abb. 3: Ingenieure neben einem Minen-LKW an der Goldmine der *Goldcorp* in Penasquito, Mexico.

Abb. 4: Loren in einer Goldmine (Untertagebau)

Abb. 5: Gold-Tagebau (Übertagebau) in der Olimpiadinskoje-Mine rund 660 Kilometer nordöstlich von Krasnojarsk.

Befindet man sich mehrere Kilometer Untertage, so herrschen Temperaturen von bis zu 65 Grad Celsius und mehr, was die Arbeit für die Minenarbeiter sehr anstrengend macht. Die Wände in diesen langen Stollen werden zumeist mit Spritzbeton befestigt, in manchen Fällen auch nur mit Holz abgestützt. Neben den Stollen verlaufen Kühl- und Lüftungsschächte. Das erzhaltige Gestein, das man Untertage gewinnt, wird mittels Loren (Wagen auf Schienen; siehe Abb. 4)[(48)] oder mit Förderbändern durch Schächte Obertage transportiert. Dort wird es dann, ebenso wie das Gold aus dem Tagebau, mit riesigen Trucks zur Weiterverarbeitung abtransportiert (siehe Abb. 3)[(47)] und in eine Aufbereitungsanlage gebracht, wo es immer weiter zerkleinert und dann in Form von großen Gesteinshaufen zwischengelagert wird.

Im Grunde sind die Goldvorkommen über die gesamte Erde einigermaßen gleichmäßig verteilt, das heißt, dass sich auf jedem Kontinent Gold findet, allerdings ist es innerhalb der Kontinente auf spezielle Gebiete konzentriert und unterschiedlich leicht oder schwer zugänglich. Die geringsten Förderkosten weisen heute die Minen in Nordamerika auf, gefolgt von Europa, Südamerika, Australien und Asien. Die höchsten Förderkosten haben heute die afrikanischen Minen, weil sie bereits sehr umfangreich ausgebeutet wurden und weil sie heute sehr tief liegen.[(50)] In Südafrika musste in 2013 jede zweite Mine geschlossen werden.[(51)] Aber diese Aussagen über Kosten sind natürlich sehr ungenau, weil man dabei auch jedes Unternehmen und jede Mine einzeln berücksichtigen müsste.

Der Goldgehalt des abgebauten Golderzes sinkt zunehmend. Während er von 1830-1900 noch bei 20 Gramm je geförderter Tonne lag, waren es 1950 im Schnitt nur noch 8 Gramm je Tonne. Heute liegt der durchschnittliche Gehalt nur noch bei etwa 2 Gramm – wobei es immer noch einzelne kleine Vorkommen gibt, die auch eine Durchsetzung bis 15 Gramm und mehr haben.[(52)] Wurde das Gold seit dem Mittelalter vorwiegend mit Quecksilber aus dem Gestein gelöst, so hat sich in den 1980er-Jahren eine neue Technologie als wesentlich effizienter für die

Prozessierung von Erzen mit niedrigerem Goldgehalt erwiesen: Auf das fein gemahlene, aufgeschichtete Gestein wird *Natriumzyanid* gesprüht, da es auch kleinste Mengen Gold anlöst. Das nun im hochgiftigen Sickerwasser chemisch gebundene Gold wird danach gefiltert, gewaschen und getrocknet, und wieder gereinigt. Dann wird es zu Rohbarren (*Doré*-Barren) mit einem Gewicht zwischen 6 und 40 kg gegossen.

Die Rohgoldbarren gehen an die Scheideanstalten (Raffinerien), wo sie eingeschmolzen und weiter gereinigt werden, um am Ende daraus handelbare Barren reinster Form, mit einer Reinheit von 995 bis 999,9‰ zu gießen, sogenannte „Feingoldbarren". Große Raffinerien, die mehrere Tonnen pro Tag einschmelzen können, haben große Maschinen in Betrieb, die konstant mit Material von annähernd gleicher Unreinheit gefüttert werden müssen, um weiter reibungslos zu funktionieren. Jeder Stillstand einer solchen Anlage erzwingt eine völlige Neujustierung der Maschinen und ist mit großen Kosten verbunden. Daher ist eine konstante, gleichbleibende Versorgung für diese Firmen äußerst wichtig. Die wichtigsten Goldraffinerien sitzen in der Schweiz (*Argor Heraeus, Valcambi, Pamp, Metalor*), in Deutschland (*Heraeus*) und in Belgien (*Umicore*). Ihre Feingoldbarren (999,9‰ = 24 Karat) werden in der ganzen Welt anerkannt und gehandelt.(53)

Der Einsatz von Natriumzyanid-Lauge ist das größte Problem bei der Goldgewinnung, denn sie ist hochgiftig und sehr schädlich für die Umwelt. Zwar wird die Flüssigkeit meist in einem Umlaufsystem aufgefangen und in einem Kreislauf immer wieder verwendet, doch sind die mehrere Hektar großen Sammelbecken oft nicht dicht. Dadurch kann das Zyanid in das umliegende Gestein entweichen und letztlich im Grundwasser oder in Flüssen landen – so geschehen etwa 1990 in den USA, 1995 in Guayana, 2000 in Rumänien und 2001 in Ghana und China.(54)

Am 30. Januar 2000 brach ein Damm des Auffangbeckens in der Erzaufbereitungsanlage der rumänischen *Baia-Mare-Mine*. Dabei flossen mehr als 100.000 m^3 Natriumzyanidlauge aus, die sich schließlich in mehreren Bächen und Flüssen wiederfand. Ein gewaltiges Fischsterben in Rumänien und Ungarn war die Folge. Das Trinkwasser mehrerer Städte und Dörfer wurde vergiftet. Als Gegenmaßnahme wurde Natriumhypochlorit zugesetzt, um die Zyanidverbindung zu toxisch unbedenklichen Salzen zu oxidieren.[55] Seitdem verhindert die rumänische Bevölkerung eine Wideraufnahme der Goldexploration im gesamten Land erfolgreich.

Manche Firmen führen die Laugung mit Zyanid in geschlossenen Tanks durch, was die bessere Lösung ist, doch auch sie sind mit der Frage konfrontiert: Wohin mit dem Zyanid-Schlamm, der am Ende übrig bleibt?

Neben der Natur leiden aber auch die Minenarbeiter unter dem Einsatz von Zyanid, ebenso wie die Menschen im Umfeld der Minen. Umweltschutzorganisationen gehen von einem weltweiten Einsatz von jährlich 182.000 Tonnen Zyanid in Goldminen aus. Deshalb kommt es nicht nur in Rumänien, sondern auch in Südamerika immer wieder zu Problemen mit den Anwohnern in der Nähe von Goldminen. Manchmal sollen in Minen in Afrika, Südamerika und Asien auch Kinder als billige Arbeitskräfte missbraucht werden. Aber auch schlechte Arbeitsbedingungen und Bezahlung in manchen Minen sorgen immer wieder für Negativschlagzeilen und schaden dem Image der gesamten Branche. Speziell in Südafrika war es in den vergangenen Jahren immer wieder zu Streiks und auch zu gewalttätigen Auseinandersetzungen gekommen.

Wenn diese Branche nicht bald aufwacht, dann wird das zur Neige gehende Gold bald nicht ihr größtes Problem sein. Seit in Rumänien in 2007 durch die Bevölkerung ein riesiges Bergbauprojekt verhindert wurde, fühlen sich Aktivisten auf der ganzen Welt ermutigt, es ihnen gleichzutun. Die Industrie täte also gut daran, sich etwas Besseres als das altmodische Zyanid-Verfahren einfallen zu lassen. *Miningwatch Canada* schaut vielen Minenbetreibern auf die Finger und erfährt immer mehr Unterstützung von den Anwohnern der jeweiligen Minen wie auch von Umweltschutzorganisationen. Oder um es mit dem Vorsitzenden der minenkritischen Organisation WACAM, Daniel Owusu-Koranteng, zu sagen: *„Ich möchte Menschen nicht dazu bringen, auf Gold zu verzichten. Aber ich möchte die Menschen daran erinnern, dass Gold ein Zeichen der Liebe und der Reinheit ist. Wenn das Gold dafür verantwortlich ist, dass tausende ihre Lebensgrundlage verlieren, wenn ihr Trinkwasser verseucht wird, dann verliert Gold seinen Symbolwert.*“[56]

Zwar gibt es zahlreiche Initiativen von Förderern und Raffinerien zu einem ethisch und ökologisch besseren Goldabbau, aber bislang hat kaum eine dieser Initiativen bewiesen, dass sie mehr als eine Imagekampagne ist. Es gibt zwar sogenanntes „Ökologisch sauber abgebautes Gold“ ohne Einsatz von Chemie und ohne Kinderarbeit wie europäisches Flussgold und Recyclinggold. Aber da Flussgold heute sehr selten ist, ist seine Gewinnung umso aufwendiger und folglich teurer. Aber auch aus Südamerika kann man „faires Gold“ beziehen – *Eco Andina* oder *Oro Verde.*[57] Wer darauf besteht, muss jedoch mit einem Preisaufschlag von bis zu 25% über dem Spotpreis rechnen. (Laut dem Fairtrade-Aktivisten Greg Valerio entsprechen aber nur rund 600 kg pro Jahr den Anforderungen von *Fairtrade-* und *Fairmined Gold.*)

Die wohl größte Goldmine der Welt, und zugleich eine der größten Kupferminen, ist die *Grasberg-Mine* in der abgelegenen Provinz Papua in Indonesien. Betrieben wird sie vom US-amerikanischen Bergbauunternehmen *Freeport-McMoRan Copper & Gold.* Der Tagebau der Mine, die 1990 den Betrieb aufnahm, soll über Reserven von 6,5 Mio. Unzen Gold verfügen. Bei Wikipedia steht hierzu zu lesen: *„Das Unternehmen erlangte 2003 Aufsehen im Zusammenhang mit Menschenrechtsverletzungen um die Grasberg-Mine, dem größten Goldbergwerk der Welt in West-Papua. Indem es jahrelang mehrere Millionen US-Dollar Schutzgeld an einzelne Offiziere von Militär und Polizei zahlte, die Mitverantwortung an der Vertreibung und Tötung vieler tausend Angehöriger der Papua haben, nahm sie die Verschlechterung der Lage der Urbevölkerung in der von Unruhe geprägten Provinz Papua in Kauf. Genauso bekannt ist Freeport für seine Umweltzerstörung.*“[57]

Ich möchte damit nicht ein einzelnes Unternehmen in Misskredit bringen, sondern exemplarisch aufzeigen, wie groß die Spannungen zwischen der Goldförderindustrie und Umweltschutz- und Menschenrechtsgruppen sind. Die Liste der Unternehmen, die sich durch verantwortungsloses Handeln hervortun ist leider lang.

Inmitten der Anden in Peru befindet sich die größte Goldmine Lateinamerikas und die zweitgrößte Mine der Welt: die *Yanacocha-Mine*. Seit der Eröffnung im Jahr 1993 wurden hier ganze 26 Mio. Unzen Gold gefördert. Der im US-amerikanischen Bundesstaat Colorado ansässige Goldproduzent *Newmont Mining* besitzt die Mine mehrheitlich und ist deren Betreiber. Im Nordosten Nevadas liegt die *Goldstrike-Mine*, die drittgrößte Goldmine der Welt. Sie wird von *Barrick Gold*, dem insgesamt größten Goldproduzenten der Welt, betrieben.[58]

Insgesamt muss man festhalten, dass es bei der Förderung von Berggold viel zu verbessern gibt, dass aber auch jeder Anleger, der Goldminenaktien besitzt, die Möglichkeit hat, umweltbewusstes Engagement zu belohnen und schändliches Verhalten nicht zu unterstützen.

Neben dem Waschgold und dem Berggold gibt es noch einen dritten Sektor, der einen Beitrag zur Goldversorgung leistet, jedoch bislang viel zu wenig Beachtung findet: Recycling von Altgold.

Goldrecycling ist ein wichtiger Bestandteil der weltweiten Goldversorgung. Zu den rund 3.000 Tonnen Gold aus Minenproduktion in 2013 kamen noch einmal etwa 1.370 Tonnen aus der Wiederaufbereitung aus Recycling von Bruchgold und Elektroschrott dazu, was jedoch um 14% weniger war als im Jahr zuvor.[59] In 2009 war der „Peak“ (Höchststand) beim Goldrecycling mit knapp 1.700 Tonnen weltweit erreicht. Genaue Zahlen sind naturgemäß auch hier schwierig zu nennen, weil im kleinen Bereich nicht veröffentlicht wird, tausende Kleinbeträge aber auch einen Einfluss auf die Gesamtsituation haben. Die Zahlen lassen aber zumindest einen deutlichen Trend erkennen.

Da etwa die Hälfte allen Goldes auf Erden in Form von Schmuck existiert, ist es nur natürlich, dass auch gerade hier sehr viel Altgold vorhanden ist, was irgendwann gebrochen ist, nicht mehr gefällt oder nicht mehr gebraucht wird. Oft wird dieses **Altgold** („Bruchgold") dann verkauft und so wieder in den Kreislauf zurückgeführt. Doch durch den steigenden Goldpreis von 2002 bis 2011 hatten bereits die meisten Menschen, die sich von Gold trennen wollten, ihr Bruchgold verkauft. Wer es bis dahin nicht getan hat, hält offenbar am Gold fest.

Unterschiedliche Schmuckstücke weisen oft unterschiedliche Goldgehalte auf (siehe Teil 4 des Buches), da sie mit anderen Metallen legiert sind. Wenn Juweliere oder Edelmetallhändler Bruchgold kaufen, dann sammeln sie das Material, bis es ausreicht, um daraus homogene Blöcke (die sogenannten „Plansche") zu schmelzen. Ein solcher Block hat also durchgehend die gleiche Zusammensetzung, abhängig vom Reinheitsgehalt des Bruchgoldes. Mittels Spektometer kann der Händler selbst schon in etwa die Zusammensetzung der Goldlegierung abschätzen, genau kann dieser Wert aber erst durch ein sehr aufwendiges und langwieriges Verfahren in der Scheideanstalt festgestellt werden, zu der die Plansche gebracht wird.

Dort werden in den Block zwei Löcher gebohrt, kleine Späne entnommen, die dann „abgetrieben" werden. Das bedeutet, dass sie zu Blattgold gewalzt und geschlagen werden. Dann werden den Blättchen chemisch alle anderen Elemente (Silber, Platin, Kupfer und Palladium) entzogen, bis am Ende reines Gold übrig bleibt. Ist das Verhältnis Gold zu anderen Metallen bei beiden Blättchen gleich, dann ist der abgegebene Block homogen. Man kann also das Verhältnis von Gold zu anderen Metallen auf das gesamte Gewicht umlegen und so den genauen Wert des abgelieferten Materials feststellen, was für die Abrechnung zwischen Händler und Schmelze wichtig ist. Diese sogenannte „4-Stoff-Analyse", auch „Dokimasie" genannt, ist altbewährt und hat eine Genauigkeit von plus/minus 1 Promille.

Neben Bruchgold wird aber auch das Recycling von Gold aus Elektroschrott immer wichtiger. Vierzig Millionen Tonnen Elektrogeräte landen jedes Jahr im Abfall und mit ihnen gigantische Mengen an wertvollen Edelmetallen: Schon 41 Handys enthalten so viel Gold wie eine Tonne Gold-Erz. In den bis Dezember 2013 weltweit etwa 1,3 Milliarden verkauften Mobiltelefonen wurden insgesamt geschätzte 31 Tonnen Gold verbaut. In den etwa 300 Millionen PCs und Laptops stecken an die 66 Tonnen Gold.

„Selbst hohe Förderquoten wie in der Kalgold-Mine in Südafrika, wo fünf Gramm pro Tonne Gestein gewonnen werden, wirken mickrig gegen die Schätze auf Müllbergen: Dort liegen Millionen Computer-Leiterplatten, die 250 Gramm Gold pro Tonne enthalten – das 50-fache der Kalgold-Mine!", erklärt Christian Hagelüken von der Recyclingfirma *Umicore* in Brüssel[60], dem größten Goldrecycler in Europa, der vor einigen Jahren bereits ganz groß in das Geschäft mit der „Müllverwertung" eingestiegen ist. Dabei wird über mehrere Stationen der Elektromüll von den regionalen Müllentsorgern gesammelt und dann an Zwischenhändler weiterverkauft. Die trennen die Kunststoffe von den Metallen und verkaufen beides an denjenigen weiter, der es verwerten kann, wie etwa *Umicore*, die daraus wiederum Goldbarren herstellt.

Preis und Wert

Die wahre Bedeutung von Gold liegt nicht in seinem Preis, sondern in seinem Besitz! Der Wert von Gold ist unabhängig vom aktuellen Marktpreis. Er bemisst sich vielmehr darin, dass Gold zeitlos ist und Stabilität und Sicherheit bietet, was nicht in Zahlen zu fassen ist.

Der „Goldpreis" wird im internationalen Handel in US-Dollar angegeben und dann in die jeweiligen Regionalwährungen umgerechnet. Er bezieht sich jeweils auf eine Unze (31,1 Gramm) Feingold, also reinen, puren Goldes. Der Aufdruck „999,9" auf Barren zeigt, dass der Barren bis auf ein Promille lupenrein ist. Mehr ist technisch nicht möglich. Die Größeneinheit „Goldunze" ist identisch mit der „Apothekerunze" und wird im Englischen „troy ounce" genannt und *oz.tr.* abgekürzt.

„Die Bedeutung von Gold liegt nicht in seinem Preis, sondern in seinem Besitz. Das ist vor allem für diejenigen wichtig, die an Gold verdienen wollen, sei es durch den Erwerb von Zertifikaten, Fonds oder Ähnlichem. An Preisbewegungen mitzumischen, ist nicht dasselbe, wie ein Gut zu besitzen."

Anthony Deden, Fondsmanager

Der Preis, den man im Internet überall live abrufen kann, ist der sogenannte **„Spotpreis"**, der sich aus den umfangreichen Handelsdaten der Goldhandelsplätze in Tokio, London und New York speist und von Computern in Echtzeit erstellt wird. Er ist eigentlich kein offizieller Preis, wird aber von den meisten Händlern als Orientierung herangezogen. Die Firma *Kitco* ist der bekannteste Anbieter, der die Daten von Terminmärkten und Spotmärkten miteinander verknüpft und jedermann kostenlos zur Verfügung stellt. Da dieser Preis aber aus einem Computerprogramm errechnet wird, kann es theoretisch auch zu Fehlern oder Verzögerungen bei der Abbildung des Preises kommen. Deswegen vergleicht jeder Edelmetallhändler den Spotpreis noch mit anderen Goldpreisen, wie dem „Interbanken-Preis", also jenem Preis, den Banken einander beim Goldhandel untereinander zu einem bestimmten Zeitpunkt verrechnen.

Jeder Händler bietet dann seine Münzen oder Barren mit kleinen Aufschlägen (von drei bis fünf Prozent) knapp über „Spot" an (= Kassapreis) – wobei sich beim Kauf immer der Vergleich lohnt. Das Wort „Spot" kommt aus dem Englischen und bedeutet „auf den Punkt", weil es sich auf Gold bezieht, das sofort zur Verfügung steht. Im Gegensatz dazu stehen die **Preise an den Terminmärkten**, die Preise für eine Lieferung in der Zukunft sind: X liefert Y (zum Beispiel) in einem Jahr eine bestimmte Menge Gold zu einem vereinbarten Preis.

Die beiden Preise (Kassa- und Terminmarktkurse) unterscheiden sich insofern, als beim Terminmarktkurs Lager- und Versicherungskosten zum aktuellen Kassapreis hinzukommen.

Neben dem Spotpreis gibt es noch den Preis, der am Londoner Bullionmarkt (Bullion engl. = Barren) festgelegt wird und der heute als ein Teil der Daten auch in den Spotpreis einfließt. Zu diesem sogenannten **„Goldfixing"** trafen sich ab 1919 täglich zweimal (vormittags und nachmittags) Abgesandte der fünf wichtigsten Goldhandelsbanken der Welt, *N M Rothschild & Sons, Mocatta & Goldsmid, Samuel Montagu & Co., Pixley & Abell* und *Sharps & Wilkins* im Hause Rothschild, um den Goldpreis festzulegen, an dem sich seitdem die gesamte Welt orientiert. Dieser Preis war angeblich abhängig von Angebot und Nachfrage, jedoch spielten dabei auch noch eigene Interessen eine wichtige Rolle. Als *N M Rothschild & Sons* 2004 aus dem Fixing ausstieg, übernahm die *Deutsche Bank* den freien Platz. Offenbar hat man aber keinen Ort mehr, an dem man sich treffen kann, deshalb findet das Fixing seitdem am Telefon statt.

Der Preis des Goldfixings ist im Grunde nur noch im historischen Rückblick von Bedeutung. Wenn man etwa wissen möchte, was eine Unze Gold am 15. April 2003 kostete, dann taugt der Spotpreis dazu nicht, weil er ja sekündlich anders ist. Dafür bezieht man sich dann auf den Preis aus dem Goldfixing der Bullionbanken. Dennoch fließt deren Preisvorstellung nach wie vor, gemeinsam mit anderen Handelsdaten, in den Spotpreis ein.

Der aktuelle **Preis** des Metalls muss getrennt von seinem **Wert** gesehen werden, denn der Wert einer Unze Gold ist über die Jahrtausende hinweg gesehen im Grunde immer gleich geblieben. Vor zweihundert Jahren konnte man in London einen erstklassigen Maßanzug samt Schuhen und Gürtel für 1 Unze Gold kaufen. Heute kostet dasselbe in Wien immer noch 1 Unze. Der Wert bleibt also auf lange Sicht gesehen nahezu unverändert.

Mit dem Preis von Gold aber ist das eine ganz andere Sache, denn er richtet sich nicht nach dem inneren Wert des Metalls, sondern nach dem der Währung, in der es gehandelt wird – heute also nach dem US-Dollar. Steigt der Goldpreis, dann bedeutet dies, dass der Wert des Dollars sinkt, man also für die gleiche Menge Gold mehr Papiergeld berappen muss. Genau das ist das Problem für unsere heutigen beliebig vermehrbaren Konfetti-Währungen: Ein steigender Goldpreis signalisiert den Wertverfall des Fiat-Geldes, also der offiziellen staatlichen Währungen. Je mehr Menschen das begreifen, desto mehr Menschen kaufen Gold, um sich gegen den Wertverlust des Papiergeldes abzusichern – und desto höher steigt der Goldpreis.

Wenn er unaufhörlich deutlich steigt, dann signalisiert dies, dass mit den Währungen etwas massiv nicht stimmt, dass sie konstant an Wert verlieren, dass die Inflation steigt, dass also die Ersparnisse von Unternehmen und Privatpersonen schrumpfen. Wann immer so etwas passiert, führt das irgendwann unausweichlich zum Zusammenbruch des Finanzsystems. Am Ende steht dann eine Währungsreform, also das Ersetzen der alten, wertlos gewordenen Währung durch eine neue. In einem solchen Prozess spielt Gold immer eine ganz besondere Rolle. Seit dem Jahr 2005 war es zu einem signifikanten Anstieg des Goldpreises gekommen, weil unsere staatlichen Währungen immer wertloser wurden, die Unsicherheiten auf den Finanzmärkten zunahmen und dies die Angst vor sozialen Verwerfungen schürte. (siehe Abb. 6)

Ein Staat kann auf zwei Arten auf einen Goldpreisanstieg reagieren: Zum einen kann er seine Geldpolitik verbessern und für mehr Preisstabilität sorgen; zum anderen kann er versuchen, den Preis des Goldes zu drücken oder den Handel und den Besitz von Gold zu verbieten. Die erste Möglichkeit wird selten gewählt, weil sie großen Fachwissens von Seiten der Währungshüter und der Politik bedürfte. Außerdem bedürfen Maßnahmen, die einer Inflation entgegenwirken, Weitblick. Sie drosseln das Wirtschaftswachstum, bringen für alle Beteiligten nur geringe Gewinne – und sind somit nur schwer zu vermitteln. Langfristig wären sie aber sinnvoll. Da Politiker aber nur in Legislaturperioden denken und wiedergewählt werden wollen, neigen sie dazu, Dinge zu versprechen, die sie nur halten können, indem sie den Staat verschulden, was langfristig immer ins Chaos führt.

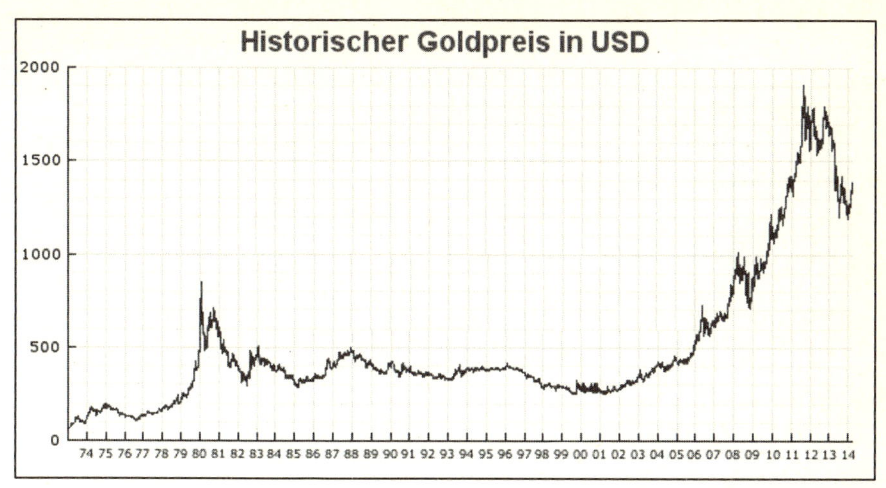

Abb. 6: Der historische Goldkurs seit 1973.[61]

Außerdem hat sich in unserer Gesellschaft generell eine Haltung der Maßlosigkeit und des Überschätzens breitgemacht. Die meisten Menschen wollen heute schnell reich werden. Sie denken, dass sie das Recht auf Reichtum haben. Aber dieses Denken ist gefährlich und trügerisch, denn es führt zu kollektiver Selbstüberschätzung. Doch hier scheint ein Zug ins Rollen gekommen zu sein, den zu stoppen kein Politiker wagt. Den Menschen zu sagen, dass sie kein „Recht" auf irgend etwas haben, sondern sich ihren Wohlstand ehrlich und geduldig erarbeiten müssen, würde sehr viel Mut erfordern. Dennoch ist es die Wahrheit. Und wie sagte der Schriftsteller *George Orwell* so schön: *„In Zeiten weltweiter Täuschung ist es ein revolutionärer Akt, die Wahrheit zu sagen."*

> *„Am Goldmarkt gibt es immer wieder schockartige Kurseinbrüche binnen kurzer Zeit – ohne Anlass, und auch ohne starke Bewegungen an anderen Märkten. Ich bezeichne diese Preisbewegungen als ‚Intraday-Anomalien'. Sie lassen sich seit dem 5. August 1993 statistisch nachweisen. Der häufigste Zeitpunkt für die Interventionen ist das Nachmittagsfixing in London, um 10 Uhr New Yorker Zeit. Zu dieser Zeit gerät der Goldpreis häufig auffallend stark unter Druck."*[62]
>
> Dimitri Speck, Analyst & Autor

Man kann seit Jahren feststellen, dass der Goldpreis täglich früh morgens unserer Zeit steigt, nämlich dann, wenn der Handel in Asien beginnt. Sobald der Markt in England öffnet, kommt es zum ersten Rücksetzer. Wenn nachmittags der Markt in New York dazukommt, fällt der Preis erneut, nur um dann am nächsten Morgen, angetrieben durch diese asiatische Nachfrage, wieder zu steigen. Insider gehen davon aus, dass solche Preisbeeinflussungen in einem Zusammenspiel von Gold handelnden Banken (Bullionbanken) und Zentralbanken geschehen.[(63)]

Obwohl die Nachfrage nach Gold im Jahr 2013 rund um den Globus größer war als in den Jahren zuvor, war der Preis im Laufe des Jahres um insgesamt 28% gefallen, da er an den Terminmärkten und beim Preisfixing in London massiv manipuliert wurde. Solche Manipulationen finden über computergesteuerten Hochfrequenzhandel statt und können den Preis auf dem Papier innerhalb von Zehntelsekunden um mehrere Prozent drücken.

In dem Maße, wie der Goldpreis fiel, stiegen die weltweiten Aktienkurse, was jedoch nichts mit wirtschaftlichen Fundamentaldaten, sondern vorwiegend damit zu tun hatte, dass Banken all das viele Geld, das die Zentralbanken Monat für Monat neu geschaffen haben, nicht an die Wirtschaft oder an die Endverbraucher weiterreichten, sondern im ganz großen Stil Spekulanten zum Kauf von Aktien „auf Pump" zur Verfügung stellten. Sogenannte *„margin loans"* sind Kredite, die so lange nicht zurückgezahlt werden müssen, so lange die Aktienkurse steigen. Wenn eine solche Aktien-Rallye zu Ende ist und die Kurse nicht weiter steigen, dann können die Banken den sogenannten *„margin call"* ausrufen, und die Kredite müssen getilgt werden. Das führt dann zu massiven Aktienverkäufen und zu stark fallenden Kursen.

„Es gibt aktuell zwei Theorien über die derzeitige Positionierung der Weltwirtschaft innerhalb des übergeordnet makroökonomischen Boom-Bust-Zyklus (Säkularer Zyklus). Die einen (vorherrschender Mainstream) – welche ihren Schwerpunkt auf Aktien setzen – behaupten, die Krise sei vorbei und wir haben das Tal (‚Bust') im Jahr

2009 durchschritten. Die anderen (Contrarian) – welche ihren Schwerpunkt auf Edelmetallinvestments setzen – warnen davor, dass die Krise (‚Boom' im Jahr 2000) durch das Gelddrucken verschleppt wurde und noch gar nicht richtig begonnen hat."[(64)]

Uwe Bergold, Fondsmanager und Autor

Da viele Investoren gerne auf fahrende Züge aufspringen, hat der Aktien-Hype auch einige Investoren dazu veranlasst, Gold zu verkaufen, um Aktien zu erwerben, was den Goldpreis zusätzlich unter Druck setzte. Bis 2014 hatte sich auf diese Weise eine gigantische Blase am Aktienmarkt gebildet.

Ähnliches hatten wir bereits in den 1990er-Jahren mit der „*dot.com-Blase*" (Neuer Markt) erlebt. Sie platzte im Jahr 2000. Darauf folgte eine Immobilienblase, die mit dem Einbruch am Hypothekenmarkt (Subprimekrise) 2007 einen gewaltigen Knall tat.

Parallel zu diesen beiden Blasen ist der Goldpreis, vor allem von 2002 bis 2011, unaufhörlich gestiegen, weil immer mehr Menschen erkannten, dass unsere Weltwirtschaft und unser monetäres System an einem toten Punkt angekommen sind. Der Goldpreisanstieg konnte nicht mehr verhindert werden, aber er konnte verzögert werden. Jeder Anstieg des Goldpreises offenbart die Schwäche jener Währung, in der er gehandelt wird – also allen voran die des US-Dollars. Im Jahr 2011 entschlossen sich die wichtigsten Zentralbanken – wie die *FED* und die *EZB* – zu einem ganzen Bündel an Maßnahmen, um den totalen Crash des US-Dollar und des Euro hinauszuzögern. Eine davon war ein Großangriff auf den Goldpreis, bei dem sich die Zentralbanker auf ihre Alliierten bei den Bullionbanken verlassen konnten. Wir werden in den nächsten Kapiteln noch näher darauf eingehen.

Diese Attacke gegen das Gold konnte jedoch den langfristigen Anstieg seines Preises nicht verhindern, denn der Aufwärtstrend blieb weiter intakt. Einen solchen langfristigen Anstieg eines Preises nennt man „Hausse" (französisch; „os" ausgesprochen). Die Herrscher über unsere Konfetti-Währungen konnten sich den Mund fusselig reden, aber sie konnten den Anstieg des Goldpreises bis 2011 nicht stoppen, weil der Verfall ihrer Währungen nicht aufzuhalten ist.

„Eine Hausse wird im Pessimismus geboren... und stirbt in der Euphorie."

André Kostolany, Börsen- und Finanzexperte

Viele Analysten und Investoren gehen davon aus, dass wir im Jahr 2014 kurz vor dem Platzen gigantischer Schulden-, Anleihen-, Aktien- und Immobilienblasen stehen, die – gepaart mit massiver Inflation in zahlreichen Ländern – eine Sprengkraft haben, die sich irgendwann mit einem großen Knall entladen muss. Eine solche Explosion würde den Goldpreis massiv nach oben treiben.

War die Nachfrage nach Gold schon in 2013 gigantisch, so stieg sie im Januar 2014 erneut. Händler in Europa, Australien und in den USA meldeten kurzzeitige Lieferengpässe. Die *Münze Österreich* wie auch die australische *Perth Mint* mussten neue Mitarbeiter einstellen und prägten in drei Schichten rund um die Uhr.[65]

Durch den deutlichen Fall des Goldpreises im Jahr 2013 wurden viele Menschen verunsichert, zumal die Prognosen der Banken für Gold wie immer düster waren. Für eine solche Verunsicherung gibt es aber keinen Grund, denn Gold befindet sich nach wie vor in einer *Hausse*, also in einem langfristigen Aufwärtstrend. Ein solcher Trend wird immer mehrere Male auf dem Weg nach oben unterbrochen. Der aktuelle Langzeittrend nach oben begann im Jahr 2002, und er ist auch in 2014 vermutlich noch lange nicht zu Ende. 2013 war ein deutlicher Rücksetzer, aber der Preis dürfte mittel- bis langfristig steigen, unbeachtet aller Manipulation. In den Jahren 1975/76 war es, dank großer wirtschaftlicher Unsicherheiten, nach einem fünfjährigen Anstieg des Goldpreises zu einem deutlichen Rücksetzer von etwa $ 200 auf etwa $ 100 gekommen. Das war ein Verlust von 50% innerhalb eines Jahres. Wenige Monate später aber setzte Gold zu einem neuen Höhenflug an. Bis 1980 kam es zu stark steigenden Preisen, einer sogenannten „Goldpreis-

Rallye". In diesen dreieinhalb Jahren stieg der Kurs von $ 103 auf $ 850! Das ist ein Ergebnis von 825 Prozent und entspricht (zur besseren Vergleichbarkeit) einer durchschnittlichen Jahresrendite von 82,8 Prozent![66] (siehe Abb. 6)

Im Vergleich zum Verlust des Goldpreises von 50% im Jahr 1977 waren die 28% von 2013 also vergleichsweise gering! Dieses Beispiel macht deutlich, dass man mit Gold durchaus eine Rendite erzielen kann, wenn man zum richtigen Zeitpunkt kauft und auch wieder verkauft. **Das sollte aber nicht die Hauptmotivation für den Besitz von Gold sein. Die wichtigste Funktion ist die des Wertspeichers, also der Absicherung.**

In 2011 kostete eine Unze Gold erstmals mehr als $ 1.900, was den Kaufkraftverlust des Dollar in alle Welt hinaus schrie. In 2011 hatte der Dollar nur noch etwa 3% seiner ursprünglichen Kaufkraft zu Zeiten seiner Einführung im Jahr 1913. Er hat also in 98 Jahren 97% an Wert verloren. Gold hat seinen Wert behalten. Es geht also nicht um den Preis, sondern um die Stabilität.

Diese $ 1.900 pro Unze Gold waren zwar der höchste Preis, den man in der Geschichte bislang je für Gold zahlen musste, gemessen an der Kaufkraft des Dollar aber war Gold bereits im Jahr 1980 teurer gewesen. Wenn man die Inflation berücksichtigt, dann würden die $ 850 pro Unze Feingold aus dem Jahre 1980 heute in etwa $ 2.300 bis $ 2.500 entsprechen (je nach Berechnung). Somit sind wir also auch mit den $ 1.900 aus dem Jahr 2011 noch weit von einem Allzeithoch entfernt.

Verfügbarkeit

Die *Münze Österreich* hat in 2013 etwa 544.000 Unzen Gold zu Münzen verschiedener Größen verarbeitet. Wenn wir der Einfachheit halber unterstellten, dass es alles 1-Unzen-Münzen waren, dann stand nur etwa jedem 16. Österreicher eine Münze zur Verfügung. Gleichzeitig wurden etwa 840.000 Unzen Gold in Form von Barren verarbeitet – genaue Zahlen lagen zum Zeitpunkt der Veröffentlichung noch nicht vor. Wären alle 1-Unzen-Barren, dann hätte für jeden fünften Österreicher eine Unze Gold in Form von Barren oder Münzen zur Verfügung gestanden. Davon ausgehend, dass die meisten Barren aber wesentlich größer sind als eine Unze, hätte im Jahr 2013 insgesamt bestenfalls etwa jeder achte Österreicher eine Unze Gold erwerben können.

Wenn man bedenkt, dass in Europa nur Österreich und England Goldanlagemünzen prägen, dann wird einem langsam klar, wie wenig Gold für jeden Einzelnen von uns zur Verfügung steht. Im Schnitt gäbe es derzeit nur etwa 1 Unze pro Erdbewohner! Der Preis ist also nicht die entscheidende Größe bei Gold, sondern die **Verfügbarkeit**. Je unsicherer die wirtschaftliche und soziale Situation in einem Land ist, desto größer ist die Nachfrage nach Gold, desto geringer ist seine Verfügbarkeit.

Ein weiterer wichtiger Punkt ist die **Marktfähigkeit** von Gold: Man kann es immer und überall verkaufen, in jedem Land, zu jeder Zeit, unabhängig von den wirtschaftlichen und sozialen Umständen im Außen. Andere vermeintlich sichere Wertanlagen, wie seltene Autos und Kunstwerke oder besondere Immobilien, werden in wirtschaftlich turbulenten Zeiten hingegen nur schwer einen Käufer finden. Oder nehmen Sie Diamanten: Es gibt nur sehr wenige Menschen, die in der Lage sind, die Güte und Qualität eines Diamanten einwandfrei festzustellen, und Sie sind von deren Urteil und Wohlwollen abhängig. Ein Goldbarren von 100 Gramm, von einem seriösen Hersteller, wird von jedem Menschen auf der ganzen Welt als solcher erkannt und angenommen.

Professionelle Anleger denken meist langfristig. Sie versuchen, Signale und Trends zu deuten und daraus für die Zukunft ein mögliches Szenarium zu erstellen. Dementsprechend positionieren sie sich mit ihren Käufen und Verkäufen, um möglichst viel Gewinn zu machen. Tatsächlich denken und agieren aber auch solche Anleger immer häufiger kurzfristig und emotional. Sie springen auf jeden Zug auf, der gerade anfährt.

Die wenigen verbliebenen Gold-Anleger, die den Markt verstehen und an physischem Gold (nicht an Versprechen) interessiert sind, kaufen immer dann, wenn der Preis am Boden ist und alle auf einen anderen Zug aufgesprungen sind – weil sie wissen, dass dies die beste Einstiegschance ist. Gleichzeitig sind sie oft auch in der Lage, den Preis mit zu beeinflussen, indem sie mittels schlechter Prognosen für Gold potentielle Käufer verschrecken, damit sie sich selbst am Markt eindecken können. Ihre vermeintliche Reputation beschert ihnen Präsenz in den entsprechenden Medien. Wer das Wesen von Gold aber einmal verstanden hat, lässt sich durch die Propaganda der Massenmedien nicht mehr irritieren.

„Die großen Verlagshäuser verdienen dort mit, wo es auch für die Industrie am meisten zu holen gibt. Banken und Finanzdienstleister gehören zu den größten Werbekunden der Medienbranche. In der Finanzpresse sind die Interessenkonflikte erdrückend. Durch die schwindenden Vertriebseinnahmen im stark rückläufigen Printgeschäft und die steigende Abhängigkeit von Werbeerlösen im Internet wächst auch die Abhängigkeit der Medien von den Werbetreibenden – zumindest dann, wenn keine alternativen Geschäftsmodelle hervorgebracht werden. Mit positiver Goldberichterstattung ist eher wenig Geld zu verdienen – wohl aber mit der Werbung für andere Finanzprodukte.“[(67)]

Wer sich also mit Gold (oder anderen Anlagen) beschäftigt, sollte nie einer einzigen Quelle allein trauen. Man sollte sich stets die Argumente der Goldbefürworter sowie die der Goldskeptiker anhören, um daraus seine eigenen Schlüsse zu ziehen. Eine Liste von einschlägigen Internetseiten zum Thema Gold, die ich persönlich als sinnvoll erachte, finden Sie auf Seite 223 des Buches. Die folgende Aussage des Berliner Goldhändlers Peter Rossmann (*Kessef Edelmetalle*) fasst die vorigen Punkte nochmals wunderbar zusammen:

„Die kommerziellen Händler sind überwiegend Banken, die über eine Vielzahl von Wirtschaftsdaten und monetären Daten verfügen,

weshalb sie Trends, Auf- oder Abschwünge sowie Krisen und Crashs am besten vorhersehen können. Diese Banken bestimmen und beeinflussen den Goldmarkt und wissen so langfristig, in welche Richtung sich Preise bewegen werden. Somit können sie sich für künftige Nachfragen rüsten, indem sie in einem schwachen oder fallenden Markt rechtzeitig Gold einkaufen, um es später, wenn die Krise für alle offensichtlich ist und alle nach Gold gieren, zu wesentlich höheren Preisen verkaufen zu können. Somit decken sich Banken schon Jahre, oft Jahrzehnte vor einer Goldpreis-Rallye ein – eine Rallye, die sie selbst mitgestalten können. Die Banken kennen den Kundenkreis der wichtigsten Goldkäufer, denn es sind nur etwa 5% der Menschen weltweit, die überhaupt Gold kaufen, und die meisten Großen darunter lagern das Gold bei eben diesen Banken, weil sie keine andere Möglichkeit haben. Wenn erst eine Preis-Rallye entfacht ist, dann heizen die Banken sie sogar noch an, um die eigenen Gewinne zu erhöhen. Wenn sie erkennen, dass der Markt gesättigt ist, dann lassen sie den Preis noch ein wenig weiter in die Höhe laufen, damit der nächste Preissturz umso größer ist und umso mehr Unwissende aus dem Markt drängt, was den Banken die Möglichkeit gibt, das zuvor teuer verkaufte Gold wieder billiger einzusammeln. Von 2004 bis 2011 haben die Banken den Goldpreis hochlaufen lassen. Dann wurde vom Platzen einer Blase gesprochen, es kam zu Verunsicherung, in den Computerprogrammen der Händler wurde ein Ende des Preisanstiegs festgelegt, und 2013 ließ man den Preis mittels Computern und Hochfrequenzhandel um 28% abstürzen. Eingesammelt hat das dadurch frei gewordene Gold vor allem China, die verbliebene Menge hat JP Morgan Chase aufgesaugt.«[68]

Genaue Vorhersagen über Zeitpunkt und Ausmaß eines Goldpreisanstiegs sind naturgemäß schwierig. Das gegenwärtige Klima in der Weltwirtschaft spricht jedoch deutlich dafür. Der Propaganda der Banken zum Trotz gehen alle namhaften Experten für die nahe Zukunft von einer gewaltigen Goldpreis-Rallye aus. Diese Prognosen schwanken zwischen $ 2.300 und $ 50.000 je nach angenommenem Szenarium und

Zeitrahmen. Im Grunde sind diese Zahlen aber belanglos, denn mit dem steigenden Goldpreis gehen indirekt steigende Preise aller relevanten Güter und Dienstleistungen einher. Insofern neutralisieren sich ein höherer Goldpreis und steigende Verbraucherpreise. Dennoch verlaufen solche Steigerungen natürlich nicht immer völlig parallel, was bedeutet, dass es Phasen geben kann, in denen Gold kurzzeitig eine deutlich erhöhte Kaufkraft haben kann, weil die Verbraucherpreise etwas zeitverzögert steigen. In solchen Phasen kann man mit Gold „Gewinne" machen. Im Gegensatz dazu haben diejenigen, die im Jahr 2011 in Gold investierten, in den zwei darauf folgenden Jahren „Verluste" verbucht.

Auf längere Sicht gesehen aber bleibt Gold immer wertstabil.

Goldhandel

Wir können grundsätzlich zwischen zwei Formen des Goldhandels unterscheiden: zwischen dem *physischen Handel* und dem *Handel mit Derivaten (Futures)*, also mit Goldversprechen für die Zukunft, die man auch als „Papiergold" bezeichnet.

Der **physische Goldhandel** findet im großen Stil zwischen Goldhandelsbanken (Bullionbanken), Zentralbanken, institutionellen Anlegern (Fonds, Versicherungen) und den Goldförderern statt. Der offizielle Goldpreis wird täglich im Goldfixing von den fünf Bullionbanken festgelegt. Der Handel aber findet am ***London Bullion Market***, dem wichtigsten außerbörslichen Handelsplatz für Gold und Silber, statt. Er wird von der *London Bullion Market Association* (LBMA) betrieben, deren Mitglieder Banken, Hersteller, Veredler, Verarbeiter, Produzenten und Händler aus der ganzen Welt sind. Das Wort „Bullion" bedeutet „Barren" und suggeriert, dass hier (im Gegensatz zu den Terminbörsen) echtes, physisches Gold gehandelt wird, also Goldbarren die Besitzer wechseln – was früher auch so war, jedoch heute nur noch zum Teil stimmt.

Der *London Bullion Market* ist ein Großhandelsmarkt, wo die Mindestgröße der gehandelten Beträge (Kontrakte) in der Regel 1.000 Unzen Gold beträgt. Täglich werden über 600 Tonnen Gold gehandelt.[69] Wenn wir von nur 250 Handelstagen im Jahr ausgehen, wären das bereits 150.000 Tonnen Gold, also fast so viel, wie offiziell weltweit existieren soll.

Tatsächlich wechselt also nur ein kleiner Teil des gehandelten Edelmetalls wirklich seinen Besitzer. Auch wenn dieser außerbörsliche Handel (englisch; Over-The-Counter, „OTC") ein physischer Markt ist, so kann niemand kontrollieren, wie viele gehandelte Barren im Nachhinein ausgeliefert wurden.

Gehandelt werden ***Standardbarren*** (Good-Delivery-Barren) mit einem Feingehalt von mindestens 995‰ und einer Größe zwischen 350 und 430 Feinunzen – im Regelfall sind es 400 Feinunzen, also 12,44 Kilogramm. Da ein Kontrakt (Handelsvertrag) bei der LBMA mindestens 1.000 Unzen Gold umfassen muss, sind das 2,5 Standardbarren, mit einem Gesamtgewicht von 31,1 Kilo.

Die Bank *N M Rothschild & Sons* hatte sich 2004, wie schon beschrieben, offiziell aus dem Preisfixing, aber auch aus dem gesamten Rohstoffhandel in London zurückgezogen. Sie zog es offenbar vor, aus der Schusslinie zu gehen, wissend, dass man mit der massiven Manipulation, die seit langem auf dem Goldmarkt stattfindet, eines Tages den Ärger vieler auf sich ziehen wird. Stattdessen verstärkte die Familienbank ihr Engagement bei den Goldminen. Durch die Investmentfirmen *BlackRock* und *Vanguard* ist sie an so gut wie allen Goldförderern und Explorern auf diesem Globus beteiligt, kommt aber in der Presse kaum vor.

Die *Deutsche Bank* war da weniger geschickt: 2014 kündigte sie – von zahlreichen Skandalen und Strafverfahren arg gebeutelt – an, ebenfalls aus dem Goldfixing aussteigen zu wollen. Das tat sie just wenige Tage nach dem Neujahrsempfang der deutschen Bankenaufsicht BAFIN, bei dem deren Präsidentin *Elke König* die Verkommenheit der Branche ganz allgemein, aber auch die „möglichen" Manipulationen an den Edelmetallmärkten im Speziellen anprangerte:

„Ein weiteres Thema hält uns über den Jahreswechsel hinaus die Treue: die Manipulationsvorwürfe rund um wichtige Referenzsätze.

Standen zunächst LIBOR, Euribor & Co. im Fokus, wurden später auch Vorwürfe laut, bei der Ermittlung von Referenzwerten für die Devisen- und Edelmetallmärkte sei es nicht mit rechten Dingen zugegangen. Diese Vorwürfe wiegen besonders schwer, denn solche Referenzwerte basieren – anders als LIBOR und Euribor – typischerweise auf realen Transaktionen in liquiden Märkten und nicht auf Schätzungen der Banken. Dass dieses Thema in der Öffentlichkeit so hohe Wellen schlägt, ist verständlich: Gerade die Finanzwirtschaft ist abhängig vom Vertrauen der Allgemeinheit darauf, dass sie leistungsfähig ist und dabei ehrliche Arbeit leistet. Die zentralen Referenzwerte schienen über jeden Zweifel erhaben – und nun steht der Verdacht im Raum, sie seien manipuliert worden. Aufseher weltweit sind damit beschäftigt, die Vergangenheit aufzuarbeiten, was alles andere als trivial ist und noch einige Zeit in Anspruch nehmen wird. Zugleich wird auf globaler und europäischer Ebene daran gearbeitet, das Thema regulatorisch in den Griff zu bekommen. Denn was Transparenz und Kontrolle angeht, gibt es noch jede Menge Nachholbedarf. Aber erste Schritte sind bereits getan, weitere sind in Vorbereitung.“[70]

Wenige Tage später verkündete die *Deutsche Bank* den Rückzug aus dem Goldfixing, da sie ihr „Rohstoff-Geschäft verkleinern“ wollte – und das ausgerechnet zu jenem Zeitpunkt, als die meisten Banken – durch den steigenden Goldpreis gezwungen – ihre Prognosen wieder nach oben korrigierten und die *Commerzbank*, als größter Konkurrent der *Deutschen Bank* am heimischen Markt, den Ausbau ihres Rohstoff-Geschäftes und die Einrichtung eines Internethandels für Gold ankündigte.[71]

In Wahrheit blieb die *Deutsche Bank* aber im Goldgeschäft. Sie verlagerte nur ihren Schwerpunkt. Denn im Juni 2013, also wenige Monate zuvor, hatte sie gerade erst in Singapur ein riesiges Lager für bis zu 200 Tonnen Gold mit einem Gegenwert von 9 Milliarden US-Dollar eröffnet. Dazu verriet Mark Smallwood, Chef der *Deutsche Asset & Wealth Management* dem *Wall Street Journal* im Januar 2014: „*Gold wurde traditionell in London, Zürich oder New York aufbewahrt, aber die wirt-*

schaftliche Dynamik verändert sich zusehends, da die globale Finanzkrise voranschreitet."[72] [73]

Daraus lernen wir zweierlei: Die *Deutsche Bank* verkleinert ihr Rohstoffgeschäft nicht, sie verlagert es nur, und sie anerkennt, dass die Finanzkrise weiter voranschreitet.

Als Kandidat für die Nachfolge der *Deutschen Bank* beim Goldfixing wurde im Februar 2014, einer Reuters-Meldung zufolge, die südafrikanische *Standard Bank* gehandelt, die einen Mehrheitsanteil ihres Kapitalmarktgeschäfts an die chinesische Großbank *ICBC* (*Industrial and Commercial Bank of China*) verkauft hatte und bereits am Platin- und Palladium-Fixing beteiligt war. Das ist insofern interessant, als China seit 2007 nicht nur der größte Goldproduzent, sondern gleichzeitig auch der wichtigste Käufer auf dem internationalen Markt ist.

Im Grunde sollte die tägliche Absprache beim Goldfixing so ablaufen, dass die fünf Beteiligten die Nachfrage ihrer Kunden (Banken, Fonds, Versicherungen, private Anleger usw.) auflisten und dem das verfügbare Angebot an Gold gegenüberstellen. Ist die Nachfrage größer als das Angebot, müsste der Preis steigen. Um wie viel, müssten nun die fünf Händler festlegen. Tatsächlich ist die Nachfrage fast immer größer als das Angebot, deshalb müsste der Preis eigentlich immer steigen. Da dies nicht der Fall ist, können wir festhalten, dass der Preis im täglichen Fixing von den beteiligten Banken nicht nach objektiven Marktkriterien festgelegt wird. Man könnte dies auch als „Manipulation" bezeichnen.

Das zu tun, ist einfach, indem man das reale Angebot fiktiv erhöht. Vereinfacht gesagt, sieht das in etwa so aus: Bank A verkauft Bank B 1.000 Barren, die diese dann an Bank C weiterverkauft, die an Bank D, die wiederum an Bank E und die wiederum an Bank A. Am Ende wurden also 5.000 Barren verkauft, die jedoch nie den Besitzer wechselten, weil sie sich ja ohnehin neutralisieren. Auf dem Papier entstand ein großes Angebot, was den Preis beeinflusst.

Hinzu kommt noch, dass ein Fixing mehrere Minuten, manchmal auch über eine Stunde dauert und der Verdacht naheliegt, dass die beteiligten Personen bereits während des Vorganges Informationen über die Richtung des Goldpreises an ihre Kunden weitergeben, bevor dieser noch offiziell und für jedermann abrufbar ist. Solche Informationen bringen unvorstellbare Vorteile an den Terminmärkten, wo große Mengen gehandelt werden. Da kann jeder kleinste Informationsvorsprung sehr viel Geld wert sein.

Der Verdacht, dass die Banken den Goldpreis im Fixing manipulieren und Insider-Informationen weitergeben, besteht schon sehr lange, jedoch haben sie eine so starke Lobby, dass alle Beschwerden einzelner Personen über die Intransparenz beim Goldfixing bei offiziellen Stellen kein Gehör fanden. Nachdem nun aber in 2013 immer mehr Bankenskandale ans Licht kamen und mehrere Banken, etwa wegen der Manipulation des LIBOR-Zinssatzes, zu hohen Geldstrafen verurteilt wurden, erfuhr auch die Preisfindung beim Gold neue Aufmerksamkeit. Unterstützt wurde diese Aufmerksamkeit von mutigen Einzelpersonen, die regelmäßig auf Internetseiten darüber berichteten, aber auch vom *Gold Anti-Trust Action Committee* (GATA), einer privaten Vereinigung, die sich gründete, um der Goldpreismanipulation ein Ende zu setzen.

Im März 2014 verkündete schließlich die New Yorker Professorin Rosa Abrantes-Metz, gemeinsam mit Albert Metz, Analyst bei der Ratingagentur *Moody's*, dass sie das Goldpreisfixing historisch untersucht hätten und der Meinung sind, dass der Goldpreis im Nachmittagsfixing seit mindestens 2004 manipuliert wurde. Nur wenige Tage später verklagte der New Yorker Goldhändler Kevin Mahor die fünf am Goldfixing beteiligten Banken. Die Schlinge um ihre Hälse wird immer enger...

Doch zurück zu dem, was bereits gesichert ist: Wer waren die Banken, die der Manipulation der LIBOR-Zinssätze überführt wurden? Waren sie vielleicht mit den Banken identisch, die das Goldfixing vornehmen?

„Die Deutsche Bank muss wegen der Manipulation von Zinsreferenzsätzen eine Geldbuße von rund 725 Millionen Euro zahlen. Das ist die höchste Strafe, die die EU-Kommission im sogenannten LIBOR-Skandal gegen Banken bisher verhängt hat. Neben der Deutschen Bank trifft die Strafe die französische Société Générale, die Royal Bank of Scotland, die US-Banken Citigroup und JP Morgan Chase sowie RP Martin. Die britische Barclays und die Schweizer UBS bekommen ihre Geldbußen erlassen, weil sie maßgeblich zur Aufklärung der Manipulationen beigetragen haben."[74]

Wer waren nochmals die Banken, die das Goldfixing betreiben? *Bank of Nova Scotia/ScotiaMocatta, Barclays, Deutsche Bank, HSBC* und *Société Générale*. Da kann jeder seine eigenen Rückschlüsse daraus ziehen. Als kleine Gedankenstütze sei nur am Rande erwähnt, dass die *Deutsche Bank*, die *UBS* und *JP Morgan Chase* auch wegen schweren Betrugs bei Zinswetten in Italien verurteilt wurden.[75]

Die Klagen gegen Banken und Bankmanager nehmen zu. So wurde in 2013 gleich gegen mehrere aktuelle und ehemalige Vorstände ermittelt. Die Frage muss also lauten: Sind diese Institute wirklich dazu geeignet, den Goldpreis für die gesamte Menschheit vertrauensvoll festzulegen? Die Antwort lautet: NEIN!

Die WELT berichtete dazu am 26. November 2013: *„Die britische Aufsichtsbehörde ‚Financial Conduct Authority' (FCA) untersucht derzeit, wie sich die Preise am Goldmarkt bilden... Der Markt hat ein Volumen von rund 20 Billionen Dollar. Die Teilnehmer können das Metall und seine Derivate am Kassamarkt und an den Börsen auch während der Telefonkonferenz handeln.* (Als *Kassamarkt* wird der Bereich der Börse bezeichnet, bei dem die Ausführung einer Wertpapierorder und ihre Erfüllung zeitlich eng beieinander liegen; A.d.V.) *Kurz nachdem das Fixing beginnt, startet eine Handelswelle bei Gold-Derivaten, wie aus im September veröffentlichten Analysen hervorgeht. Vier von Bloomberg News interviewte Händler sagen, das sei so, weil Händler und ihre Kun-*

den Informationen aus den Gesprächen nutzen, um auf das Ergebnis zu wetten."[76]

Damit sind (neben dem physischen Handel) bei der zweiten wichtigen Form des Goldhandels angelangt, die (neben dem *Over-Counter-Geschäft* der LBMA) seit wenigen Jahren enorm wächst und nur durch die Liberalisierung der Finanzmärkte sowie durch den Siegeszug von Computern und Finanzmathematikern im internationalen Handel in diesem Umfang möglich wurde: **Goldderivate.**

Derivate (Futures) sind Verträge zwischen zwei Parteien über die Lieferung einer Ware – in unserem Fall von Gold – in der Zukunft. Es handelt sich also um eine Lieferverpflichtung, nicht um die sofortige physische Übertragung von Waren, deshalb spricht man am Goldmarkt auch von „Papiergold". Dazu zählen *Gold-Optionen*, *Gold-ETFs* (*Exchange traded funds*) oder *Gold-Zertifikate*. Bei all diesen Geschäften muss der potentielle Lieferant nur einen kleinen Prozentsatz der zu liefernden Ware mit Geld oder physischem Gold hinterlegen.

Damit hat der Papiergoldmarkt große Ähnlichkeiten mit dem *fraktionalen Währungssystem*, bei dem Banken auch nur wenige Prozent des Geldes, das sie verleihen (handeln), auch tatsächlich besitzen müssen. Wer sonst, wenn nicht Banken, wäre also besser für solche Papiergoldspiele prädestiniert, da sie doch im Handel mit nicht existenten Werten bereits große Erfahrung gesammelt haben?

Händler nutzen also Preisunterschiede zwischen Terminmarkt und Spotmarkt. Sie nutzen sogenannte *„Arbitrage-Geschäfte"*, indem sie Kontrakte billiger einkaufen als sie diese wieder verkaufen. Oft liegen zwischen solchen An- und Verkaufsgeschäften nur Bruchteile von Sekunden. Bei großer Anzahl kann man hier also in kürzester Zeit sehr viel Geld machen, ohne jemals Ware besessen oder bewegt zu haben. Möglich werden solche Geschäfte vor allem durch Informationsvorsprünge gegenüber der Konkurrenz. Weiß ein Händler etwa, dass der Goldpreis in Kürze steigen wird, dann deckt er sich mit Kontrakten ein und verkauft sie kurz darauf wieder mit Gewinn.

Der größte Teil des Goldes wird heute nicht physisch gehandelt, sondern nur auf dem Papier. Der Handel ist virtuell, fiktiv und findet nur auf Bildschirmen statt. Dabei geht es Händlern nicht um das Gold an sich, sondern um den Gewinn, den sie mit jedem Weiterverkauf eines Gold-Schuldscheines machen.

Wie funktioniert ein solches Geschäft?
Ein einfaches Beispiel: *Ich kaufe einen Kontrakt über 100 Unzen Gold zu $ 1.000. Damit verpflichte ich mich, jemandem, den ich nicht kenne, in einem Jahr 100 Unzen zu je $ 1.000, also für $ 100.000 abzukaufen. Dafür muss der Verkäufer 5% Gold hinterlegen, und ich 5% cash, also $ 5.000. Nun kann ich aber meinen Kontrakt vor Ablauf der Jahresfrist weiterverkaufen, etwa weil der Goldpreis gestiegen ist, und nun bei $ 1.100 pro Unze liegt. Laut meines Kontraktes würde ich weiter das Anrecht auf 100 Unzen zu $ 100.000 haben, das Gold ist nun aber $ 110.000 wert. Wenn ich es schaffe, den Kontrakt für $ 110.000 zu verkaufen, dann habe ich $ 10.000 Gewinn gemacht, abzüglich meiner deponierten $ 5.000, also letztlich $ 5.000.*

Wenn man nun aber mehrere Kontrakte über viele tausend Unzen hält und sie nicht innerhalb von Monaten, sondern innerhalb von Tagen, Stunden oder Sekunden weiterverkauft, dann kann man auch bei sehr kleinen Schwankungen im Markt in kurzer Zeit sehr viel Geld verdienen. Das Ziel eines solchen Geschäftes ist es nicht, Gold zu kaufen, sondern Geld zu verdienen. Dasselbe passiert auch bei Mais oder Reis.

Ursprünglich entstand diese Art des Handels zur Absicherung (*hedging*) der Minenbetreiber, die etwa ihre kommende Jahresproduktion (oder Teile davon) im Voraus verkauften, um Geld für Investitionen zu haben oder um sich gegen fallende Preise abzusichern. Somit kauften finanzkräftige Investoren (Banken, Investmentfirmen oder Royalty-Unternehmen) ein Papierversprechen auf Gold, das sie dann wieder weiterverkauften, weil sie das Gold vielleicht gar nicht wollten, wohl aber den Gewinn des Weiterverkaufs. Nun, daraus entstand etwas, das an Goethes „Zauberlehrling“ erinnert: *„Die ich rief, die Geister, werd' ich nun nicht los!“*

Längst haben sich die meisten Minenbetreiber wieder aus dem „hedging“ zurückgezogen. Sie verkaufen ihre Produktionen nicht mehr im Voraus, aber sie haben ein Spiel gestartet, das sich verselbständigte und nun zu ihrem Nachteil ist, weil es den Preis von Gold negativ beeinflusst. Es ist wie mit den Banknoten, die einst ein Anrecht auf echtes Geld, also auf Gold waren, ehe sie selbst zum Geld erklärt wurden. Genau dasselbe ist mit den Papiergold-Versprechen passiert.

So wird an der New Yorker **COMEX** (der weltgrößten Warenterminbörse) täglich Gold im Wert von mehreren hundert Millionen US-Dollar gehandelt. Dieser Handel wird mittels Computern getätigt, in deren Programme bestimmte Marken eingesetzt werden, an denen sie kaufen oder verkaufen. Diese Marken werden nach Gesichtspunkten der Charttechnik und der Mathematik bestimmt. Als Beispiel: *Sollte der Goldpreis unter $ 1.300 sinken, dann verkauft mein Computer alle meine Kontrakte; oder sollte der Goldpreis über $ 1.500 steigen, dann lasse ich ihn eine bestimmte Anzahl kaufen.*

Wird eine solche Marke erreicht, die zahlreiche Händler in ihren Computern haben, dann setzt in Bruchteilen von Sekunden ein gewaltiges Handelsvolumen ein, das man als „Hochfrequenzhandel“ bezeichnet. Will ein großer Mitspieler am Markt den Preis drücken, dann versucht er dies erst, indem er mit sanften Mitteln arbeitet, um die Verkaufsmarken der Konkurrenz auszutesten. Kennt er diese, dann ist es einfach, mit etwas Druck große Verkaufsbewegungen in Gang zu setzen. Nochmals gesagt: All das hat nichts mit physischem Gold zu tun, sondern spielt sich ausschließlich in der virtuellen Welt ab!

Frei übersetzt heißt das, dass Menschen mittels Computern etwas kaufen und verkaufen, das es nicht gibt – und das auch keiner will. Das ist vergleichbar mit Kindern, die in ihrer Puppenküche mit fiktiven Lebensmitteln fiktive Gerichte zubereiten, nur mit größeren Einsätzen und Auswirkungen auf die gesamte Weltwirtschaft.

Für die wenigen Händler, die wirklich physisches Gold erhalten wollen, unterhalten fünf Händler (im Großraum New York City) Lager unter der Aufsicht der COMEX, aus denen sie diese physischen Lieferungen dann bedienen können. Dies sind *JP Morgan Chase, Scotia Mocatta, HSBC, Brink's* und *Manfra, Tordella & Brookes.* Experten gehen davon aus, dass die offiziellen Lagerbestände der COMEX mittlerweile völlig verfälscht sind. Das bedeutet, dass die Schere zwischen gehandeltem und physisch verfügbarem Gold immer stärker auseinandergeht.[77] Dennoch hat dieser Handel mit großen Mengen physischem und (noch viel mehr) nicht physischem Gold Einfluss auf das *Goldfixing,* das dem Preis für Goldmünzen, -barren und -schmuck zugrunde gelegt wird.

Noch undurchsichtiger als die Lager der New Yorker Goldhändler sind die Goldlager der Händler in London. Da gibt es nicht einmal eine vollständige öffentliche Liste aller Lagerhäuser. Als Grund wird hierfür das Sicherheitsrisiko angegeben. Tatsächlich erlaubt und befördert eine solche Geheimhaltung aber auch die Verschleierung von Vermögenswerten und die Manipulation von Märkten – ein Umstand, der den Engländern sehr gelegen kommt, wie wir noch sehen werden.

Insgesamt weiß niemand so genau, um wie viel das Anrecht auf Gold auf dem Papier die tatsächliche Menge an Gold auf Erden übersteigt. Insider gehen von einem Verhältnis zwischen 50:1 und 90:1 aus! Das würde bedeuten, dass auf jeden Goldbarren, der in einem Banksafe lagert, bis zu 90 Menschen kommen, die meinen, ihn zu besitzen. Doch nicht nur Privatbanken sind an der Manipulation des Goldpreises beteiligt, auch Staaten, respektive deren Zentralbanken, haben im Lauf der Geschichte, vor allem seit dem Ende des Ersten Weltkriegs großen Anteil daran.

Goldreserven

Alle Nationen halten *Währungsreserven* (Devisenreserven) vor, also eine bestimmte Menge Geld, bestehend aus fremden Währungen, die aus dem Handel mit anderen Währungsräumen entsteht (übrig bleibt) und eben dafür auch wieder genutzt wird. Gold ist Teil der Währungsreserven ***aller*** Nationen. Gold ist also eine international anerkannte Währung!

„Sollte jemand die Bedeutung von Gold im gegenwärtigen monetären System in Frage stellen, dann bräuchte er nur in einer Großstadt eine Straße entlangzulaufen und auf die ‚Gold-Ankauf-Schilder' achten. Noch wichtiger aber: Zentralbanken halten Gold vor, und zwar sehr viel davon! Sie halten weder Kühe noch Weizen noch Sojabohnen, Kupfer, Silber oder Bitcoins.“[(78)]

Patrik Korda, Politikwissenschaftler

Die Währungsreserven der meisten Nationen bestehen seit dem Abkommen von *Bretton Woods* (1944) zum größten Teil aus US-Dollar und nur aus kleinen Mengen anderer Währungen und Gold. Doch genau hier findet gegenwärtig ein Umbruch statt. Immer mehr Nationen tauschen ihre US-Dollar-Reserven gegenwärtig gegen andere Währungen (Yuan, Rubel, Euro oder Gold) ein – allen voran China. Nur Gold und der US-Dollar waren bislang in den Währungsreserven eines jeden Landes vorhanden. Sie sind somit bislang die zwei einzigen Weltwährungen. Dadurch stehen sie zueinander in direkter Konkurrenz.

Seit dem Ende des Goldstandards (1914) nahm die Bedeutung der Goldreserven der Länder langsam und schleichend ab. Speziell in den 1980er- und 1990er-Jahren schrumpften die Goldvorräte der großen Industrienationen, da diese Gold orchestriert verkauften, um dessen Preis zu drücken, wie wir in Teil 3 des Buches ausführlich sehen werden. Doch seit einigen Jahren häufen die meisten Zentralbanken wieder Gold an, weil der US-Dollar konstant an Wert verliert. Diesen Verlust versuchten sie während der Goldpreis-Rallye (2002-2011) durch physisches Gold auszugleichen.

Zwischen 2011 und 2013 verlor aber auch Gold an Wert, was wiederum die Währungsreserven der Staaten beeinträchtigte. Durch den

Preiseinbruch des Goldes in 2013 verloren alle Staaten zusammen mehr als 400 Milliarden Euro (545 Milliarden Dollar). Dennoch haben zahlreiche Zentralbanken im selben Zeitraum weiter Gold zugekauft. Allein in 2012 waren dies 535 Tonnen. Offenbar glauben viele Zentralbanker also, dass Gold weiterhin eine gute Investition für die Zukunft ist.

Die höchsten Goldbestände sollen im Januar 2014 laut Statistiken die USA mit 8.133 Tonnen (71% der Devisenreserven) und Deutschland mit 3.387 Tonnen (67,5%) gehabt haben, was jedoch äußerst fragwürdig ist. Noch fragwürdiger – besser gesagt komplett absurd! – sind die offiziellen 1.054 Tonnen Chinas, was 1,1% der nationalen Währungsreserven entsprechen würde.[79] Die Schweiz soll 1.040 Tonnen (7,9%) Gold besessen haben und Österreich 280 Tonnen (47,5%). Weltweit sollen alle Zentralbanken zusammen 31.924 Tonnen Gold halten.

So weit, so gut. Nun kennen wir einige der offiziellen Zahlen. An deren Wahrheitsgehalt gibt es jedoch mehr als berechtigte Zweifel – und das aus vielerlei Gründen. Wir werden sie alle in Teil 3 des Buches ausführlich beleuchten. Ich möchte hier nur einige kurz umreißen und dann den spannenden Krimi um das Gold der Deutschen näher beleuchten.

Wesentlich interessanter als die Frage nach der genauen Höhe der Goldbestände eines Landes ist die Frage, wem das Gold eigentlich gehört? Dem Volk? Der Zentralbank? Was, wenn die Zentralbank nicht öffentlich, sondern privat ist? Speziell im Fall der USA ist diese Frage von großer Bedeutung.

Die meisten großen Nationen haben während des Zweiten Weltkriegs Teile ihrer Goldreserven zur Sicherheit in die USA gebracht und teilweise auch dort belassen. Später wurden von einigen Nationen weitere Teile ihrer Goldreserven nach England gebracht, wo sie in mehreren konzertierten Aktionen zur Manipulation des Goldpreises verwendet wurden. Dabei sollen diese Staaten aber mehr Gold ausgelagert haben als sie verkauften. Das treuhänderisch verwaltete Gold wurde in

New York und London, aber auch an verschiedene Banken, Fonds und Minenbetreiber verliehen (verleast), teilweise auch mehrfach. Das letzte Audit (Bestandsprüfung) in den Kellern der *FED* fand in den 1950er-Jahren statt. Niemand weiß also, was wirklich vorhanden ist. Ich möchte nur so viel vorwegnehmen: Die gutgläubigen Länder, wie Deutschland oder Österreich, dürften in Wahrheit nicht annähernd so viel Gold im Eigentum haben wie deren Bücher ausweisen, China dafür umso mehr.

Das deutsche Gold

Nun zum Krimi um das deutsche Gold: Wir beginnen mit einem Zeitsprung. Die Vereinbarung von *Bretton Woods* (1944) sah vor, dass alle Staaten ihren Handel untereinander in US-Dollar abwickeln würden und ihre Dollar-Überschüsse jederzeit bei der *FED* gegen Gold zurücktauschen konnten. Ich fasse nochmals kurz zusammen: Die USA – oder besser: die *FED* – schöpften schließlich viel mehr Dollar als Gold vorhanden war, der ausufernde Vietnam-Krieg tat sein Übriges dazu. Gegen Ende der 1960er-Jahre wollten immer mehr Staaten ihre Dollar gegen Gold tauschen, bis Nixon den Vertrag 1971 einseitig kündigte. Von da an saßen alle Staaten (bis heute) auf ihren wertlosen US-Dollar.

Karl Blessing, Chef der *Deutschen Bundesbank* von 1958 bis 1969, sicherte der *FED* 1967 zu, dass Deutschland keine seiner überschüssigen Dollar gegen Gold eintauschen werde, solange amerikanische Soldaten auf deutschem Boden stationiert seien – bekanntlich sind sie das bis heute. England und die USA wollten nämlich von Deutschland für die Stationierung ihrer Truppen in der BRD einen Obolus einfordern, den die Deutschen jedoch verwehrten. Das erinnert irgendwie an die Methoden mancher Mafia-Gruppierungen, von Geschäfts- und Lokalbesitzern Geld dafür zu fordern, dass man deren Besitz nicht beschädigt, oft auch als „Schutzgeld-Erpressung“ bezeichnet.

Nun, die Deutschen wollten kein Schutzgeld zahlen, also drohten die Amerikaner mit dem Abzug ihrer Truppen (nur) aus Westberlin, was bedeutet hätte, dass die Bundesrepublik Berlin für immer an die Russen verloren hätte – und es keine Chance mehr gegeben hätte auf eine Wiedervereinigung.

Statt eines Obolus sicherte Blessing (der Name bedeutet auf Englisch amüsanterweise „Segen!") den Amerikanern und Engländern zu, ihren Notenbanken Gold abzukaufen, das aber bei ihnen bleiben durfte, um dort für die Deutschen „sicher" verwahrt zu werden. Nochmals anders formuliert: Man kaufte für die Dollar, die man unfreiwillig angesammelt hatte, Gold, das man nie zu Gesicht bekam!

So lagerte das deutsche Gold fortan zum größten Teil in den USA. Nein, nicht in Fort Knox, dem Lager der US-Treasury, wo das Gold der Amerikaner lagern soll, sondern in 33 Liberty Street, Manhattan, in den Kellern der *FED* – einer privaten Zentralbank! Weitere Teile lagern bis heute in London, in den Kellern der *Bank of England* (ebenfalls privat!), und etwas bei der *Banque de France* in Paris. Nur ein Teil befindet sich in Frankfurt. Bis zum Jahr 2011 gab es keine vernünftigen Informationen darüber, wo wie viel Gold lagern sollte.

(Anmerkung: Die *Bank of England* wurde am 27. Juli 1694 als private Notenbank gegründet. Der englische König war so klamm, dass er von einem Konsortium privater Bankiers dringend einen Kredit in Höhe von 1,2 Millionen Pfund benötigte. Dafür musste er ihnen das Recht übertragen, fortan das offizielle britische Geld ausgeben zu dürfen – zu einem Zinssatz von 8 Prozent! Der Staat nahm also fortan Geld in Form eines Kredites von der privaten *Bank of England* auf, worauf der Staat – besser gesagt das Volk, das dieses Geld nutzen musste – der Bank 8% Zinsen zahlen musste. Der König hatte also die Arbeitskraft seines Volkes an die Bankiers verkauft, wodurch sie im Grunde deren Sklaven wurden, da sie deren Geld nutzen mussten.

Die *Bank of England* liegt im Herzen der „City of London", die jedoch nichts mit der Stadt London zu tun hat, die darum herum gebaut wurde. Die „City of London" ist ein exterritoriales Gebiet und gehört weder zu London, noch zu England. Sie ist der größte Finanzhandelsplatz der Welt. Die *City of London Corporation* hat eine eigene Staatlichkeit, eigene Gesetze und überwacht sich selbst. Britische Gesetze gelten hier nicht. Die „City of London“ ist der mächtigste Kleinstaat auf Erden, und die *Bank of England* ist das Zentrum der „City of London“.)

Man kann wohl sagen, dass die deutschen Währungshüter damit ziemlich vorgeführt wurden, aber da die Amerikaner die besseren Karten in Händen hielten, musste sich die *Deutsche Bundesbank* eben demütigen lassen, und Herr Blessing machte seinem Namen alle Ehre. Da die USA 1971 zu wenig eigenes Gold hatten, wurden die beiden Kriegsverlierer Japan und Deutschland unbestätigten Meldungen zufolge gezwungen, den USA eine Gold-Anleihe mit einer Laufzeit von 30 Jahren über je 120 Milliarden US-Dollar in Gold (Preis 1971) zu zeichnen. Sprich, sie mussten ihr Gold, das ohnehin schon bei der *FED* lagerte, eben jener für 30 Jahre ausleihen. Diese Anleihe wäre Ende 2001 zur Auszahlung an Japan und Deutschland in Gold fällig gewesen. Zu jenem Zeitpunkt wären die Anleihen jeweils etwa das Achtfache, also knapp 1.000 Milliarden US-Dollar, wert gewesen. Aber wo nichts ist, ist auch nichts zu holen!

Die Goldreserven lagerten also angeblich in den Kellern der *FED*, die bis unter das nur etwa 100 Meter entfernte World-Trade-Center reichten. „Unglücklicherweise“ stürzte wenige Wochen vor dem Zahltag das World Trade Center ein, und das Gold war weg. Angeblich wurden bei den Aufräumarbeiten einige wenige Barren gefunden. Angeblich, vielleicht, vielleicht auch nicht...

War das Gold der Deutschen versichert? Wenn ja, wie hoch war die Versicherungssumme? Wurde sie ausbezahlt? Wenn ja, an wen? Warum wurden diese Fragen nie öffentlich gestellt? Vielleicht hatte man ja Angst vor der Antwort?

Nun, ich hatte sie 2011 in meinem ersten Buch „Was Sie nicht wissen sollen!“ gestellt, und plötzlich fragten immer mehr Menschen nach. So auch einige Abgeordnete des Deutschen Bundestags. Die Zeit war offenbar reif. Doch sie bekamen keine Antworten, weil die Bundesbank sich in Schweigen hüllte. Dann holte Hugo Chavez, der kein Freund der Angelsachsen war, 2011 das Gold Venezuelas sehr medienwirksam aus London heim. In Deutschland bildete sich eine unabhängige, überparteiliche Initiative mit dem Namen „Holt unser Gold heim!“. All das hatte sich offenbar auch bis zum *Bundesrechnungshof* herumgesprochen.

Im Herbst 2012 forderte dann der deutsche Bundesrechnungshof die Bundesbank auf, eine Inventur und Überprüfung des im Ausland gelagerten deutschen Goldes durchzuführen. Wir sprechen hier von angeblich 3.400 Tonnen Feingold, die laut deutscher Bücher bei der *FED*, der *Bank of England* und der *Banque de France* gelagert sein sollen. Aber stimmte das? Allen Beteiligten wurde bislang der Zutritt zu den Tresoren verwehrt, was viele Mitspieler beim weltweiten *Gold-Monopoly* nervös machte. Wenn 1971 nicht genügend Gold da war, um die Franzosen auszuzahlen, wo sollte dann das Gold herkommen, um die Deutschen zu bezahlen – sollte es sich bei deren Goldschatz doch angeblich um den zweitgrößten der Welt handeln?

Der öffentliche Druck wuchs. Auch in den USA wurde das Gold der Deutschen zu einem echten Thema in der alternativen Wirtschaftspresse. Nach langem Hinhalten sagte die *FED* zu, dass die Bundesbank fortan jedes Jahr 50 Tonnen Gold aus New York zurück nach Deutschland fliegen dürfte, wo es dann auf seine Reinheit geprüft werden könnte. Wie großzügig! Doch der Druck auf die *FED* stieg weiter. Als Nächste wollten Ecuador und die Niederlande Einsicht in deren Tresore, was den „Freunden“ jedoch harsch verweigert wurde.

Die Währungshüter in Deutschland und in den USA dachten, dass mit der Ankündigung einer schrittweisen Rückführung des deutschen Goldes Ruhe einkehren würde und alle so weitermachen könnten wie bisher. Aber dem war nicht so. Der Druck wuchs weiter. Am 23. Dezember 2013 ließ Bundesbank-Präsident Jens Weidmann dann via BILD-Zeitung verkünden, dass im abgelaufenen Jahr knapp 37 Tonnen aus Tresoren in New York und Paris nach Frankfurt transportiert worden waren: „*Eine Sicherheitsfirma ließ einen Teil der Goldbarren (Gewicht: 12,5 kg/Stück) einschmelzen, transportierte sie per Flugzeug und*

Lkw nach Frankfurt. Das war ‚eine große logistische Herausforderung', sagte Weidmann: *„Alles lief reibungslos ab."*[80]

Abgesehen von der kryptischen Art der Nachricht, war vor allem der Zeitpunkt bemerkenswert, denn man hoffte offenbar, dass die Meldung im Weihnachtsgetümmel untergehen und man das Thema vergessen würde. Aber so kurz die Meldung auch war, so aussagekräftig war sie doch:

1. Den Transport von 37 Tonnen Gold innerhalb eines Jahres als „logistische Herausforderung" zu bezeichnen, war grotesk. Hatte die Bundesbank einen Praktikanten mit einer Schubkarre hingeschickt? Als Vergleich möchte ich hier nur anführen, dass die Großbank *JP Morgan Chase* im Januar 2014 an nur zwei Tagen ganze 20 Tonnen Gold aus ihren Lagern in New York an deren Eigentümer ausgeliefert hat, also 10 Tonnen pro Tag![81]
2. Warum ließ man die eigenen Barren in New York einschmelzen? Traute man der *FED* nicht und wollte ihre Echtheit vor Ort überprüfen, ehe man sie heimflog? Oder waren die Barren nicht die, die in den Listen der Bundesbank mit genauen Seriennummern und entsprechenden Feingehalt verzeichnet waren? Hat man andere Barren erhalten und will nun folglich verschleiern, dass die Amerikaner sich einfach ungefragt bedient hatten? Indem man die Barren einschmilzt und neu gießt, kann man ihnen neue Seriennummern geben und diese in den Büchern korrigieren.
3. 37 Tonnen aus New York und Paris – wie viel kam wirklich von der *FED*, die ja 50 Tonnen pro Jahr zugesichert hatte?

Eine offizielle Anfrage der Wirtschaftswoche brachte die *Bundesbank* in weitere Bedrängnis, also rückte sie mit etwas mehr Information heraus und ließ verlauten, dass alle Goldbarren dem „London Good Delivery-Standard" hätten entsprechen müssen, also einem Feingoldgehalt von mindestens 995 Promille und einem Gewicht zwischen 350 und 430 Unzen. *„Sofern der LGD-Standard bei den überführten Gold-*

barren nicht gegeben war, ließ die Bundesbank die Original-Goldbarren umschmelzen.“

Da dieser Standard seit 1919 besteht, drängt sich die Frage auf, welche Barren die Deutschen denn dann den Amerikanern in den 1960er- und 1970er-Jahren abgekauft haben sollen? Außerdem erfuhren wir dank der Wirtschaftswoche nun endlich genauere Zahlen zum schwarz-rot-goldenen Goldschatz: So sollten 445 Tonnen (13% der Goldreserven) in London lagern und trotz hoher Lagerkosten dort verbleiben. Die *FED* würde angeblich 1.536 Tonnen (45% der Goldreserven) aufbewahren und die *Banque de France* 374 Tonnen, die jedoch alle heimgeholt werden sollten, weil seit der Einführung des Euro Goldbestände bei der französischen Notenbank zu Umtauschzwecken ihren Sinn verloren hätten.(82) Zumindest dieser Teil des Aussage machte Sinn!

Welchen Nutzen aber sollten die hohen Mengen in New York und London haben, könnte man fragen? Hatte die Bundesbank vor, sie an die „Freunde“ zu verkaufen und sich dafür noch mehr wertlose Zahlen auf einem Konto gutschreiben zu lassen?

> *„Die Finten der New York FED ähneln dem Geplapper und dem Tusch, die Zauberkünstler nutzen – sie sollen dich vom eigentlichen Trick ablenken.“*(83)
>
> Peter Schiff, Börsenmakler und Wirtschaftskommentator

Die Zentralbanken müssen von all dem Druck und dem nicht enden wollenden Interesse sehr überrascht gewesen sein, waren sie es doch nicht gewohnt, in die Ecke gedrängt zu werden. Was sollte dieser Zwergenaufstand einiger widerspenstiger Bürger und Schreiberlinge? Mehr Informationen gab es erst einmal nicht.

Aus den Aufzeichnungen der *FED* ging dann aber zu Anfang des Jahres 2014 hervor, dass sich die Lagerbestände von aufbewahrtem Fremdgold im Jahr 2013 lediglich um gute fünf Tonnen reduziert hatten!(84)

Aha, wieder erwischt!! Mehr als fünf Tonnen konnten die Deutschen also nicht von den New Yorker Freunden bekommen haben! Also waren die deutschen Währungshüter gezwungen zuzugeben, dass man nicht die versprochenen 50 Tonnen Gold heimgeholt hatte, sondern lediglich ein Zehntel. Sie ließen sich alles aus der Nase ziehen. Man nennt das auch „Salami-Taktik".

Die anderen 32 Tonnen Gold, die man 2013 heimgeholt haben will, stammten nun angeblich aus Frankreich. Warum nicht? Interessant ist hierbei, dass diese Zahl ziemlich genau dem entspricht, was Malis Goldminen jährlich fördern. Was das nun wieder mit Mali zu tun hat?

Ach, vielleicht ist das ja auch weit hergeholt, aber man wird durch all diese seltsamen Vorgänge quasi zur Spekulation ermutigt.

Mali ist der drittgrößte Goldproduzent Afrikas und eine ehemalige französische Kolonie. Seit 2012 tobt dort ein Bürgerkrieg. Die *Tuareg* hatten den Norden des Landes übernommen, und sie hatten – als kleine Randnotiz – bis zu Gaddafis Ermordung 2011 an dessen Seite gekämpft. 2013 wurden sowohl französische als auch deutsche Soldaten in Mali stationiert – und zwar im Süden des Landes, wo alle Rohstoffminen liegen, vor allem Uran- und Goldminen. Hatte man Angst, dass die Tuareg sich an den Rohstoffvorkommen bedienen könnten, nachdem sie 2011 um ihren Sold geprellt worden waren? Sind die Goldtresore der Franzosen ebenfalls leer? Muss Deutschland jetzt vielleicht schon mittels Militäreinsatz versuchen, sein Gold zurückzubekommen?[85] Fragen über Fragen, und keine vernünftigen Antworten von offiziellen Stellen.

Am 5. Februar 2014 verkündete die neue Verteidigungsministerin *Ursula von der Leyen*, dass Deutschland sein militärisches Engagement in Mali ausweiten und weitere Truppen entsenden würde. Am darauf folgenden Tag, am 6. Februar 2014, ließ die Bundesbank dann über das *Handelsblatt* wissen, dass sie sich an ihre dem Bundestag gegebene Zusage, bis 2015 150 Tonnen aus New York zurückzuholen, wegen *„logistischen Schwierigkeiten"* nicht mehr gebunden fühlte! War etwa die Schubkarre des Praktikanten kaputt?

Doch das lächerliche Spiel war noch lange nicht zu Ende. Nein. Knapp zwei Wochen später, am 19. Februar 2014, erfuhren wir vom Bundesbank-Vorstand *Carl-Ludwig Thiele*, der für die gewaltigen logistischen Herausforderungen rund ums Gold zuständig war, dass er jetzt alles fest im Griff hätte. Hatte cr eine neue Schubkarre angeschafft? „*In diesem Jahr werden wir 30 bis 50 Tonnen aus New York nach Frankfurt verlagern, vielleicht auch mehr*“, und die Zusammenarbeit mit der US-Notenbank beim Transport der Goldbarren bezeichnete Thiele als „*in jeder Hinsicht ausgesprochen konstruktiv. Die Amerikaner haben nie gemauert oder gebremst.*“. Also lag es doch an dem armen Praktikanten!

Man weiß nicht, ob man lachen oder weinen soll? Hält der Mann uns eigentlich alle für völlig verblödet, oder will er sich über uns lustig machen?

Aber es kommt noch besser. Man glaubt es kaum! Am selben Tag schrieb *Saskia Littmann*, die Online-Redakteurin der *Wirtschaftswoche*, dass „*Verschwörungstheoretiker regelmäßig mutmaßten, die Goldvorräte in New York, Paris und London seien möglicherweise gar nicht mehr da.*“. Aus einem *Handelsblatt*-Bericht zitierte sie Thiele, der sich gegen die „Gerüchte“ wehrt, mit den Worten: „*Es wundert mich, dass das Handelsblatt solchen abstrusen Gerüchten Aufmerksamkeit schenkt.*“ Er sei persönlich in New York gewesen und habe sich angesehen, wie „unser Gold“ dort gelagert werde.

Dazu nur am Rande: Ich finde es betrüblich, dass die *Wirtschaftswoche*, die ursprünglich mithalf, Licht ins Dunkel um unser Gold zu bringen, dann solchen unreflektierten Unsinn von Presseagentur-Meldungen abschreibt und sich offenbar von einem Bundesbank-Vorstand einschüchtern lässt. Wenn Frau Littmann nur ein wenig recherchiert hätte, wäre ihr vielleicht aufgefallen, dass Herr Thiele 2012 noch das genaue Gegenteil behauptet hatte.

Dem Ersuchen der Bundestagsabgeordneten *Philipp Mißfelder* und *Marco Wanderwitz*, die deutschen Goldreserven in London und Paris in

Augenschein zu nehmen, wurde 2012 nicht entsprochen. *„Die Zentralbanken verfügen nicht über die geeigneten Räume für Besuche."*, so die Begründung, die Bundesbank-Vorstand Carl-Ludwig Thiele an die beiden Politiker weiterleitete. Ich persönlich glaube nicht, dass die beiden vor hatten, in einem Besucherraum Tee zu trinken, sondern dass sie tatsächlich die deutschen Goldbarren in den Tresoren inspizieren wollten. Wie auch immer. Die New Yorker Tresore hatte Mißfelder dann doch kurz sehen dürfen, aber eine genaue Bestandsliste der deutschen Goldbarren hatte der außenpolitische Sprecher der CDU/CSU-Fraktion von den Mitarbeitern der *Federal Reserve* nicht erhalten.(86) Die *Bundesbank* war offenbar auch nicht dazu bereit, sie auszuhändigen.

Ist es in dem Zusammenhang ein Zufall, dass der aufmüpfige Abgeordnete *Mißfelder*, der weiter unangenehme Fragen stellte, wenig später, im Juni 2013, in den Vorstand der deutsch-amerikanischen *Atlantik-Brücke* berufen wurde – ein Elite-Netzwerk, das von *Eric Moritz Warburg* gegründet wurde, dem Neffen des Mitbegründers der *FED*, Paul Moritz Warburg? Kann es sein, dass man anstrengende Zeitgenossen dadurch besänftigt, dass man sie in den inneren Zirkel aufnimmt, ihrem Ego schmeichelt und sie zu Mitwissern macht?

Die *Atlantik-Brücke* bezeichnet sich als „Think-Tank", der 1952 von einigen Privatbanken gegründet wurde – allen voran die *Warburg-Bank* und Rockefellers *Chase Manhattan Bank*, die im Jahr 2000 mit *J.P. Morgan & Co.* zu *JP Morgan Chase* fusionierte. Die *Atlantik-Brücke* ist eine Unterabteilung des *Council on Foreign Relations* (CFR), speist sich aus dessen Mitgliedern und wird von der US-amerikanischen und deutschen Banken- und Wirtschaftselite finanziert. Arend Oetker, der ehemalige Vorstandsvorsitzende, beschrieb die Lobbytätigkeit dieses Vereins im Jahr 2002 folgendermaßen: *„Die USA wird von 200 Familien regiert und zu denen wollen wir gute Kontakte haben."*

Die *Atlantik-Brücke* ist eine der Säulen bei der Umsetzung der *Transatlantischen Handels- und Investitionspartnerschaft* (TTIP), die ein Meilenstein bei der Zusammenlegung der EU und der *Nordamerikani-*

schen Union (NAU) ist, einem Zusammenschluss von Mexiko, Kanada und den USA. Dazu sagte EU-Handelskommissar *Karel De Gucht* bei einem Vortrag bei der *Atlantik-Brücke*: *„Bei diesen Verhandlungen mit den Vereinigten Staaten geht es darum, wer in der Welt für die nächste Generation die Führung übernimmt. Das ist, worum es in Wahrheit geht: die politische und wirtschaftliche Führung und die Führung in Bezug auf das Gesellschaftsmodell für die nächste Generation.“* So viel dazu.[87]

Neben Deutschland bildeten sich in 2013 auch in Österreich, in Mexiko, der Schweiz, in Polen, in Finnland, in den Niederlanden, in Aserbaidschan und in Rumänien Initiativen in der Bevölkerung, die eine Repatriierung (Heimführung) der nationalen Goldschätze fordern. Das Misstrauen in die Aktivitäten der Zentralbanken der USA und Englands nimmt also zu. Deren uneinsichtige Tresore sind offenbar leer, und es ist vermutlich nur noch eine Frage der Zeit, bis die Masse erkennt, dass der Kaiser nackt ist.

> *„So, wie die Freiheit, bleibt Gold nie lange dort, wo es nicht geschätzt wird.“*
>
> Justin Smith Morrill, US-Politiker,
> in einer Rede vor dem US-Senat am 28. Januar 1978

Schlussfolgerung

Es ist also, abschließend zusammengefasst, nicht möglich zu sagen, wie hoch die Goldreserven einzelner Länder wirklich sind, denn jene Zahlen, die in den Büchern unter „Gold & Goldforderungen“ erscheinen, haben keine Aussagekraft. Keine Zentralbank weiß, wo ihr *Custody-Gold*, das sie einst im guten Glauben oder unter massivem Druck zur Verwahrung aushändigte, heute wirklich lagert. Nur reges Interesse der Öffentlichkeit und massiver Druck alternativer Medien werden hier helfen können, für Aufklärung zu sorgen.

TEIL 3

DER GOLDKRIEG

Um aus der Vergangenheit zu lernen, muss man sie kennen. Um etwas zu verbessern, muss man wissen, was bislang falsch gelaufen ist. Im Laufe der letzten dreihundert Jahre wurden immer wieder dieselben Fehler gemacht, und sie hatten immer wieder dieselben Konsequenzen: Leid, Armut und Revolutionen. Der Fehler bestand schlichtweg darin, die Geldschöpfung Privatbanken zu überlassen, deren einziges Ziel es natürlich ist, Gewinne zu erzielen und die eigene Machtposition zu festigen und auszuweiten. Eine Währung sollte aber immer dem Volke dienen!

Im Jahr 2013 gab es auf Erden so viele Kriege und bewaffnete Konflikte wie seit 1945 nicht mehr.[88] Diese Instabilität hat ihre Ursache in der ungleichen Verteilung von Reichtum, Macht und Ressourcen zwischen den einzelnen Nationen, aber auch innerhalb deren Gesellschaften. Das Einzige, was diesen unerträglichen Zustand ändern könnte, wäre Wissen über die wahren Vorgänge und Hintergründe in Politik, Wirtschaft und Finanzwesen.

Es ist unmöglich, in diesem Buch alle geschichtlichen Details über Gold darzulegen, weil das Encyklopädien füllen würde. Auch sind alle historischen Betrachtungen immer einer subjektiven Bewertung unterlegen, die aus den eigenen Erfahrungen, dem eigenen Wissen, der eigenen Geisteshaltung und dem kulturellen Hintergrund entsteht. Seit mehr als 150 Jahren manipulieren einige wenige Banken den Preis und die Verteilung von Gold zu ihrem Vorteil – und zum Nachteil ganzer Nationen. Das folgende Kapitel ist ein geschichtlicher Überblick darüber. Es soll auch ein Bewusstsein dafür schaffen, warum Gold von so großer Bedeutung für die Welt ist.

Ich kann hier nur die Aspekte, über die ich Kenntnis habe, zusammenfassen. Wer eigene, durchaus erwünschte weitere Forschungen zum Thema anstellt, sollte hier sehr gründlich vorgehen und ausdauernd sein, weil es zwar zum Thema „Gold“ eine Flut an Informationen gibt, aber nur wenige Substanz und einen ausreichenden Wahrheitsgehalt haben. Die meiste Desinformation kommt von Seiten jener Banken, die das Gold kontrollieren.

Der Edelmetall-Standard

Gold und Silber sind seit mehr als 4.000 Jahren das wichtigste Geld. Die ersten Silberminen fand man in der Nähe von Athen. Im Mittelalter fand sich viel Silber an verschiedenen Orten im heutigen Deutschland, die ergiebigsten Minen aber lagen lange in Schwaz in Tirol. Die *Schwazer Knappen* deckten im Mittelalter 80 Prozent des europäischen Bedarfes ab. Aber auch in Asien und Südamerika wurde zur selben Zeit Silber für die Münzherstellung abgebaut. Gold hingegen wurde wegen seiner Strahlkraft lange Zeit als Schmuck und zur Zierde von Kunstgegenständen, Tempeln und Palästen genutzt.

Lange Zeit war Geld nur in Form von Gold- und Silbermünzen im Umlauf. Händler lagerten ihre Bestände zur Sicherheit in den Tresoren von Juwelieren und Banken und nutzten bald die Lagerbestätigungen oder Gutscheine zum Handel, weil dies handlicher war. Herrscher gewährten Banken ebenfalls das Recht, in ihrem Namen Zettel auszuhändigen, die als Gutschein für eine bestimmte Anzahl an *Kurantmünzen* (Münzen mit Materialwert) standen und jederzeit auf Wunsch wieder gegen diese Münzen eingelöst werden konnten. Das war die Geburtsstunde der „Banknote". Da man erkannte, dass nie alle Besitzer von Banknoten sie gleichzeitig gegen Edelmetall eintauschten, vermutete man, dass es ausreichte, einen Teil dieser Banknoten mit Gold und/oder Silber zu decken. Daraus entstand der Edelmetallstandard, der lange ein **Silberstandard** war, dann ein Bimetallstandard und schließlich ein Goldstandard.

Mehrere Pestepidemien zwischen dem 14. und dem 17. Jahrhundert sowie langsam versiegende Vorkommen brachten die Gold- und Silberproduktion in Europa fast zum Erliegen. Nachdem die Bevölkerungszahlen wieder zunahmen, stieg jedoch auch die Nachfrage nach den beiden Edelmetallen. Daher lag es nahe, sich anderenorts zu bedienen. Die Spanier brachten im 16. und 17. Jahrhundert große Mengen erbeuteten Goldes und Silbers aus dem neu entdeckten Amerika in die alte Welt. Insgesamt sollen von 1494 bis 1850 etwa 4.700 Tonnen Gold aus Südamerika nach Europa geflossen sein und ein Vielfaches davon an Silber.

Die Engländer brachten die Kolonialisierung und Ausbeutung im 17. und 18. Jahrhundert zur Perfektion und sorgten so für unentwegten Nachschub von Waren wie Tee und Gewürzen, aber auch und vor allem von Gold und Silber, das zum größten Teil aus Asien kam. 1671 eröffnete der holländische Händler *Moses Mocatta* eine Zweigstelle in London – mit großem Erfolg. Er erkannte seine Chance in einem neuen Geschäftsbereich. 1684 nahm die Bank *Mocatta & Goldsmid* ihre Geschäftstätigkeit auf. Sie kaufte, veredelte und verkaufte riesige Mengen an Gold und Silber und hatte in Kürze eine marktbeherrschende Stellung inne. So wurde sie zum einzigen offiziellen Lieferanten der *Bank of England*, die erst zehn Jahre später gegründet wurde und für die Währung des gesamten Britischen Empire zuständig war.

Bis 1717 wurden international sowohl Silber als auch Gold zur Deckung für Banknoten verwendet, es herrschte der Bimetallstandard, bei dem, je nach Verfügbarkeit, das Tauschverhältnis zwischen den beiden Metallen neu festgelegt wurde. Zumeist lautete das Verhältnis 15:1 – also 15 Unzen Silber entsprachen 1 Unze Gold. Jeder Bürger konnte seine Banknoten jederzeit bei einer Bank wieder gegen Gold oder Silber eintauschen.

Als dem englischen Münzmeister *Sir Isaac Newton* in London ein Fehler unterlief und er einen zu niedrigen Preis für Silber festlegte, investierten immer mehr Anleger in Gold. Damit begründete Newton ungewollt den **Goldstandard**, der in England rund 200 Jahre Bestand hatte. Die Konsequenz daraus war, dass in England Silber allmählich aus dem Zahlungsverkehr verschwand und es immer günstiger wurde. Gold hingegen wurde immer gefragter.

In Preußen herrschte der **Bimetallstandard**, auch „Bimetallismus" genannt, aber weiterhin bis ins frühe 19. Jahrhundert. So wurden große Zahlungen, wie der Ankauf großer Immobilien und die meisten Auslandsgeschäfte, in Gold abgewickelt, während die täglichen Transaktionen in Silber stattfanden. In den Vereinigten Staaten wurde der Bimetallstandard 1789 als Währungsstandard festgelegt.

Der Edelmetallstandard wurde immer wieder von einzelnen Ländern während Kriegen oder Papiergeldexperimenten für kurze Zeit ausgesetzt. So kam es im Lauf der Jahrhunderte immer wieder zu Inflationen und Deflationen, die nur durch die Rückkehr zum Edelmetallstandard wieder in den Griff zu bekommen waren.

Von 1718 bis 1720 war *John Law*, ein Schotte, der als Spieler und Aufschneider bekannt war, Finanzminister Frankreichs. Er führte als Erster ungedecktes Papiergeld im ganz großen Stil ein. Es wurden massenhaft Kredite vergeben. Die Pariser Börse überschlug sich, es herrschte helle Freude. Leute, die am Morgen arm waren, kauften Aktien und waren am Abend reich. Es bestehen deutliche Parallelen zu den späten 1920er-, den späten 1990er-Jahren und zu 2013. Die Zeit unter John Law gilt bis heute als das bislang extremste Beispiel einer Papiergeldhysterie.

Auch Frankreich kehrte nach Laws Eskapaden wieder zum Bimetallstandard zurück, doch in der Zeit der Französischen Revolution kamen in Frankreich um 1791 die *Assignaten* auf, eine neue Papiergeldwährung. Nur 70 Jahre nach Laws Fiasko wagten die Franzosen das Spiel mit ungedecktem Geld erneut – mit dem Ergebnis, dass am Ende die Druckmaschinen durch die Pariser Bevölkerung zerstört wurden. Schlechtes Geld, unfähige Politiker, Kriege und Bürgerkriege stehen immer in einem direkten Zusammenhang.

„Monetäres Chaos führt oft zu Revolutionen. Beinahe das Gleiche ist später in Russland und unzählige Male in China geschehen. Zusammen mit Recht und Ordnung sichert Gold als Geld langfristige Stabilität."[(91)]

Ferdinand Lips, Privatbankier und Autor

Newtons Fehler und der sprudelnde Goldnachschub aus den Kolonien machten London Ende des 18. Jahrhunderts zum weltweiten Zentrum für den Goldhandel und somit auch für die Bestimmung des Goldpreises.

> *„Die frühe Bedeutung des Londoner Marktes ist auch auf die frühe Einführung des Goldstandards in England im 18. Jahrhundert zurückzuführen. Mit Einführung des Standards war die Bank of England ständiger Käufer von Gold, um Münzen zu prägen und kontinuierlich Reserven aufzubauen. Wo immer Gold am Markt zur Verfügung war, stand die Bank of England bereit, Kaufangebote abzugeben. Die Folge hiervon war, dass vermehrt Goldverkäufer den englischen Markt aufsuchten, denn hier konnten sie sicher sein, ihr Material zu einem angemessenen Preis zu verkaufen.*“[89]
>
> Christoph Eibl, Investmentbanker und Autor

Während Mocatta auf den britischen Inseln den Goldhandel bestimmte, war dies zu Beginn des 19. Jahrhunderts auf dem Kontinent der Frankfurter Bankier *Mayer Amschel Rothschild*. Er hatte sich innerhalb weniger Jahre aus ärmsten Verhältnissen hochgearbeitet und eine Bilderbuchkarriere hingelegt. Er erlangte das Vertrauen des Prinzen Wilhelm IX. von Hessen-Kassel, der wiederum mit dem englischen, dänischen und schwedischen Königshaus verwandt war. 1811 eröffnete das Frankfurter Bankhaus *Rothschild* eine Niederlassung in London mit dem Namen *N M Rothschild & Sons*. Ihr Zweck war der Handel von Goldbarren und Goldmünzen. Zwar hatte Mocatta bis dahin ein Quasi-Monopol im Britischen Empire, doch hatte Rothschild die besseren Kontakte zu Herrschern auf dem Kontinent – und dazu ein einmaliges System von Kurieren, die per Kutsche oder Pferd alles innerhalb kürzester Zeit verlässlich transportieren konnten. Jeder Reiter konnte bis zu zwanzig Kilo Goldmünzen in den Satteltaschen transportieren.

Daher machte *Mocatta & Goldsmid* (heute *Scotia Mocatta*, ein Tochterunternehmen der kanadischen *Bank of Nova Scotia*) den Konkurrenten *N M Rothschild & Sons* zum Verbündeten. **Bis heute dominieren**

die beiden Bankhäuser das weltweite Geschäft mit Gold. Ihre Namen sind untrennbar mit der Geschichte des Goldes verbunden.

Nachdem Rothschild als Finanzberater und Finanzier des hessischen Fürsten erfolgreich war, stieg er rasch zum Berater und Privatbankier der europäischen Könige auf, so auch zum Berater des österreichischen Kaiserhofes. Er finanzierte Wellingtons Truppen, die Napoleon im Jahr 1815 gemeinsam mit den Preußen bei Waterloo schlugen, und 1818 gewährte Rothschild dem klammen Preußenkönig einen Kredit über 5 Millionen Pfund, nachdem niemand sonst ihm hatte beistehen wollen. Der österreichische Kaiser Franz I. erhob *Mayer Amschel Rothschild* 1817 postum in Anerkennung seiner Leistungen in den Adelsstand. Seine Söhne, die nun „Freiherren“ waren (was dem „Baron“ entspricht) setzten sein Lebenswerk fort und vergrößerten das Rothschild-Imperium. Es dauerte nicht lange, bis *N M Rothschild* den weltweiten Goldhandel beherrschte und den Preis für das gelbe Metall diktierte – gemeinsam mit *Mocatta & Goldsmid*, die der wichtigste Finanzier der britischen *East India Company* war und den Nachschub sicherstellte. Die *East India Company* war in der ersten Hälfte des 19. Jahrhunderts der weltweit größte Drogenhändler. (siehe Kapitel „Der Goldene Drache“)

In Folge der napoleonischen Kriege gingen in den Jahren 1825 und 1826 in Europa 145 Banken bankrott, und *N M Rothschild* nutzte dieses „Vakuum“, indem sie deren Geschäft mit übernahm. Sie füllte ihre Tresore mit Gold und konnte so der strauchelnden *Bank of England* die gigantische Summe von 10 Millionen Pfund als Kredit zur Verfügung stellen.[(90)] Im Jahre 1840 wurde *N M Rothschild & Sons* zur Belohnung, neben *Mocatta & Goldsmid*, zum zweiten offiziellen Goldhändler der *Bank of England*. Gemeinsam versorgten sie das Britische Empire zum Erhalt seines Goldstandards mit dem Edelmetall.

Das Bankhaus *Rothschild* war ab den 1830er-Jahren nach eigenen Angaben das größte, reichste und mächtigste der Welt. Die Rothschild-Zweige in England und Frankreich finanzierten Eisenbahn-Projekte in ganz Europa und in den USA. In Kürze gehörten sie, neben den Rockefellers, zu den größten Eisenbahnbesitzern der Welt.

Zu jener Zeit durfte in Großbritannien jede Bank, neben der *Bank of England*, ihre eigenen Banknoten ausgeben, die aber teilweise nur gering mit Gold gedeckt waren, was zu Inflation und Instabilität führte. Deshalb erließ die Regierung 1844 den *Bank Charter Act*. Demnach durften Banknoten nur noch von der *Bank of England* ausgegeben werden, und sie mussten zu 100% durch Gold oder Staatsanleihen gedeckt sein. *Mocatta & Goldsmid* und *N M Rothschild & Sons* mussten also viel Gold horten.

Frankreich war durch seine Papiergeld-Experimente so geschwächt, dass erst Napoleon Bonapartes Wiedereinführung eines Goldstandards Ruhe und wirtschaftliche Erholung bringen konnte. Manch einer behauptet jedoch, dass sich Frankreich im Grunde bis heute nicht von diesen zwei Fehlern erholt hat.

Das 19. Jahrhundert war eine Zeit großer Veränderungen. Dampfschifffahrt und Eisenbahnen machten mit einem Mal große Reisen möglich, und so zogen große Goldfunde in Amerika, Australien und Afrika Abenteurer aus Europa an. Durch die Industrialisierung entstand eine neue Gesellschaftsordnung. Der Adel verlor an Macht, Fabrikanten rückten in ihre Reihen vor, Städte wuchsen, da sie Arbeiter anlockten, Gewerkschaften entstanden, das Automobil erlebte einen Siegeszug und mit ihm die Erdölindustrie. Die Psychoanalyse tat das Übrige dazu, dass die soziale und gesellschaftliche Ordnung ins Wanken geriet, und mit ihnen auch Werte und Moral.

Von etwa 1800 bis 1914, dem Beginn des Ersten Weltkriegs, hatten praktisch alle Länder (mit kurzen Ausnahmen) einen Goldstandard. Im Goldstandard des Deutschen Kaiserreiches war beispielsweise die Währungseinheit *Goldmark* dadurch definiert, dass 2.790 Goldmark dem Wert von einem Kilogramm Feingold (purem Gold) entsprachen. Dies war wirtschaftlich gesehen die stabilste Epoche in der Geschichte. Da Gold begrenzt war, konnte nicht einfach immer mehr Geld erfunden werden, und es konnten an den Märkten keine Blasen entstehen. Man war gezwungen, vernünftig zu haushalten. Man konnte keine großen

Sprünge machen. Wenn ein Land sich mehr leisten wollte, musste es auch selbst mehr leisten, um sich mehr Gold von anderen kaufen zu können. Dazu meinte der bekannte österreichische Ökonom Friedrich August von Hayek:

> *„Mit Ausnahme der Zeiten des Goldstandards haben praktisch alle Regierungen in der Geschichte ihr Exklusivrecht zur Ausgabe von Geld dazu benutzt, die Menschen zu betrügen und zu plündern."*
>
> Friedrich August von Hayek, Ökonom und Sozialphilosoph

Lebte eine Regierung oder ein Land über seine Verhältnisse, so floss Gold aus diesem Land ab, da es Gold verkaufen oder gegen seine Schulden eintauschen musste. Es floss erst wieder zurück, wenn das schlecht wirtschaftende Land zu einer gesunden Finanzpolitik zurückkehrte. Diese automatische Korrektur der finanziellen Exzesse war der große Verdienst des Goldstandards. Dazu meint der Schweizer Privatbankier Ferdinand Lips in seinem Buch „Die Gold-Verschwörung":

> *„Um 1900 waren etwa 50 Staaten auf dem Goldstandard, alle Industrienationen mit eingeschlossen. Es ist eine interessante Tatsache, dass der moderne Goldstandard nicht auf irgendeiner internationalen Konferenz geplant worden war und auch nicht von irgendeinem Genie erfunden worden ist. Er kam von selbst, auf natürliche Weise und auf Grund der Erfahrungen und Lehren der Geschichte. Von 1879 bis 1913, als die USA und die meisten anderen Nationen auf dem Goldstandard waren, schwankten die US-Verbraucherpreise in 34 Jahren lediglich um 17 Prozent. Die durchschnittliche Inflation lag erneut bei nahezu null."*[92]

Der industrielle Fortschritt brachte Annehmlichkeiten. Der Wohlstand wuchs. Doch wenn es den Menschen zu lange gut geht, werden sie offenbar immer übermütig. Die Spannungen in Europa wuchsen immer mehr, Krieg lag in der Luft, und es brauchte nur noch einen kleinen Auslöser, den dann im Juni 1914 der Serbe *Gavrilo Princip* mit der Ermordung des österreichischen Thronfolgers lieferte. Die Banker bestärkten die Herrscher Europas zum Krieg und rieten ihnen, dafür den

Goldstandard aufzugeben. Sie taten es, um so viel Geld drucken zu können wie nötig, um massiv aufzurüsten, und um einen gigantischen, nie da gewesenen Krieg zu finanzieren. Der Plan war, nach dem Krieg wieder zum Goldstandard zurückzukehren – doch dazu sollte es nicht kommen, denn hinter den Kulissen hatten sich einige findige Köpfe bereits etwas ausgedacht, womit niemand gerechnet hatte.

In einem Währungssystem mit hundertprozentigem Goldstandard würde die Bilanz der Zentralbank einen Deckungsgrad von 100% Gold aufweisen. Der Gegenwert des gesamten ausgegebenen Bargeldes sowie aller Bankreserven von Geschäftsbanken bei der Zentralbank wären mit Gold gedeckt.[93] Das war nie der Fall. Der durchschnittliche Deckungsgrad lag meist bei 25% bis 40%, was ausreichend war, da nie alle Menschen gleichzeitig ihre Banknoten in Gold oder Silber tauschten. Es sei denn, es kam auf Grund wirtschaftlicher und sozialer Verwerfungen zu einem *Bankrun*, also zu einem Ansturm auf die Banken. Je höher der Deckungsgrad einer Währung war, desto geringer war diese Chance.

Am 14. März 1900 verabschiedete der US-Kongress den *Gold Standard Act*, ein Gesetz, mit dem der US-Dollar an Gold gebunden wurde. Eine Unze war $ 20,67 wert. Für 20,67 Dollar in Banknoten erhielt man bei jeder Bank eine Unze Gold. Dieses Gold lagerte und verwaltete die dafür neu geschaffene *US-Treasury* (Schatzamt). Sie verwaltete fortan Goldreserven in Höhe von $ 150 Millionen. Am 23. Dezember 1913 erließ der US-Kongress auf Druck eines privaten Bankenkartells den *Federal Reserve Act.* Dafür wurde von den Bankiers die private *Federal Reserve* (FED) gegründet. Damit wanderte der Dollar aus den Händen der Treasury in die der *FED*. (Die Gründung der *FED* wird später detailliert erklärt.)

Der *Federal Reserve Act* schrieb ab 1914 eine Golddeckung von mindestens 40% vor. Würde die *FED* ihren Dollar heute immer noch zu 40% mit Gold decken wollen, müsste der Goldpreis auf $ 5.100 steigen.

Von 1945 bis 1971 war lediglich noch eine 25%ige Deckung durch die *FED* notwendig. Bei einer 25%igen Deckung läge der Goldpreis heute (Juli 2013) bei $ 3.200. Seit dem Ende des Bretton Woods Systems ist keine Golddeckung mehr vorgeschrieben. Trotzdem halten die Zentralbanken weiterhin Goldreserven.[94]

„Während den 250 Jahren, die England unter dem Goldstandard verbrachte, von 1664 bis 1914, waren die Preise stabil, sogar 10 Prozent tiefer als vor 250 Jahren. Es gab einige Turbulenzen während der Napoleonischen Kriege, aber die Welt war vor ernsthafter Inflation oder Deflation verschont geblieben; und der französische Franc war bis 1914 hundert Jahre lang stabil geblieben. Der Goldstandard wurde anfangs des Ersten Weltkriegs fallengelassen, weil die Regierungen durch Besteuerung nicht genügend Mittel zur Finanzierung des Krieges eintreiben konnten. Sie liquidierten den Goldstandard und führten ihn nie wieder ein.“[95]

Ferdinand Lips

Das Gold- und Kupferkartell

In den 1830er-Jahren kam es in den USA zu den ersten größeren Goldfunden, und die *Bank of England* und andere europäische Zentralbanken brauchten dringend Gold. 1835 kauften die Rothschilds Schürfrechte der *Almaden-Quecksilber-Minen* in Spanien. Dies war zu jener Zeit die größte Quecksilber-Exploration weltweit. Quecksilber war eine unverzichtbare Komponente bei der Verarbeitung von Gold, und Rothschild hatte durch den Erwerb der Schürfrechte ein Quasimonopol in diesem Bereich.[96] Als der Goldrausch in Kalifornien so richtig einsetzte, waren sie zur Stelle. Sie bauten ein Vertriebsnetz auf, verkauften das Quecksilber an die Goldsucher und Minenkonzerne und kauften das Gold in Kalifornien und anderen US-Staaten auf.[97]

In den 1820er-Jahren hatte die jährliche Goldförderung weltweit nur etwa 10 Tonnen betragen. Das änderte sich durch den kalifornischen Goldrausch. So stieg die Weltproduktion Mitte des 19. Jahrhunderts um das zehn- bis fünfzehnfache. Diese Menge wurde durch die Entdeckung von Gold in Südafrika nochmals gesteigert. Im Jahr 1873 fand man kleinere Goldvorkommen im östlichen *Transvaal* in Südafrika. 1886 entdeckte man dann riesige Lagerstätten am *Witwatersrand*, und 1898 überflügelte Südafrika die Vereinigten Staaten als größter Goldproduzent der Welt und behauptete diese Spitzenposition mehr als 100 Jahre lang.(98)

Rothschild war die Bank, die den Goldhandel mit Südafrika für die Krone abwickelte. Das Gold kam in Form von Rohbarren (*Doré*-Barren) nach London und wurde von Raffinerien verarbeitet und an die verschiedenen europäischen Herrscher verkauft. Rothschild und Mocatta ließen nur wenig Platz für andere Händler und Raffinerien. So teilten sich *Baring Brothers, Coutts & Co.*, *C. T. Cazenove*, *Sharpls Pixley, Samuel Montagu, Johnson Matthey* und *Raphaels* den Rest.(99) Sie finanzierten die Minen, gewährten ihnen Kredite und sicherten sich so deren zukünftige Erträge – daran hat sich bis heute nichts geändert.

Als engste Vertraute des englischen Königshauses wurde es dem Haus Rothschild 1885 möglich, die *Royal Mint* zu erwerben, die offizielle Münzprägeanstalt des Vereinigten Königreichs. Die *Münze London* wurde sodann in „***The Royal Mint Refinery***" umbenannt. Seitdem trugen die Rotschildgoldbarren den Stempel „R.M.R.". (siehe Abb. 14, Seite 213) Die Marke „R.M.R." war international von Zentralbanken und Investoren als Standard anerkannt und wurde als „good delivery" (beste Ware) bezeichnet. Erst im Jahr 1967 verkaufte *N M Rotschild & Sons* die *Royal Mint* an die Firma *Engelhards*. Dabei wurden die meisten, aber nicht alle Unterlagen über die Geschichte der R.M.R. vernichtet.(100)

Im Jahr 1899 gründeten *N M Rothschild & Sons* die ***Perth Mint***, die australische Münzprägestätte, die bis 2008 in ihrem Besitz blieb. Es war das Haus Rothschild, das den 400-Unzen-Barren mit einer Reinheit von mindestens 995 Promille im 19. Jahrhundert einführte, der von da an unter der Bezeichnung „good delivery" als internationaler Qualitätsstandard bekannt wurde und bis heute Bestand hat.

Im 19. Jahrhundert war *Rothschild* die einzige Bank weltweit, die in der Lage war, große Mengen Goldes sicher und auch kurzfristig an Regierungen zu liefern. Die Goldvorräte des Hauses müssen gigantisch gewesen sein. Die Tresore waren demnach immer prall gefüllt. Das Gold aus den Kronkolonien Südafrika, Indien, Australien und Kanada floss direkt nach London, wo es raffiniert wurde, denn den Kolonien war es nicht erlaubt, eigene Raffinerien oder Münzprägeanstalten zu betreiben. Da London das Zentrum des Goldhandels war, galt der dortige Goldpreis auch als Richtschnur für die gesamte Welt.

Im 19. Jahrhundert wurde der US-Dollar teilweise als Gold- und Silbermünzen vom Staat, teilweise als (durch Gold oder Staatsanleihen) gedeckte Banknoten von Privatbanken ausgegeben. Während des amerikanischen Bürgerkrieges (1861-1865) wurde der bis dahin in den USA geltende Gold-Silber-Standard aufgehoben und tonnenweise Papiergeld gedruckt. Als die Menschen nach dem Krieg ihre Dollar in Gold einlösen wollten, war dafür nicht genug vorhanden, was zu Anstürmen auf Banken (*Bankruns*) führte – und viele kleinere und mittlere Banken in den Konkurs trieb. Ein Sieg für die Großbanken! Die Regierung war bemüht, den Dollar wieder werthaltig zu machen, doch dafür brauchte sie viel Gold, das sie sich von den Privatbanken besorgen musste.

Die US-Regierung suchte in Europa Unterstützung. Das englische Bankhaus *Rothschild* war den Amerikanern dabei behilflich, ihre Schulden abzubauen und einen Goldstandard aufzubauen. Im Namen der *Rothschildbank* kaufte *August Belmont* als deren Bevollmächtigter 1877 40% aller US-Staatsanleihen. Dieser großzügige Kredit brachte dem Bankhaus große Vorteile(101), und der US-Regierung machte er es möglich, am 1. Januar 1879 wieder den Goldstandard auszurufen. J. P. Morgan, die Rockefellers und die Rothschilds waren nun die mächtigsten Familien in den USA. Sie bildeten ein Syndikat, das auch weiterhin durch Hilfen und Kredite die US-Regierung unterstützte und überlebensfähig hielt.(102)

Das staatliche Geld war also wieder durch Gold gedeckt, aber die Privatbanken hatten weiter das Recht, ebenfalls eigenes Geld in Form von Banknoten auszugeben, das sie durch die erworbenen Staatsanleihen deckten. England hatte ähnlichen Unsinn bereits 1844 mit dem *Bank Charter Act* beendet. Der US-Kongress zog im Jahre 1900 durch den *Gold Standard Act* nach. Damit wurde die Ausgabe von Banknoten wieder in die Hände des Staates gelegt. Die US-Treasury (Schatzamt) verwaltete fortan die Goldreserven des amerikanischen Volkes in Höhe von $ 150 Millionen, die zur Deckung des US-Dollar dienten. Fortan waren alle im Umlauf befindlichen offiziellen Zahlungsmittel, wie Banknoten, Schecks und Silberdollar, jederzeit gegen Gold eintauschbar. Doch das sollte nicht lange so bleiben, weil die Banker darüber natürlich nicht glücklich waren. Sie wollten wieder selbst Geld emittieren dürfen, denn dadurch waren sie reich geworden.

Von 1870 bis 1871 führte ein Bündnis deutscher Einzelstaaten (Preußen, Bayern, Württemberg, Baden und Hessen-Darmstadt) Krieg gegen Frankreich und gewann. Das war der Untergang des französischen Kaiserreiches und der Beginn des deutschen Kaiserreiches. Frankreich musste insgesamt 8 Milliarden Franc an Reparationszahlungen leisten, was die Wirtschaft im neuen Deutschland beflügelte. Die Zahlungen bestanden zu 97% aus Gold und Goldmünzen. Der Transfer von Paris nach Berlin wurde im Auftrag der beiden Regierungen zwischen dem *Bankhaus Rothschild* in Paris und dem *Bankhaus Bleichröder* in Berlin – das eng mit *Rothschild* zusammenarbeitete – abgewickelt. 1871 konnte, dank des umfangreichen Goldschatzes, die *Deutsche Mark* als Goldwährung eingeführt werden. Ein kleiner Teil des Goldes wurde als Reichskriegsschatz von 1874 bis 1919 im Juliusturm der Zitadelle Spandau in Berlin eingelagert. Was nach dem Ersten Weltkrieg davon übrig war, wanderte dann als Reparation wieder zurück nach Frankreich und England.(103) (104)

Neben Gold war Kupfer im späten 19. Jahrhundert von größter Bedeutung, weil es sowohl als Münzmetall zur Beimischung gebraucht wurde als auch für die weltweite Elektrifizierung. 1873 kauften die Rothschilds zusammen mit anderen Investoren die südspanischen staatlichen **Rio-Tinto-Minen**, die große Mengen Kupfer produzierten, jedoch unrentabel waren. Sie modernisierten die Werke und machten sie profitabel. (Heute ist Rio Tinto der größte Bergbaukonzern der Welt, der auf alle Erdteile verteilt neben Kupfer noch Gold, Silber, Diamanten, Eisenerz, Talkum, Titandioxid, vor allem Aluminium, Bauxit und Kohle fördert.)

Die neuen Eigentümer strukturierten das Unternehmen ohne Rücksicht um und erwirtschafteten Gewinne. Durch den Einsatz von Produktionsmethoden, welche in England verboten waren, wurden viele Menschen vergiftet. Bei einer Protestkundgebung gegen die Missstände 1888 ließen die Eigentümer über 100 Menschen erschießen. 1905 hielten die Rothschilds etwas mehr als 30% der Anteile von Rio Tinto.(104a) 1886 gründete das Rothschild-Imperium ***The Exploration Company Ltd.***, die am größten US-Kupfer-Produzenten *Anaconda* in Butte (Montana) beteiligt war und das Kupfer in Europa vertrieb.(105) 1899 wurde *Anaconda* dann an die Familie Rockefeller verkauft.(106)

Da in den USA aber immer neue Kupferminen erschlossen wurden, sank der Preis für Kupfer. Deswegen taten sich *Pierre-Eugène Secrétan*, Vorsitzender des weltgrößten Kupferminenkonzerns *Société Industrielle et Commerciale des Métaux*, und der französische Arm der Rothschilds 1887 zusammen. Dieses sogenannte **„Secrétan Copper Syndicate“** trieb den Kupferpreis innerhalb weniger Monate auf das Doppelte hoch und stabilisierte ihn für Jahre, indem man die gesamte Kupferproduktion der Welt aufkaufte – und so den Preis diktieren konnte.

Aber *The Exploration Company* suchte und förderte neben Kupfer auch noch Gold, Silber und Nickel rund um den gesamten Erdball. *The Exploration Company* war sowohl an der *Alaska Treadwell Mines Company* als auch an der *Tomboy Gold Mines Company* (Colorado) beteiligt. *Treadwells* Minenkomplex war für einige Jahre der größte Goldminenkomplex der Welt, mit mehr als zweitausend Angestellten. Zwischen 1881 and 1922 wurden dort mehr als 3 Millionen Unzen Gold gefördert.[107] Die *Exploration Company Ltd.* kontrollierte auch die *Steeple Rock Development Company*, die die *Carlisle Goldmine* in New Mexiko betrieb sowie weitere Goldminen in Idaho, Montana und Colorado.[108]

Als der Goldrausch in den USA schleichend zu Ende ging, setzte er in Südafrika und wenig später auch in Australien ein. Seit 1884 stammen etwa 40 Prozent der jemals geförderten Goldmengen aus den reichen südafrikanischen Minen.

Das produktivste Jahr der Goldförderung in Südafrika war 1970, als ein Volumen von mehr als 1.000 Tonnen Gold produziert wurde. 1903 erreichte Australien eine Spitzenproduktion von 119 Tonnen – ein Wert, der in „down under" erst im Jahr 1988 wieder übertroffen werden konnte. Die kleineren Seifengoldvorkommen, die 1896 in Alaska und dem kanadischen Yukon-Gebiet gefunden wurden, sorgten in den nächsten Jahren für eine jährliche Fördermenge von 75 Tonnen. Zur Jahrhundertwende erreichte die weltweite Goldproduktion ein Volumen von etwa 400 Tonnen im Jahr.[109]

Hatten die drei größten Londoner Raffinerien einige Jahre um das Gold, das per Schiff aus aller Welt ankam, konkurriert, so gab es ab Ende des 19. Jahrhundert dazu keine Veranlassung mehr, weil unentwegt so viel Gold aus Südafrika ankam, dass alle Schmelzen ohnehin ständig ausgelastet waren. Am 31. Dezember 1906 gründeten *Johnson Matthey*, *Rothschild* und *Raphael* ein Kartell, das alles zu verarbeitende Gold zu gleichen Teilen auf die drei Raffinerien aufteilte und gleichzeitig den Goldpreis festlegte.

Die ***Raphaels Bank*** (Raphael & Sons) wurde 1787 von dem Holländer Raphael Raphael in London gegründet und erblühte während der Napoleonischen Kriege, dank großer Erfolge beim Goldhandel und der Kreditvergabe an zahlreiche Herrscher. Ebenso wie Rotschild waren auch sie ab der Mitte des 19. Jahrhunderts an mehreren amerikanischen Eisenbahnprojekten beteiligt. Angeblich verkaufte die Familie Raphael die Bank im Jahr 1983.[110]

Die Ursprünge von ***Johnson & Matthey*** reichen zurück bis 1817, als Percival Norton Johnson ein Geschäft im Goldhandel gründete. 1851 schloss sich George Matthey der Firma an, und der Name wechselte zu *Johnson & Matthey*.(111)

Bis 1913 waren alle wichtigen Länder auf dem Goldstandard, und der Handel mit dem Metall war gesichert. Doch 1914 setzten alle Nationen den Goldstandard aus, um den Ersten Weltkrieg finanzieren zu können. Hatten die Raffinerien bis dahin gemeinsam mit der *Bank of England* den Goldpreis festgelegt, so scherte nun auch England 1915 aus dem Goldstandard aus, da es in den Ersten Weltkrieg eintrat. Damit landete das Monopol über den Goldpreis komplett in privater Hand.(112)

Der Federal Reserve Act

Der *Gold Standard Act* hatte die großen Banken in ihrer Macht beschränkt, weil sie nun selbst kein Geld mehr ausgeben durften. Die US-Treasury (Schatzamt) verwaltete die Goldreserven, die den US-Dollar deckten und seine Menge begrenzten. Die Bevölkerung hegte gewaltigen Groll gegen die großen Banken wie auch gegen die großen Erdölkonzerne, weil diese das Land und die Politik kontrollierten. Die Amerikaner forderten mehr Unabhängigkeit der Politik. Der Volkszorn verband sich immer mehr mit den Namen Morgan, Rockefeller und Rothschild, also mussten sie aus der Schusslinie gehen, um nicht entmachtet zu werden.

1877 beherrschte John D. Rockefeller 95 Prozent des weltweiten Ölmarktes. Im Jahr 1892 wurde das *Anti-Trust-Gesetz* erlassen, das zum Ziel hatte, das Monopol von Rockefellers *Standard Oil Konzern* auf das weltweite Erdölgeschäft zu brechen, indem die Familie Unternehmensteile verkaufen musste – was sie jedoch nur halbherzig und auch nur zum Schein tat. Sie strukturierte das Unternehmen um, gab den einzelnen Teilen neue Namen, behielt aber die Macht über das „Schwarze

Gold". 1906 kam es zur Verurteilung, und *Standard Oil* musste nun per Gerichtsbeschluss zerschlagen werden. Dadurch sank der Aktienkurs deutlich. Umso besser! Nun kauften die Rockefellers alle verfügbaren Aktien vom Markt auf. Allein nur John D. verdiente an der wenig später wieder einsetzenden Hausse (steigende Kurse) mit seinen Aktien zwischen 1910 und 1914 etwa 200 Millionen Dollar – was heute etwa 20 Milliarden entspräche. Der Siegeszug des Automobils und der Erste Weltkrieg ließen den Bedarf an Öl in bis dahin unvorstellbare Dimensionen steigen.

Doch die Rockefellers waren auch im Bankwesen tätig, und gemeinsam mit den anderen Großbankiers suchten sie nach einem Mittel, den US-Dollar wieder in ihre Hände zu bekommen. Wie konnte es das Kartell anstellen, die Macht zu behalten, ohne dass das Volk es merkte? Alles begann im Geheimen im Jahre 1910, wie G. Edward Griffin in seinem Buch „Die Kreatur von Jekyll Island" ausführlich beschreibt:

> *„Die Elite der Finanzwelt hatte sich auf eine 800 Meilen lange Reise begeben, die sie nach Atlanta führte, dann nach Savannah und schließlich in die kleine Stadt Brunswick in Georgia. Dieses Brunswick erschien eigentlich als ein eher unbedeutendes Reiseziel. An der Atlantik-Küste gelegen, war es vor allem ein Fischerstädtchen mit einem kleinen, aber lebhaften Hafen, in dem Baumwolle und Nutzholz umgeschlagen wurden. Nur einige tausend Menschen lebten hier. Doch zu jener Zeit waren die Sea Islands, die die Küste von South Carolina bis Florida schützten, bereits bei den wirklich Reichen als beliebte Winterquartiere geschätzt. Eine dieser Inseln, gleich vor der Küste des Städtchens Brunswick gelegen, war erst kürzlich von J. P. Morgan und einigen seiner Geschäftspartnern erworben worden; hierhin kamen sie im Herbst und im Winter, um Enten oder Rotwild zu jagen und der Strenge des kalten Winters im Norden zu entfliehen. Diese Insel hieß Jekyll Island."*[113]

Neun Tage berieten sieben Herren unter strengster Geheimhaltung darüber, wie man das Finanzsystem der USA künftig neu strukturieren würde. Dies waren ***Nelson Aldrich*** (Senator und Vorsitzender des *Senate Finance Committee*, Vertrauter und Geschäftspartner von J.P. Morgan), ***Abraham Piatt Andrew*** (Ministerialdirektor des US-Schatzamtes, welches das amerikanische Gold verwaltete), ***Frank A. Vanderlip*** (Präsident der *National City Bank of New York*, auch Abgesandter von William Rockefeller und der Investmentbank *Kuhn-Loeb*), ***Henry P. Davison*** (Mitinhaber der *J.P. Morgan Company*), ***Charles D. Norton*** (Präsident von *J.P. Morgans First National Bank of New York*), ***Paul M. Warburg*** (Teilhaber von *Kuhn-Loeb* und Abgesandter der europäischen *Rothschild-Banken* und der deutschen *Warburg-Bank*) sowie ***Benjamin Strong*** (Vorstand von *J.P. Morgans Bankers Trust Company*) – der später (1914 bis 1928) der erste Vorsitzende der New Yorker *FED* wurde. Diese Vertreter der Rothschild-, Rockefeller-, Morgan- und Warburg-Clans repräsentierten zusammen etwa ein Drittel des damaligen Reichtums der gesamten Welt! Sie hatten mehr Gold als irgend jemand sich in seinen kühnsten Träumen vorstellen kann!

Bei den Besprechungen auf Jekyll Island ging es um nichts anderes als die Neuordnung des internationalen Finanzwesens. Es ging um die Frage, wie man die Konkurrenz ausschalten und das Geldwesen völlig in die Hände einiger weniger Großbanken bringen konnte. Von 1900 bis 1910 hatte sich die Zahl der Banken in den Vereinigten Staaten wieder mehr als verdoppelt. Es gab mehr als 20.000 Kleinbanken, vor allem im Süden und Westen des Landes, die den Mogulen in New York City die Suppe versalzten. Es ging aber auch darum, dass die Amerikaner nach wie vor Papiergeld ablehnten und auf Gold- und Silbermünzen bestanden, was den Bankern missfiel. Also erarbeiteten sie ein neues Bankengesetz, das jedoch von der Regierung unter *William Howard Taft* abgelehnt wurde.

Deswegen brauchte der „Geld-Trust" einen anderen Präsidenten, der sich angriffslustig für die Vorlage einsetzen würde, und der erwählte Kandidat hieß Woodrow Wilson, der bereits öffentlich seine Ergebenheit erklärt hatte. Wilsons Nominierung auf dem Parteitag der Demokraten wurde von Colonel House sichergestellt, der eng mit Morgan und Warburg verbunden war. Um Präsident William Howard Taft keine Chance für die Wiederwahl zu gewähren, ermutigte der „Geld-Trust" den früheren Republikanischen Präsidenten Teddy Roosevelt, erneut zu kandidieren. Roosevelt gewann die Vorwahlen der Republikaner gegen Taft und trat nun bei der Endwahl gegen Woodrow Wilson an. Wilson und Roosevelt hatten beide während des ganzen Wahlkampfes vehement gegen den „Geld-Trust" gewettert, obwohl das Kartell den Wahlkampf beider Kandidaten finanzierte[114] – vielleicht sogar ohne dass sie es wussten?

Wilson gewann die Wahl mit geringem Vorsprung und wurde der 28. Präsident der USA. Doch das Bankenkartell war im Geheimen der eigentliche Sieger!

1913 wurde auf Druck von Nelson Aldrich durch Präsident Woodrow Wilson in einer Nacht- und Nebelaktion der *Federal Reserve Act* erlassen, ein Gesetz, das die Macht über den US-Dollar wieder zurück in die Hände der mächtigsten Privatbankiers legte und weit reichende Folgen für die amerikanischen Bürger und letztlich für die gesamte Welt hatte! Dadurch kam es zur Gründung einer neuen, privaten Zentralbank der USA, der *Federal Reserve Bank*, kurz *FED* genannt.

Kaum ein anderes Ereignis in der Geschichte hat mehr Kontroversen ausgelöst und zu mehr Verwirrung ums Geld beigetragen als die Schaffung der *FED*. Im Grunde gibt es bis heute keine hundertprozentige Klarheit darüber, was die Konstruktion, die Machtverteilung und Beziehung der *FED* zu anderen beteiligten Institutionen, wie der *Treasury* (Schatzamt), dem *Assay Office* (Münzprüfanstalt), dem Präsidenten und dem Militär angeht. Der *Federal Reserve Act* war in seiner, vom Kongress angenommenen Erstfassung so ungenau formuliert, dass niemand wirklich wusste, was er eigentlich aussagte. Er wurde seitdem 195 Mal geändert und erweitert. Ich denke nicht, dass es viele Politiker gibt, die ihn verstehen.

Ich versuche zusammenzufassen, was ich für gesichert halte:

Sicher ist, dass der *Federal Reserve Act* in den USA von allen 50 Bundesstaaten einzeln hätte genehmigt werden müssen. Fest steht auch, dass dies bis heute nicht geschehen ist. Die *FED* besteht aus dem *Board of Governors*, zwölf regionalen *Federal-Reserve-Banken* und einer Vielzahl von weiteren Mitgliedsbanken und anderen Institutionen. Da die Mitgliedsbanken gleichzeitig die Eigentümer der *Federal Reserve* sind, das Direktorium aber vom Präsidenten der Vereinigten Staaten ernannt wird, ist das *Federal Reserve System* teils privat und teils staatlich strukturiert – und somit alles andere als eine „Föderale Bank"!

Die *Treasury* behielt den Goldschatz des amerikanischen Volkes, die *FED* hatte die Hoheit über das Papiergeld und emittierte es. Die Geldschöpfung lag also wieder in den Händen derselben Privatbanken wie einige Jahre zuvor, es war jedoch nicht mehr so klar ersichtlich. Ein kluger Schachzug!

Wenn die USA, also das amerikanische Volk oder dessen Regierung, mehr Geld brauchten, dann mussten sie, dank des *Federal Reserve Act*, die *FED* um dieses Geld bitten und es dann in Form eines Kredites samt Zinsen von ihr leihen – auch soweit hatte sich also nichts zu dem bisherigen Zustand geändert! Es gab also fortan im Grunde keine US-amerikanische Währung, sondern nur noch eine FED-Währung. Deshalb steht bis heute auf der US-Dollar-Note nicht „US-Dollar-Note" sondern „Federal-Reserve-Note".

Die *FED* brachte fortan für die Treasury neues Geld in Umlauf, das in physischer Form von der *Mint* (Münze), teilweise aber auch von der *Assay* (Münzprüfanstalt) hergestellt wurde. Jedes Jahr gab es zahlreiche Änderungen in diesem System, was dazu beitrug, dass sich bald überhaupt niemand mehr auskannte – außer den privaten Eigentümern. Die Assay schloss ihre Pforten 1982, die Münze übernahm deren Tätigkeiten.

Die Banken, die sich an der *FED* beteiligten, mussten 1913 Gold in Höhe ihres Anteils in die *FED* einbringen (U.S. Code 12, Section 282). Ein Teil wurde ihr aber auch vom Gold der Treasury übertragen – wie viel das genau war, kann niemand sagen. Der Rest verblieb bis heute in den Militärstützpunkten **Fort Knox** (Kentucky), **West Point** (New York State) und **Denver** (Colorado). Das ist natürlich sehr sicher, insofern aber heikel, als einige Kritiker des Systems behaupten, dass das US-Gold damit im Grunde dem Militär gehört.

Hierher passt vielleicht folgende kleine Randnotiz: Im August 2011 sagte der US-Verteidigungsminister *Leon Panetta* über die Vorschläge einer Kommission, die eingesetzt war, um das Potential von Einsparungen im militärischen Bereich auszuloten: *„Das wäre ein völlig inakzeptables Ergebnis, für mich als Verteidigungsminister, für den Präsidenten – und ich denke, auch für die Führer unseres Landes!"*[(115)] Wer Politiker kennt, weiß, dass man zwischen den Zeilen lesen muss...

Am 31. Oktober 2011 besaß die US-Treasury nach eigenen Angaben 261 Millionen Unzen Feingold, was 8.134 Tonnen entspricht. Davon lagerten 13.453 Millionen Unzen bei der *FED* in New York, die restlichen 248 Millionen Unzen waren verteilt auf die Standorte Denver, Fort Knox und West Point.[(116.)] Während das US-Gold durch das Militär bewacht wird, so ist bei der *FED* dafür die *Federal Reserve Police* zuständig, eine Bundesbehörde, die vom Steuerzahler bezahlt wird.

Am 1. Januar 1914 öffnete die *FED*. Knapp sieben Monate später kam es zum Ersten Weltkrieg. Die Hauptakteure waren Deutschland, Österreich, Frankreich, England und Russland. *Benjamin Strong*, der Vorsitzende der New Yorker *FED*, war der mächtigste Mann in der Organisation. Er war ein persönlicher Freund von *Montagu Norman*, dem Vorstand der *Bank of England*, und *Charles Rist*, dem Vorstand der *Bank von Frankreich* sowie von *Colonel House*, *Woodrow Wilsons* außenpolitischem Berater. Die Herren Rockefeller, Warburg und Rothschild hatten allesamt deutsche Wurzeln und waren in Österreich, Deutschland, Frankreich und England stark vernetzt.[(117)] Was für eine interessante Verbindung!

Der Erste Weltkrieg zwang alle Welt, den Goldstandard aufzugeben – und sich bei den großen Banken zu verschulden. Das Timing zwischen der Schaffung der *FED*, dem Ende des Goldstandards und dem Ersten Weltkrieg ist bemerkenswert!

„Der Eintritt der Vereinigten Staaten in den Ersten Weltkrieg gab den Anstoß zur Machterweiterung der FED. Das System wurde der einzige Finanzagent des Ministeriums, Noten der Federal Reserve wurden herausgegeben, praktisch sämtliche Goldreserven der Geschäftsbanken wurden in den Tresoren des Federal Systems zusammengezogen und viele der gesetzlichen Beschränkungen, wie in der ursprünglichen Vorlage vorgesehen, fallen gelassen. Schließlich stellen die Wähler weniger Fragen, wenn sich die Nation im Krieg befindet.“(118)

G. Edward Griffin, amerikanischer Autor

Gold gab ich für Eisen

Immer wieder erlagen Herrscher der Versuchung, gutes Geld durch schlechtes zu ersetzen. Wenn dieser Versuch scheiterte, dann sahen sie sich oft gezwungen, das eigene Volk des Goldes zu berauben, um das offizielle Geld wieder werthaltiger zu machen. Die Liste der Enteignungen und Goldverbote ist lang und reicht lange zurück. Wir sollten nicht der Illusion erliegen zu denken, dass etwas, das sich hunderte Male bewährt hat, nicht wieder stattfinden könnte.

Bereits in der Antike war es gelegentlich mancherorts zu Goldverboten gekommen. Im Jahr 1720 war es *John Law*, der den Besitz von Gold in Frankreich verbieten ließ. Für die Schlacht gegen Napoleon hatte der preußische König seine Untertanen bereits 1813 aufgerufen, ihr Gold zu spenden.

Für die gigantische Aufrüstung zum Ersten Weltkrieg mussten die Österreicher und Deutschen erneut ihren privaten Goldbesitz an den Staat abtreten. Die Bevölkerung wurde aufgerufen, „freiwillig“ Goldbarren, Goldmünzen, Eheringe und anderen Schmuck abzugeben. Dafür erhielt der Spender entweder einen Ring aus Blech mit der Aufschrift „*Gold gab ich für Eisen*" oder eine Medaille aus dem gleichen Schrott mit den schönen Worten: „*Gold gab ich zur Wehr, Eisen nahm ich zur Ehr.*"

Die „Freiwilligkeit" dieser Aktion erzeugte erheblichen sozialen Druck, denn nur wer einen solchen Ring trug, war für jedermann als Patriot erkennbar. Wer weiterhin Goldschmuck trug, bekam die nationalistische Stimmung zu spüren. Doch auch nach dem Krieg gab es weitere Einschränkungen und Verbote für den Besitz von und den Handel mit Gold. Die meisten Goldverbote in der Geschichte galten nur für Privatpersonen, im Dritten Reich aber war sogar der gewerbliche Goldbesitz verboten – und somit das Goldschmiedehandwerk.

Die meisten Goldverbote gingen immer auch mit dem Verbot des Besitzes von und des Handels mit Fremdwährungen einher, um „Kapitalflucht" zu verhindern. Man will damit sicherstellen, dass Gold nicht ins Ausland abfließen und gegen stabilere Währungen getauscht werden kann, was die Wirtschaft noch mehr schwächen würde, als dies ohnehin schon in der jeweiligen Situation der Fall ist.

Jedes Goldverbot ist immer ein sicheres Zeichen absoluter Verzweiflung der Herrschenden. Ein großer Teil der Bevölkerung hat immer sein Gold versteckt und behalten. Jedes Mal entstanden Schwarzmärkte, bei denen mit Gold bezahlt, aber auch Gold gehandelt wurde. Gold, das über dunkle Kanäle, über Schmuggel ins Land kam, wurde noch teurer – und somit noch wertvoller. Dennoch wird der Versuch, den Goldbesitz einzuschränken, bis heute unternommen, wie wir später noch am Beispiel Indiens sehen werden.

Auch während der Weimarer Republik bestanden in Deutschland Einschränkungen für den privaten Goldbesitz, die dann fast nahtlos in das Verbot während des Zweiten Weltkriegs übergingen. Ab 1918 war auch in der Sowjetunion der private Besitz von Gold jeder Art verboten. Zuwiderhandeln wurde mit hohen Haftstrafen geahndet. Dieses Verbot fiel erst mit dem Fall der Mauer.

In China wurde nach dem Zweiten Weltkrieg ein Goldverbot erlassen und erst 1982 wieder schrittweise aufgehoben. Seit diesem Jahr prägt die chinesische Zentralbank ihre beliebten *Goldpanda*-Münzen. War der Besitz von Gold nun erlaubt, so blieb der Handel mit Edelmetallen der Bevölkerung jedoch weiterhin verwehrt. Erst im Jahre 2002, mit der Eröffnung der *Shanghai Gold Exchange*, wurde das Handelsverbot für private Investoren aufgehoben.[(119)]

Bis 1914 hießen die US-Dollarnoten noch *„gold certificates"*, also Goldzertifikate, und darauf stand bei einem 50-Dollar-Schein: *„50 Dollars in Gold Coin – payable to the bearer on demand"*. Dem Überbringer eines solchen Goldversprechens wurden also jederzeit auf Verlangen uneingeschränkt 50 Dollar in Gold ausgezahlt. Nach Beginn des Ersten Weltkriegs stand auf dem Dollar plötzlich: *„Redeemable In Lawful Money At The United States Treasury Or at the Bank of Issue"*. (*„Eintauschbar gegen gesetzliches Geld..."*)

Nach dem Zweiten Weltkrieg waren die Zettel plötzlich selbst Geld, einfach dadurch, dass man die Aufschrift darauf erneut änderte. Ohne Erklärung, ohne zu fragen, hieß es nun auf den Zetteln: *„Legal tender for all debts, public and private"*. Das heißt übersetzt: *„Gesetzliches Zahlungsmittel für alle Schulden, staatlich und privat"*. Das bedeutet, dass wir heute nicht mehr mit Gold bezahlen, sondern mit Schulden!

Auf dem deutschen 20-Mark-Schein von 1914 hieß es: *„20 Mark zahlt die Reichsbankhauptkasse in Berlin ohne Legitimationsprüfung dem Einlieferer dieser Banknote."* Der Herausgeber eines solchen Zettels schuldet dem Besitzer also eine bestimmte Anzahl an Münzen. Eine Banknote war und ist also nie Geld, sondern lediglich ein Schuldschein – zumindest solange sie gedeckt ist. Das war nach dem Ersten Weltkrieg nicht mehr der Fall.

Der Erste Weltkrieg kostete alle beteiligten Parteien insgesamt 956 Milliarden Goldmark, wobei schon das Britische Empire und das Deutsche Reich zusammen rund 40 Prozent dessen investierten. Der größte Teil davon kam durch Bankgarantien und Bankkredite zustande[(120)] – und die wurden mit dem Gold abgesichert, das man der Bevölkerung weggenommen hatte. Die Menschen mussten für ihren eigenen Tod bezahlen!

Wer glaubt, dass es heute kein Goldverbot mehr geben könnte, täuscht sich. Nur am Rande möchte ich erwähnen, dass im Jahr 2013 große Mengen privaten Goldbesitzes aus Italien in die Schweiz geschmuggelt wurden, da die Regierung der Azzurri den Kapitalverkehr immer weiter einschränkte und wohlhabende Menschen einer möglichen Enteignung zuvorkommen wollten.[121]

Ebenfalls interessant ist in dem Zusammenhang, dass der am 21. Februar 2012 von der griechischen Regierung unterzeichnete und mehr als 400 Seiten starke Vertrag über weitere Hilfsgelder mit den Gläubigern besagt, dass diese das Recht haben, im Bedarfsfall die 111 Tonnen Gold der *Bank of Greece* zu konfiszieren.[122] Warum wollen sie nicht deren Dollarreserven?

Der Gold-Devisen-Standard

Bei der Pariser Friedenskonferenz 1919 im Schloss Versailles wurden die Verlierer des Krieges gegen ihren ausdrücklichen Willen zu Reparationszahlungen in abstruser Höhe an die Siegermächte gezwungen. So sollten die Deutschen an Frankreich, England, Italien und Belgien insgesamt 7.000 Tonnen Gold (20 Milliarden Goldmark) zahlen, die dann wiederum an die USA gingen, da die USA den späteren europäischen Siegermächten hohe Kredite für die Aufrüstung gewährt hatten. Angesichts der Tatsache, dass die USA aber selbst ohne die Kredite von Banken – allen voran von *Rothschild* – nicht überlebensfähig waren, kann man vermutlich davon ausgehen, dass die 7.000 Tonnen Gold über Umwege an die Gläubigerbanken gegangen sind. Zudem sollte die neue deutsche Währung mindestens zu 30% durch Gold gedeckt werden. Doch wo sollte all das Gold herkommen?[123]

BRITAIN GETS GERMAN GOLD.

Part of $22,500,000 Believed to be on Way to Canada.

Special Cable to THE NEW YORK TIMES.

LONDON, Sept. 12.—The Daily Mail says it is understood in the city that £4,500,000 in German gold, 90,000,000 marks, has reached the Bank of England from Germany by way of Amsterdam.

The coins probably came from the gold stored in Spandau Tower, near Berlin.

Some of the gold is believed to be already on the way to Canada in payment of foodstuffs sent to Germany from Canada.

Another consignment of German gold reached London recently.

The New York Times
Published: September 13, 1919

BANKERS' VIEW OF THE GOLD IMPORT MOVEMENT

The German Shipment, Russia's Gold and the Economic Results in This Country.

Arrival in New York last week of $2,850,000 gold shipped from Germany interested bankers as something new in the movement. German gold came to us through Holland and England when the German Government was paying for food shortly after the war, but barely $200,000 gold had been credited to Germany by our Government reports since the large movement to the United States began a year ago. It was generally assumed by bankers that last week's shipment represented Russian gold which had been bought by the German Government at the market premium with paper marks and which had either been sent to New York in its original shape or had been exchanged for German coin in the Reichsbank's reserve, the German coin then being shipped to avoid the question as to our importing Russian gold.

This German consignment brings our gold imports thus far in August up to about $40,000,000, which would make $450,000,000 imported during 1921 to date, and $748,000,000 since the movement began in the middle of 1920. This surpasses all records except those of the year before we entered the war, when we imported $977,000,000 gold during the twelve months ending with June, 1917.

Banking opinion continues to vary both as to the probable duration of this movement and as to its real economic significance. Its persistence has already upset all prediction; the belief of the markets, especially in Europe, having been that the imports would have slackened materially many weeks ago. A high Government authority has privately estimated that not less than $240,000,000 of the gold received in the past twelve months has been really "Soviet gold," and some exchange market bankers were last week disposed to support the estimate. About $100,000,000 gold received in that period from Holland, Scandinavia and Hongkong is believed to have come originally from Russia.

One exchange banker expressed the belief last week that a good deal more gold must still be held in Russia available for export. Of the 1,295,000,000 rubles gold reserve, or $645,000,000 reported in the last statement ever made by the Imperial Bank of Russia (on Oct. 21, 1917, just before the Kerensky régime fell), it is not easy to account for the disappearance through export or otherwise of more than one-half up to the present time.

A little while ago the misgivings of banking circles over the huge gold imports were based on belief that the resultant great increase in bank reserves would cause an equivalent expansion of credit and stimulate renewed speculation; but nothing of the kind has occurred, and there is still absolutely no sign of it. One international banker remarked last week that the really striking aspect of the movement was that the United States is accumulating all the world's gold at a time when gold is practically demonetized in the rest of the world, and is of no use to us except as a basis of credit for which we do not need as much as we have. This was not, however, the general opinion, which was inclined to hold that as the United States is apparently destined hereafter to be the distributer of credit in the work of European reconstruction, its present accumulation of gold is in reality automatic preparation for that work, just as the great increase of our gold reserve between 1914 and 1917 served as a basis for our war loans to the Allies.

The last report of the Director of the Mint estimates the total monetary stock of gold in the principal countries of the world at the end of the calendar year 1919 as amounting to $7,594,557,000, of which the United States then held $2,708,862,000, which would have made this country the holder of 35¾ per cent. of the total. Assuming the total stock of gold in the world today to be the same as at the close of 1919, and taking the present figures of the United States holdings, $3,288,608,000, the proportion held in this country would be 43 per cent.

The New York Times
Published: August 21, 1921

Abb. 7 und 8:
Zeitungsartikel aus den Jahren 1919 und 1921 berichten über große Goldlieferungen der Deutschen nach London und nach New York zum Zwecke der Reparation.

Es ist nachgewiesen, dass die Deutschen große Mengen Gold an England und die USA auslieferten. Was nach dem Krieg noch in der Spandauer Zitadelle übrig war, wurde 1919 an die *Bank of England* und an die *Banque de France* ausgeliefert. (siehe Abb. 7) Allein von Juli 1920 bis August 1921 lieferten die Deutschen der *FED* Gold im Wert von $ 748 Millionen auf dem Seewege. (siehe Abb. 8) Genaue Zahlen und Mengenangaben konnte ich nicht finden, da sich viele Berichte gegenseitig widersprechen. Auch ist es schwer zu sagen, wo das ganze Gold, das Deutschland auslieferte, wirklich herkam.

In den 1920er-Jahren herrschte soziales, politisches und wirtschaftliches Chaos. Die Welt schrie förmlich nach einem neuen Goldstandard, doch den wussten die Banker zu verhindern. 1922 beschlossen die führenden Nationen der Welt während der **Konferenz in Genua** daher, als Kompromiss einen halben Goldstandard einzuführen, den man **Gold-Devisen-Standard** nannte. Der besagte, dass England und die USA ihre Währungen mit Gold decken würden – wie günstig für die Großbanken, die viel davon hatten, noch mehr von den Deutschen bekamen, und beide Zentralbanken besaßen.

Somit waren das Pfund und der US-Dollar (neben dem Schweizer Franken) die einzigen soliden Währungen. Alle anderen Währungen waren damit im internationalen Handel wertlos, was diese Länder zwingen würde, all ihre internationalen Geschäfte und ihren gesamten Handel in Pfund oder Dollar zu tätigen.

England und die USA waren so mächtig, dass die anderen einfach nichts mitzureden hatten. Sie mussten die Kröte schlucken. Das System war aber nichts Ganzes und nichts Halbes. Exzessive Kreditvergabe der Banken führte zu Inflation, Spekulationen an den Börsen und Immobilienblasen. Daraus resultierte weltweite Instabilität. Rund um den Globus machte sich monetäres Chaos breit.

In den Jahren 1922 und 1923 betrug die Inflationsrate in Deutschland mangels Golddeckung durchschnittlich 30.000 Prozent pro Monat! Es brauchte also nur vier Tage, bis sich die Preise verdoppelten! In

Österreich waren es vergleichsweise bescheidene 1.733 Prozent. Dennoch stiegen die Verbraucherpreise. Im August 1922 lagen sie 14.000 Mal höher als 1914! Die größte Banknote war dann der 500.000 Kronen-Schein.

Bei einer Hyperinflation verlieren immer die weniger wohlhabenden Menschen am meisten. Für die Reichen bilden sich hingegen hervorragende Chancen. Eine alte Investorenweisheit lautet nicht umsonst, dass man dann kaufen muss, wenn Blut auf den Straßen fließt.

Unter dem Goldstandard hätte man einen so langen, grausamen und kostspieligen Krieg wie den Ersten Weltkrieg nicht führen können, aber die Politiker und die Banken hatten sich nun mal dazu entschieden, und die einfache Bevölkerung musste nun den Preis für das monetäre Fehlverhalten bezahlen.

1924 brach das deutsche Kartenhaus ein. Die „Rentenmark" wurde als zusätzliche Währung eingeführt. Der Umrechnungskurs bei der Währungsreform lautete: 1.000.000.000.000 Mark zu 1 Rentenmark (1 Billion zu 1!). Damit fiel die Relation zum Dollar wieder auf das Niveau von 1914.

Letztlich zahlten die Deutschen in den 1920er- und 1930er-Jahren zwischen 20 und 70 Milliarden Goldmark an Reparationen, jedoch nicht nur in Gold, sondern auch in Sachleistungen wie Schiffen oder Rüstungsgütern. Deswegen war es eine strittige Frage, wie man diese Zahlungen bewertete. Jedoch gingen die Zahlungen für den Ersten Weltkrieg – nachdem sie zeitweise ausgesetzt wurden – auch nach dem Zweiten Weltkrieg noch weiter. Am 3. Oktober 2010 schließlich bezahlten die Deutschen die letzte Rate an die Alliierten.[125]

1925 platzte eine Immobilienblase in Florida. 1926 strauchelte England und gab nach Turbulenzen an den Märkten seinen Goldstandard wieder auf, da es angeblich nicht mehr genug Gold hatte, um das rasant inflationierende Pfund zu decken – was natürlich Unsinn war, denn man hätte ja nur den Kurs (Deckungsgrad) ändern müssen, was zu Abwertung geführt, aber dennoch eine gewisse Form der Stabilität gerettet hätte. Der Erste Weltkrieg hatte das gesamte monetäre, wirtschaftliche, soziale und politische Gefüge komplett zerrüttet. Doch immer dann, wenn Chaos entsteht, gibt es Kräfte im Hintergrund, einzelne Akteure, die davon massiv profitieren. Die Destabilisierung war ihr Ziel, ausufernde Kreditvergabe erneut ihr Instrument.

Die amerikanische Notenbank *FED* hatte während des Ersten Weltkriegs und danach enorme Mengen an Papiergeld gedruckt und flutete damit die Märkte. Die Banken schwammen im Geld und gaben es in Form billigster Kredite an die Kunden weiter, die es an der Börse investierten, um dort schnelle Gewinne zu erzielen. Da es keine Bindung an Gold mehr gab, uferte die Geldpolitik allerorts völlig aus.

Die Aktienkurse stiegen, es wurde immer mehr Geld ausgeliehen und wieder in Aktien gesteckt, die Kurse stiegen weiter – ganz wie in der guten alten Zeit in Frankreich unter John Law. *Benjamin Strong* war als Vorsitzender der *FED* dafür verantwortlich, dass seine Freunde in den großen Banken Kredite vergeben konnten, als gäbe es kein Morgen. Durch die Hysterie der Menschen waren auch kleinere Banken gezwungen, riskante Kredite zu vergeben. Die Ereignisse gleichen auf erschreckende Weise dem, was wir seit Ende der 1990er-Jahre erleben.

> *„Strong verband sich schon bald mit Montagu Norman von der Bank of England, um die englische Wirtschaft aus der Krise zu führen. Dies gelang, indem man absichtlich in den USA eine Inflation erzeugte, die zu einem Abfluss von Gold, einem Verlust von Auslandsmärkten, zu Arbeitslosigkeit und Spekulationen an den Aktienmärkten führte... Alles das waren Faktoren, die Amerika 1929 in die große Krise und auch in die Depression der 1930er-Jahre führten.“*[124]
>
> G. Edward Griffin

1929 folgte der Börsencrash an der Wall Street, über den der französische Politiker und Finanzexperte *Jacques Rueff* in einem Vortrag am 17. März 1933 sagte: *„Es ist wohlbekannt und wurde auch wiederholt nachgewiesen, dass der Gold-Devisen-Standard maßgeblich für die Weltwirtschaftskrise der 1930er-Jahre verantwortlich war.“*

Auf die Hyperinflationen folgte die Deflation. Viele Menschen hatten ihre Ersparnisse verloren und waren nun mittellos. Nach dem Crash sanken die Preise fast vier Jahre lang, aber die meisten Menschen hatten dennoch zu wenig Geld, um sich etwas leisten zu können. Sinkende Preise bringen sinkende Einnahmen, sinkende Gehälter und höhere Arbeitslosigkeit. Nun lernten die Menschen die andere Seite der Medaille mit dem Namen „Papiergeldexperiment" kennen.

Goldverbot in den USA

Der Crash im Jahre 1929 erschütterte nicht nur die Märkte, sondern auch alle Regierungen der westlichen Welt, denn sie hatten keine Kontrolle mehr übers Geld. Die Macht lag uneingeschränkt bei den Banken. 1933 lag die Arbeitslosenquote in den USA bei über 25%. Statt zu erkennen, dass das Drucken wertlosen „Papiergeldes" und die Abkehr von einem internationalen Goldstandard daran schuld waren, machte man das Gold dafür verantwortlich. Statt zu erkennen, dass man zu viel Geld im Umlauf hatte, wurde behauptet, es gäbe im Umkehrschluss zu wenig Gold. Also erließ Präsident Franklin D. Roosevelt ein **Goldverbot**, um das Gold der Bevölkerung einzustreichen.

Am 5. April 1933 erklärte er seinen „*New Deal*", ein umfangreiches Wirtschafts- und Sozialreformprogramm, das unter anderem den privaten Goldbesitz im Wert von mehr als 100 US-Dollar in den USA verbot (*Gold Confiscation Act*). Die Bürger wurden gezwungen, ihr Gold zum gesetzlich festgelegten und viel zu niedrigen Preis von 20,67 US-Dollar pro Feinunze an die *FED*, zu verkaufen. Damit strich die *FED* etwa 500 Tonnen billigen Goldes ein. De facto war das eine glatte Enteignung![126]

> *„Auf Grund von der mir übertragenen Vollmacht aus Abschnitt 5 (b) des Gesetzes vom 6. Oktober 1917, geändert durch Abschnitt 2 des Gesetzes vom 9. März 1933..., in dem der Kongress erklärte, dass ein ernsthafter Notstand existiert, verkünde ich als Präsident, dass der na-*

tionale Notstand noch besteht und dass das fortgesetzte private Gold- und Silberhorten der Bürger der Vereinigten Staaten eine ernsthafte Bedrohung für den Frieden, die Gerechtigkeit und das Wohlergehen der Vereinigten Staaten darstellt. Um die Interessen unseres Volkes zu schützen, müssen geeignete Maßnahmen sofort ergriffen werden."[126a]

Franklin D. Roosevelt, 32. US-Präsident

Am Notstand aus dem Ersten Weltkrieg hatte sich also bis 1933 nichts geändert? Waren die USA noch im Krieg? Häuser wurden auf Verdacht durchsucht, gefundenes Gold im Wert von über 100 Dollar beschlagnahmt, die Besitzer für Jahre hinter Gitter gesteckt. Dieses Verbot bestand immerhin bis Ende 1973! Vierzig Jahre lang war es den Amerikanern verboten, echtes Geld zu besitzen!

Als die Aktienbörsen zwischen 1929 und 1932 zusammenbrachen, verlor der Dow-Jones-Industrie-Index etwa 90% seines Wertes. Selbst greifbare Vermögenswerte wie Immobilien wurden ähnlich hart getroffen. Wohnhäuser und kommerziell genutzte Gebäude verloren bis zu 80% ihres Wertes. Die meisten Waren- und Rohstoffpreise erlitten ein ähnliches Schicksal. Nur Gold hielt sich gut. Der Goldpreis erhöhte sich um 75% von $ 20,67 auf $ 35 pro Unze. Auf Grund der Wirkung des Hebeleffektes, demzufolge Aktienkurse unverhältnismäßig stärker steigen als der Preis des zugrunde liegenden Metalls, waren Goldminenaktien die Superstars unter allen Anlageformen.[127]

Gold ist nicht totzukriegen! Da das Volk nunmehr kein physisches Gold mehr kaufen konnte, kaufte es Goldminenaktien, das heißt Gold im Boden oder Gold, das angeblich irgendwo hinterlegt war. Einige Spekulanten machten große Gewinne. Einer der Gründe, dass Goldaktien an Wert zulegten, lag darin, dass Roosevelt den Goldpreis, nachdem alles private Gold einkassiert war, von $ 20,67 auf $ 35,00 anhob – wie günstig für die *FED*, die all das Gold billig erworben hatte! Plötzlich waren deren Goldreserven um ein Vielfaches höher und wertvoller, was den Dollar aufwertete – aber auch das Gold.

Die Abbaukosten von Gold waren wegen Deflation rückläufig, der Goldpreis war gestiegen, die Gewinne der Goldminengesellschaften stiegen ins Unermessliche. Während der breite Aktienmarkt allgemein in die Tiefe stürzte, marschierten die Goldaktien von einem Hoch zum nächsten.

Wie bereits erklärt, war bis zum Ersten Weltkrieg der US-Dollar (gold certificate) noch gegen Gold eintauschbar. Nach dem Krieg war der Dollar aber im Besitz der privaten *FED*. Auf den Banknoten stand fortan: *„Redeemable In Lawful Money At The United States Treasury Or at the Bank of Issue."* (*„Eintauschbar gegen gesetzliches Geld..."*)

Lord Josiah Charles Stamp, der zu seiner Zeit als einer der reichsten Männer der Welt galt und Direktor der *Bank of England* war, sagte 1937 Erstaunliches:

> *„Das moderne Bankwesen produziert Geld aus dem Nichts. Dieser Vorgang ist vielleicht die erstaunlichste Erfindung in der Geschichte der Menschheit. Die Banker besitzen die Erde. Nimm den Bankern die Erde weg, aber lass ihnen die Macht, Geld zu schöpfen, dann werden sie im Handumdrehen wieder genug Geld haben, um sie zurückzukaufen. Wenn man jedoch dieses Recht wegnimmt, dann werden die großen Vermögen wie meines alle verschwinden, und sie sollten auch verschwinden, denn das wäre eine glücklichere und bessere Welt. [...] Wenn man der Sklave der Banken sein möchte und noch die Kosten der Sklaverei selbst bezahlen will, dann sollte man die Banken Geld schöpfen lassen."*

1938 annektierte Adolf Hitler Österreich und das Sudetenland und ließ deren Gold- und Devisenreserven in das devisenarme Deutschland transportieren. So flossen allein von Österreich die ersten 2,7 Milliarden Schilling an Gold und Devisen an die *Deutsche Reichsbank*.

Als die Deutschen 1940 in Paris einmarschierten, hatten sie es auf das Gold der *Banque de France* abgesehen, aber in deren Tresoren herrschte gähnende Leere, denn die Bank hatte sich seit Jahren auf diesen Fall vorbereitet. Sie hatte das Gold auf 51 Verstecke im ganzen

Land verteilt, jedes einzelne maximal eine Tagesreise von einem Hafen entfernt. Bei Nacht und Nebel wurde das Gold dann auf Schiffe, teilweise sogar auf Fischkutter geladen. 83 Millionen Unzen Gold machten sich von Frankreich aus auf ihren Weg nach New York. Bis heute ist nicht ganz klar, wie viele dieser Goldtransporte von deutschen U-Booten abgeschossen wurden.

Churchill erteilte 1940 den Geheim-Auftrag, das Gold Englands aus Angst vor einer deutschen Invasion über den Nordatlantik nach Kanada zu schaffen. Damit bereitete sich Churchill auf den Fall vor, dass er und sein Kabinett ins Ausland fliehen müssten, um England aus dem Exil zu regieren – dafür brauchten sie Gold. Die *HMS Emerald* brachte in mehreren Fahrten die Ladung unter dem Codenamen „*Operation Fish*“ in Richtung Halifax (Nova Scotia). Ein heftiger Sturm brachte die Emerald fast zum Kentern, aber sie schaffte die Überfahrt nach Halifax, von wo aus das Gold mit dem Zug nach Ottawa und Montreal verladen wurde, wo es lagerte, bis es für Waffen und Schiffe an die USA verkauft wurde. Diese Rüstungsaufträge beflügelten die US-Wirtschaft und ließen die FED-Goldreserven gewaltig anschwellen.

Auch die Schweiz hatte Angst vor einem Einmarsch der deutschen Armee. Sie hatte bereits 1938 damit begonnen, ihr Gold in die USA zu transportieren, hatte aber so viel, dass die ganze Aktion bis 1940 dauerte.[128]

Bretton Woods

Der Krieg nahm seinen bekannten Lauf. Die Alliierten USA, England, Frankreich und Russland wussten bereits 1944, dass sie den Krieg gewinnen würden, also luden die Amerikaner die Vertreter 40 weiterer Staaten ein, gemeinsam die Welt neu zu ordnen. Vom 1. bis 23. Juli 1944 trafen sie sich in ***Bretton Woods***, einem Stadtteil der beschaulichen US-Kleinstadt *Carroll* in New Hampshire. Es gab einen internen Machtkampf zwischen England und den USA um die Vorherrschaft über die neu zu ordnende Welt. Genauer müsste man sagen, zwischen den englischen und den amerikanischen Banken, denn die Zentralbanken der beiden Staaten waren ja in Privatbesitz.

Es ist schwer einzuschätzen, wie sehr die mächtigsten europäischen Banken um Rothschild und Warburg und die US-Banken um Rockefeller und Morgan zusammenarbeiteten. Sie hatten zwar 1910 ein Kartell gegründet und besaßen nun gemeinsam die *FED*, dennoch wirkt es beim Studium der Unterlagen jener Zeit für mich so, als versuchte dennoch jeder von ihnen, den anderen auszubooten, um die alleinige Nummer Eins zu werden. Aber vielleicht trügt dieser Schein auch, und all die Verhandlungen um eine Neuordnung der Währungen waren nur eine Show für die naive Masse. Ich halte beide Varianten oder auch eine Mischung davon für möglich.

Der Dollar war bislang die Weltleitwährung gewesen, der Bezugspunkt, zu dem sich alle anderen Währungen frei definierten. Das bedeutet, dass sich der Wechselkurs einer jeden Währung zum Dollar ständig änderte, je nachdem, wie erfolgreich eine Währung war. Das war den Amerikanern nicht recht, denn wenn ein Land sich nun gewaltig anstrengte, viel produzierte und exportierte, dann waren die Chancen hoch, dass die Währung dieses Landes erfolgreich wurde und den Dollar überflügeln könnte. Wenn dann andere Länder in diese bessere Währung mehr Vertrauen hätten, dann könnte der Dollar seine Vormachtstellung verlieren. Also musste etwas am System der freien Wechselkurse geändert werden.

Es ist mir bis heute unverständlich, wie alle Vertreter der beteiligten Staaten so dumm sein konnten, den Vertrag von Bretton Woods zu unterschreiben, aber sie taten es! Einige Beteiligte sprachen später von Betrug und davon, dass die Papiere, die sie am Ende unterschrieben, nicht diejenigen waren, auf die man sich zuvor geeinigt hatte – doch selbst wenn, dann hätte man den Vertrag später wieder brechen oder anfechten können. Das hätte der Welt viel Leid erspart. Georg Zoche schreibt dazu in seinem Aufsatz „Der Dollar war's. Und nicht die Gier“:

„...Weder haben sich die Länder auf den US-Dollar als Weltleitwährung geeinigt, noch wurde dieser Punkt in Bretton Woods überhaupt verhandelt! Es lief ganz anders: Während der Konferenz – in der Nacht vom 13. auf den 14. Juli 1944 – haben die USA die Dokumente heimlich umgeschrieben. Als die aus 44 Nationen stammenden Konferenzteilnehmer den Vertrag schließlich unterzeichneten, ahnten sie nicht, dass die USA in dem Dokument das Wort ‚Gold' jeweils um den Zusatz ‚oder US-Dollar' erweitert hatten. Auf diese, später von Großbritannien als Betrug bezeichnete Weise wurde der US-Dollar zur Weltleitwährung und *die USA zur Supermacht."*

Der US-Dollar, Eigentum einiger weniger Bankiersfamilien, wurde die neue Weltleitwährung, und es sollte künftig keine freien Wechselkurse mehr geben. Man legte ein für alle Mal fixe Wechselkurse fest. Das bedeutete, egal wie sehr die Wirtschaft eines bestimmten Landes in Zukunft auch wachsen würde, wie sehr sich dessen Bewohner auch anstrengen würden, ihre Währung würde international nicht mehr wert werden. Sie könnten nur mehr Dollarreserven anhäufen. Der Wechselkurs, der am 22. Juli 1944 festgesetzt wurde, sollte für immer gelten. Zur Kontrolle des Abkommens wurden der *IWF* und die *Weltbank* gegründet. Es gab aber einige störrische Nationen, die nicht auf Gold als Regulativ verzichten wollten. Sie wollten gerne wieder zu einem Goldstandard zurückkehren. Dazu schrieb Keynes, der Verhandlungsführer der Engländer:

„Ich wusste, dass die führenden Zentralbanken niemals freiwillig die damalige Form des Goldstandards preisgeben würden. Und ich sehnte keine Katastrophe herbei, die heftig genug gewesen wäre, sie unfreiwillig davon abzubringen. Die einzige Hoffnung bestand also in einer langsamen Entwicklung in Form einer gelenkten Weltwährung, für die man den existierenden Goldstandard als Ausgangspunkt nahm."[129]

So sicherten die USA den Teilnehmern der Konferenz zu, dass der Dollar durch die üppigen Goldreserven der „USA" gedeckt wäre, die aber in Wahrheit die Goldreserven der *FED* waren. Jedes Land durfte mit einem anderen nur noch in US-Dollar handeln, dafür garantierten die USA, dass die *FED* die überschüssigen Dollar jederzeit wieder zurücknehmen und gegen Gold eintauschen würde. Kunststück! Sie hatte in den ersten Kriegsjahren sehr viel Gold durch Rüstungsgeschäfte akkumuliert und ja auch die eigene Bevölkerung enteignet, als sie ihr 1933 ihr Gold weggnahm.

Als Wechselkurs wurde der bereits bis dahin geltende Goldpreis $ 35 je Feinunze festgelegt, was somit von nun an auch der Preis für Gold auf dem Weltmarkt war: Eine Unze Gold (31,1 Gramm) war also immer $ 35 wert. **Die Banker hatten somit ihre private Währung der ganzen Welt aufs Auge gedrückt und gleichzeitig den Goldpreis festgeschrieben.** Einfach genial!

Um es nochmals deutlich zu machen: 1944 war ein US-Dollar also knapp 1 Gramm (0,888671 Gramm) Gold wert, und jedem Land war versprochen worden, dass es seine überschüssigen Dollar jederzeit dagegen würde eintauschen können. Zum Vergleich: In 2011 war ein Dollar nur noch 0,015 Gramm Gold wert – also 1,5% des Wertes von 1944!

Der Vertrag von Bretton Woods hatte zur Folge, dass die USA sich wirtschaftlich nicht mehr besonders anzustrengen brauchten, denn ihr Geld konnte ja nicht abgewertet werden. Egal ob sie etwas leisteten oder nicht, ihr Geld behielt immer dieselbe Kaufkraft. Das führte letztlich dazu, dass sie immer weniger leisteten und alle industrielle Fertigung nach Asien abwanderte, wo die Menschen dann für einen Hungerlohn schuften mussten, während die Amerikaner der gesamten Welt sagten, wo es lang ging, weil sie ja die erfolgreichste Industrienation der Welt waren. Man könnte dies als verzerrtes Weltbild oder als Wahrnehmungsstörung bezeichnen. Wie auch immer, der Zustand wird heute langsam korrigiert, da China nun den USA alle Macht abgenommen hat und künftig vermutlich auch bald die neue Weltleitwährung stellen wird, falls wir nicht ein komplett anderes System bekommen sollten. Die Zeit der US-Dollar-Dominanz dürfte im 21. Jahrhundert langsam zu Ende gehen.

Die BIZ

Die *Bank für internationalen Zahlungsausgleich* (BIZ) wurde am 17. Mai 1930 im Rahmen einer Neuregelung der deutschen Reparationsverpflichtungen von den Zentralbanken Belgiens, Deutschlands, Frankreichs, Großbritanniens, Italiens sowie von zwei Gruppen privater Banken aus Japan und aus den Vereinigten Staaten gegründet.

Mitte der 1930er-Jahre waren die Goldreserven Deutschlands dank Reparationszahlungen äußerst bescheiden und die Reichsmark war wertlos. Um international Handel zu treiben und um die Armee aufrüsten zu können, brauchte Deutschland Gold, viel Gold. Die ersten großen Mengen erhielt es 1938 durch den „Anschluss" Österreichs und der Tschechoslowakei. Das Gold der beiden Länder wanderte über Deutschland in die Schweiz, wo es gegen Schweizer Franken eingetauscht wurde. Mit diesen Devisen konnte man auf dem Weltmarkt alles kaufen, was man für den bevorstehenden Krieg brauchte, und die *BIZ* wickelte all diese Transaktionen für Deutschland ab.

In der Bank waren vor allem führende amerikanische Geldinstitute vertreten, die ein starkes Interesse an Geschäften mit Deutschland hatten, wie die *JP-Morgan-Banken* (*JP Morgan & Co.*, *Morgan Stanley*) und die *Chase National Bank* von Rockefeller, die sich später zu *JP Morgan Chase* zusammenschlossen. Weitere Mitglieder waren die *Dillon-Read-Gruppe* und das Bankhaus *J. Henry Schroder* in New York. Auf deutscher Seite saßen in den Leitungsgremien der *BIZ* Kurt von Schröder, einer der wichtigsten Geldgeber für Hitler, Hjalmar Schacht (Ruhrindustrien und *Reichsbank*) und Hermann Schmitz für die IG Farben. Die *BIZ* galt als sehr nazifreundlich und übernahm 1938, nach dem „Anschluss" Österreichs an das Deutsche Reich, das österreichische Gold und war 1939 nach der NS-Besetzung der sogenannten Rest-Tschechei auch bei der Überweisung eines Teils des tschechischen Goldes zugunsten der NS-Seite behilflich. Lord Montagu Norman, einer der Präsidenten der *BIZ* und gleichzeitig Leiter der *Bank of England*, verhinderte die Überweisung nicht. Ab April 1939 wurde der amerikanische Anwalt Thomas McKittrick, der die Interessen Rockefellers wahrnahm, als Präsident in die *BIZ* berufen.

Während der Kriegszeit 1939 bis 1945 wickelte die *BIZ* alle notwendigen Devisengeschäfte für das Deutsche Reich ab. Deutschland eroberte ein europäisches Land nach dem anderen. Es konfiszierte die Goldreserven des unterlegenen Landes, und was nicht in der Schweiz landete, verblieb in der *Reichsbank* in Berlin, wo es zusammen mit dem Gold, das man von Privatpersonen beschlagnahmt hatte, zu neuen Barren eingeschmolzen wurde. Die Schweiz soll während des Krieges zirka vier Fünftel aller Goldverkäufe der Deutschen abgewickelt haben.[(130)] Der größte Teil davon lief über die *BIZ*, deren Statuten nach dem Zweiten Weltkrieg so geändert wurden, dass alle europäischen Zentralbanken – auch die der sozialistischen Länder (mit Ausnahme der Sowjetunion und der DDR) – Mitglieder wurden.

Zwischen 1962 und 1971 lag ihr Arbeitsschwerpunkt bei der Koordination der Reaktion auf Währungskrisen, in enger Zusammenarbeit mit der Zehnergruppe (G10), in der die Notenbanken der zehn wichtigsten Mitglieder des *Internationalen Währungsfonds* und der Schweiz, die damals noch nicht Mitglied des *IWF* war, vertreten waren. Seit 1971, mit dem Ende des Systems fester Wechselkurse, gelangten neue Themen in den Blickpunkt, so die Eurowährungsmärkte, die Banken- und die Versicherungsaufsicht.

Die *BIZ*, die zum größten Teil privaten Bankiers gehört, ist für die Erstellung der Regeln zur Kontrolle der Banken zuständig (*Basel II* und *Basel III*). Damit sind alle Beteuerungen der Politik, dass man härtere Regeln für Banken erstellen wird, ein Witz, weil die Banken sich über den Ausschuss der *BIZ* die Regeln selbst machen. Da man seine internationalen Geschäfte bis heute nur in Dollar abwickeln darf, akzeptiert die *BIZ* zur Verrechnung auch nichts anderes. Damit kann man sie, auch ohne große Verschwörungstheorien zu bemühen, als Handlanger oder Werkzeug der Banker bezeichnen, denen die *FED* und der US-Dollar gehören.

Task Force „Whitney“

Es gibt unzählige unterschiedliche Aussagen und Behauptungen darüber, wie groß der „Goldschatz der Nazis“ wirklich war, woher er stammte und was damit geschah. Ich werde mich hier in den nächsten Absätzen weitestgehend an die des US-amerikanischen Historikers *Greg Bradsher* von der *National Archives and Records Administration* halten.

Bereits in den Jahren 1943 und 1944 sollen Teile der Goldbestände der *Reichsbank*, für den Fall der Fälle, auf verschiedene Verstecke in Deutschland und Österreich, aber auch auf Banksafes in der Schweiz, in Schweden und in Spanien verteilt worden sein. Während des Luftangriffs auf Berlin im Februar 1945, soll dann alles verbliebene Gold, nebst Kunstschätzen und großen Mengen Bargelds in Fremdwährungen, aus der Hauptstadt gebracht und in der Salz-Kali-Mine der *Wintershal AG* in Merkers versteckt worden sein.

Anfang April 1945 entdeckten die Amerikaner den Schatz im westthüringischen Merkers durch Hinweise aus der Bevölkerung. (siehe Abb. 9) Da die Aufteilung Deutschlands in Besatzungszonen zu diesem Zeitpunkt bereits ausgehandelt war und dieses Gebiet im zukünftigen russischen Sektor lag, hatten die US-Truppen höchste Eile, den Schatz zu bergen und in die eigene Zone, ins 160 Kilometer entfernte Frankfurt am Main zu bringen.

Innerhalb weniger Tage organisierten die amerikanischen Streitkräfte eine gewaltige, geheime Mission. Am 14. April 1945 hielten zweiunddreißig LKW mit je zehn Tonnen Lastkraft, zahlreiche Jeeps, Panzerfahrzeuge und weiteres schweres Gerät vor dem Salzstollen in Merkers. Hundert Soldaten brauchten knapp 23 Stunden, um den Schatz mittels Loren und Aufzügen aus den Tiefen ans Tageslicht zu bringen und auf die Trucks zu laden. Er soll unter anderem aus 3.682 Säcken und Schachteln deutschen Geldes, 80 Säcken voller Fremdwährungen, 4.173 Säcken, gefüllt mit 8.307 Goldbarren, 55 Kisten mit Goldbarren,

Abb. 9:
In der Salz-Kali-Mine der *Wintershal AG* in Merkers fanden die amerikanischen Besatzer nach Kriegsende große Mengen an Gold und Fremdwährungen in Kisten und Säcken, die hier von den deutschen Truppen versteckt worden waren.

3.326 Säcken mit Goldmünzen, 63 Säcken mit Silber und 1 Sack voller Platin-Barren bestanden haben.[131]

Von Flugzeugen, fünf Einheiten des 474. Infanterie-Regimentes und Einheiten des 785. und des 503. Militärpolizei-Bataillons begleitet, machte sich der Convoy mit dem Codenamen „*Task Force Whitney*" am 15. April nach Frankfurt auf. Sie erreichten Frankfurt am nächsten Tag, und der „Nazi-Schatz" mit einem (von den Amerikanern) geschätzten Wert von 520 Millionen US-Dollar wurde unter strengsten Sicherheitsvorkehrungen in die Tresore der *Reichsbank* in Frankfurt eingelagert. Am nächsten Tag setzte sich ein zweiter Convoy aus Merkers in Bewegung, beladen mit sichergestellten Bildern und Kunstschätzen. Wochenlang waren Experten des *US-Treasury Department* und der *Bank of England* damit beschäftigt, die Beute zu wiegen und zu katalogisieren. Im Lauf der nächsten Monate fanden die westlichen Alliierten noch weitere versteckte Gold- und Silberbestände in anderen Reichsbank-Filialen und in verschiedenen Verstecken, mit einem Gesamtwert von weiteren knapp 500 Millionen US-Dollar.

Bis hierher ist die von mir kurz zusammengefasste Darstellung der Geschichte, die Greg Bradsher unter dem Titel „Nazi Gold: The Merkers Mine Treasure"[132] veröffentlichte und sehr genau belegte, vermutlich richtig – bis auf die Mengenangaben. Die waren nämlich mindestens doppelt so hoch, wie später nachgewiesen wurde.[133]

Die Amerikaner hatten nämlich allein in Merkers mindestens 220 Tonnen Gold beschlagnahmt. Vielleicht waren es auch 320 Tonnen – wozu hätten sie sonst zweiunddreißig LKW mit je zehn Tonnen Lastkraft benötigt?

Doch dann wird Bradshers Erzählung, die man als die offizielle amerikanische Betrachtungsweise bezeichnen könnte, wirklich bizarr, denn er endet mit den Worten: *„Die Merkers-Geschichte findet ein edles, selbstloses, gerechtes und moralisches Ende, da mehr als fünfzehn Länder auf das Gold verzichteten, das die Nazis ihnen gestohlen hatten, um es stattdessen den Opfern der Nazi-Verfolgung als Entschädigung zu reichen.“*[132]

Die Realität sah etwas anders aus. Die Amerikaner behaupteten lange, Anfang 1946 den gesamten Schatz an die *Inter-Allied Reparation Agency* übergeben zu haben, die es später an die *Tripartite Commission for the Restitution of Monetary Gold* (TGC) übergeben haben soll. Die TGC soll dann alles Gold an die zuvor im Krieg enteigneten Staaten zurückgegeben haben, was sich jedoch *„auf Grund des kalten Krieges“* bis 1996 hinzog – das meiste hiervon ist falsch.

Nach dem Krieg erstatteten die Schweiz, Schweden und Spanien zwar Teile des Nazi-Goldes, das bei ihnen lagerte, zurück – aber nur Teile. Es ging an die TGC, die in etwa 65% der anerkannten Rechtsansprüche an die eigentlichen Eigentümer, die Zentralbanken der Niederlande, Frankreichs, Österreichs, Belgiens, Griechenlands, Luxemburgs, Albaniens, Italiens, Polens, Jugoslawiens und der Tschechoslowakei zurückgeben konnte. Was mit dem Rest geschah, sickerte erst später bruchstückhaft durch. Angeblich waren nur Teile des im Zweiten Weltkrieg gestohlenen Goldes wiedergefunden worden.[134] Bis heute suchen deswegen Schatzsucher nach dem Rest des Goldes, etwa im Toplitzsee. Da können sie vermutlich lange suchen, denn das Gold war nie verschwunden!

Kleine Teile des „Nazi-Goldschatzes" waren nicht nur Gold, das die Deutschen anderen Zentralbanken weggenommen hatten, es befand sich auch „Opfergold" darunter, Schmuck- und Zahngold, das von KZ-Opfern stammte und zu Barren gegossen wurde, die, wie das andere Gold auch, ganz normal in den Handel einflossen. Dies wurde oft als *„Melmer-Gold"* bezeichnet, benannt nach Bruno Melmer, der von 1943 bis 1945 dafür verantwortlich war, dass das Gold aus den Konzentrationslagern seinen Weg nach Berlin fand, wo es umgeschmolzen wurde, ehe es nach Spanien, Italien und die Schweiz ging, wo man es scheinbar ohne Gewissensbisse bis Kriegsende zur Zahlung annahm.

Insgesamt konnte man Melmer dank akribischer Buchführung 117 Barren mit einem Gewicht von 1,3 Tonnen nachweisen.(135) Einen Teil dieses Wertes ließen die Amerikaner nach dem Krieg der *„International Refugee Organisation"* zugunsten jüdischer Opfer zukommen, einen anderen Teil aber konnte man nicht mehr seinen Besitzern zuordnen und musste es behalten – so etwa zumindest Teile jener sechs Tonnen, die in Österreich zunächst auf Schloss Fuschl angehäuft und gegen Kriegsende in Bad Gastein und Hintersee versteckt worden waren.(136)(137)

Auf der internationalen *Nazi-Gold-Konferenz* in London vom 2. bis 4. Dezember 1997 haben die vierzig teilnehmenden Staaten (praktisch alle Staaten Europas und die USA) in ihrer „edlen, selbstlosen, gerechten und moralischen Art" zugestimmt, auf die bis dahin noch immer beim TGC verbliebenen restlichen 5,5 Tonnen Gold zu verzichten und diese Opfern des Zweiten Weltkriegs zu spenden.

Die Amerikaner haben in Merkers mehr als 220 Tonnen Gold gefunden. Später anderenorts mindestens noch einmal mindestens 200 Tonnen. Wenn also von den konservativ gerechneten 420 Tonnen 65% zurückgegeben wurden, dann waren das 273 Tonnen. Addiert man die 5,5 Tonnen dazu, die 1997 noch übrig waren, dann fehlten 141,5 Tonnen. Wo waren all das „schmutzige" Nazi-Raubgoldes geblieben?

Eines ist belegt: Die Spanier haben Ende der 1940er-Jahre ihre Infrastruktur mit deutschem Raubgold finanziert. Rund 6 Tonnen Gold im Wert von 31 Millionen Dollar wurden nach New York verschifft, im Gegenzug bauten US-Firmen wie I.T.T. ein landesweites Telefonnetz in Spanien auf. Alle wussten, woher das Gold stammte, aber es hat niemanden interessiert. Die Amerikaner haben die Barren umgeschmolzen und wieder in den Verkehr gebracht.[138]

Auch ist unklar, was mit dem angeblichen **Goldzug aus Ungarn** geschehen ist, der aus 24 Waggons voll mit Beutekunst, Gold und Silber bestanden haben soll und im März 1945 an die amerikanischen Besatzer in Salzburg übergeben wurde. Denn als die Beute 1946 an ihre Besitzer zurückgegeben werden sollte, fehlten 8 Waggons samt Inhalt. Der Rechtsstreit darüber zog sich bis in die Amtszeit von Bill Clinton hinein, der 1998 eine „*Presidential Advisory Commission on Holocaust Assets in the United States*" einsetzte, die jedoch auch nichts klären konnte.[139] Die USA schlossen eine außergerichtliche Einigung mit jenen, die noch Ansprüche aus dem Goldzug stellten, und die TGC löste sich im September desselben Jahres bei einem formellen Akt in Paris auf.[140] Aber wo war das restliche deutsche Gold?

Im Jahr 1997 wurde der seit dem Zweiten Weltkrieg unter Verschluss gehaltene *Bigelow Report* veröffentlicht, ein Dokument, das belegte, dass der Vatikan 1945 deutsches Gold im Wert von 350 Millionen Schweizer Franken behalten und in Schließfächern in der Schweiz deponiert hatte. 150 Tonnen davon hatte die britische Armee an der Grenze Österreichs zur Schweiz beschlagnahmt. Geheimdienstunterlagen bestätigten zudem ein Detail des Reports, das besagt, dass die Schweizer mit Hilfe mehrerer katholischer Würdenträger und den Franziskanern Goldmünzen im Wert von 200 Millionen Franken an die *Vatikanbank* geliefert hatten. Vielleicht erklärt dies also den Verbleib des restlichen deutschen Goldes?

Wir können davon ausgehen, dass die Amerikaner (mindestens) mehrere hundert Tonnen Gold verschwinden ließen, darunter auch Opfergold. Das ist insofern interessant, als die USA später die Schweiz immer wieder unter Druck setzte, weil sie Gold von den Nazis angenommen hatte. Man könnte dies als „heuchlerisches Verhalten" bezeichnen. Denn es wurde stets unter den Teppich gekehrt, dass dieses besagte Gold vorwiegend von der *BIZ* rein gewaschen wurde, einer Institution, die größtenteils amerikanischen Banken wie *JP Morgan Chase* gehört. Doch das traut sich offenbar auch in der Schweiz niemand laut zu sagen.

Der Vatikan soll während des Zweiten Weltkriegs durch seinen Finanzminister *Bernardino Nogara* große Mengen an Gold gekauft und wiederverkauft haben. Es gab Geschäfte mit Mussolini, den USA, der Schweiz und anderen. Nach dem Krieg fehlte ein Teil des Mussolini-Schatzes, der Vatikan hatte aber mittels Tochterfirmen unbemerkt ganze Straßenzüge in London, Rom und Paris aufgekauft.[(141)] Er hatte Goldvorräte bei der *FED* in New York eingelagert, und das gesamte Geschäftsgebaren der *Vatikanbank* war äußerst undurchsichtig.[(142)]

Selbst Päpste hatten offenbar Probleme, die Geschäfte der *Vatikanbank* nachzuvollziehen. 1978 sagte Papst Paul VI.: *„Der Rauch Satans ist tatsächlich in den Vatikan eingedrungen."* Sein Nachfolger, Papst Johannes Paul I., war nach nur 33 Tagen (!) im Amt ermordet worden.[(143)] Er hatte für Ordnung und Öffnung sorgen wollen und legte sich mit den Freimaurern an, die in der *Vatikanbank* eine große Rolle spielen sollen. Insider behaupteten über Jahrzehnte, dass im Vatikan ein Krieg zwischen zwei Lagern schwele. Kardinal Ratzinger war immer wieder dadurch aufgefallen, dass er gegen die finsteren Mächte in der Kurie gewettert hatte. Offenbar hat er sie aber unterschätzt. *„Mittlerweile haben sich an den teuflischen Rauchschwaden etliche ranghohe Vertreter des Kirchenstaates vergiftet."*, schrieb Andrea Tornielli im Mai 2012 in der Onlineausgabe der Wochenzeitschrift *Christ & Welt*.[(144)]

Im Jahr 2005 wurde aus Kardinal Ratzinger Papst Benedikt XVI.. Am 28. Februar 2013 trat er als erster Papst der Geschichte zurück. Es ist nicht ganz auszuschließen, dass zwischen all den Vorgängen im Vatikan und dem fehlenden Gold der Deutschen aus dem Zweiten Weltkrieg auch ein Zusammenhang besteht.

Code-Name „Golden Lily"

Auf der anderen Seite des Globus hatte sich zur selben Zeit Ähnliches abgespielt. Dabei geht es um einen sagenumwobenen Schatz der Superlative – und ebenfalls um eine amerikanische Beteiligung.

In den 1930er-Jahren erkannte der japanische Kaiser *Hirohito*, dass ein neuer Weltkrieg wahrscheinlich war und man, um den USA die Stirn bieten zu können, starke Streitkräfte benötigte. Dafür brauchte man viel Gold. Also bereitete Japan einen großen Beutezug vor. Im Dezember 1937 erklärte Japan den chinesischen Nachbarn den Krieg und umzingelte deren Hauptstadt *Nanking*, die kurz darauf eingenommen wurde. Die Japaner konfiszierten 6.000 Tonnen chinesisches Gold, dazu großen Mengen Silber und Edelsteine. Doch das war nicht genug.

Der japanische General *Tomoyuki Yamashita*, Oberbefehlshaber der japanischen Armee in Südostasien, wurde im Zweiten Weltkriegs zu einer Legende, da er 1941/1942 binnen weniger Monate die gesamte malaiische Halbinsel sowie die Inselfestung Singapur eroberte, ehe er durch Burma bis an die Grenze Indiens vorstieß. Während dieser Eroberungen soll er unglaubliche Mengen an Gold, Schmuck und Kunstgegenständen zusammengetragen haben, unter anderem angeblich auch Teile der Goldreserven Englands, Hollands und Frankreichs, die man zur Sicherheit nach Asien gebracht haben soll.

Prinz *Chichibu*, Hirohitos jüngerer Bruder, leitete die geheime Beuteaktion mit dem Codenamen *Kin No Yuri* oder **„Golden Lily"**. Yamashitas Mannen sollen im Laufe des siebenjährigen Krieges einen gigantischen Goldschatz erbeutet haben. Er ging unter der Bezeichnung **„Yamashitas Gold"** in die Geschichte ein, die bis heute kein Ende fand.

Als die Amerikaner im Herbst 1944 die Philippinen zurückeroberten, sollen die Japaner den Schatz auf 172 verschiedene Verstecke auf den Philippinen verteilt haben. Kriegsgefangene und Zwangsarbeiter sollen unzählige schwere Kisten voller Goldbarren in tiefe Höhlen geschleppt haben, um sie vor dem herannahenden Feind zu verstecken. Dann sollen die Eingänge gesprengt worden sein. Die Zwangsarbeiter wurden darin eingeschlossen und starben jämmerlich. Bis zu diesem Punkt gilt die Geschichte noch als recht gesichert, doch wenn es an das Ausmaß des Schatzes geht, dann wird es abenteuerlich. So ist nämlich immer wieder die Rede von 170.000 Tonnen Gold, die Yamashita für seinen Kaiser gestohlen haben soll. Wir erinnern uns: Das ist in etwa die Menge an Gold, die heute offiziell weltweit existieren soll.

Ziemlich sicher ist, dass nur ein kleiner Teil des Goldes in Japan ankam und der Rest eben auf den Philippinen liegt. Es ist jedoch wenig wahrscheinlich, dass Männer 100.000 Tonnen oder mehr in Kisten in Höhlen verstecken konnten, denn wir sprechen hier von einem Gewicht, das zu transportieren mehr als 1.500 Transportflugzeuge der Marke Boeing 747-F bräuchte. Es hätte sich um mindestens eine Million Kisten gehandelt. Solche Mengen per Hand zu verstecken; würde Wochen dauern. Da man die bekanntlich auf dem Rückzug nicht hatte, wage ich, diese Menge zu bezweifeln. Dennoch muss der Schatz sehr umfangreich gewesen sein.(145)

Im August 1945 ergab sich Japan. Yamashita kämpfte im Dschungel von Nord-Luzon noch zwei Wochen weiter. Dann, am 2. September, übergab er einem amerikanischen Offizier sein Samurai-Schwert. Er wurde nach einem dreimonatigen Prozess verurteilt und im Februar 1946 gehenkt. Das japanische Kaiserhaus soll hingegen mit den USA zahlreiche Absprachen getroffen haben und kam deshalb relativ ungeschoren davon. Im Austausch dafür sollen sie Teile der Kriegsbeute heimlich an die US-Autoritäten ausgehändigt haben. Hier ist immer wieder die Rede vom *Office of Strategic Services* (OSS) und von der *Central Intelligence Agency* (CIA), die gemeinsam mit hochrangigen Militärs die Beute in die USA gebracht haben sollen.(146) (147)

Abb. 10:
1971 fand Rogelio Roxas in einer Höhle auf den Philippinen Goldbarren und eine goldene Buddha-Statue, die der japanischen Kriegsbeute, auch bekannt als „Yamashitas Gold", zugerechnet wurden.

Dieser sogenannte **„Black Eagle Trust"** soll seitdem von US-Geheimdiensten dazu benutzt worden sein, Operationen auszuführen, ohne dafür Gelder von der Regierung beantragen zu müssen – sogenannte „black op's", also schwarze Operationen –, wofür es natürlich keine Beweise gibt. Der Teil des Schatzes aber, der versteckt blieb, zog tausende Glücksritter auf die Philippinen. Der Mythos hielt sich hartnäckig.

Die Abenteurer suchten nach dem Gold, sprengten Höhleneingänge frei und gruben tiefe Löcher, aber angeblich ohne Erfolg. Doch dann, am 24. Januar 1971, fand der ehemalige philippinische Soldat ***Rogelio Roxas*** in einer Höhle Goldbarren und eine goldene Buddha-Statue. In einer aufwendigen Aktion konnte er mit Hilfe von Freunden 24 Goldbarren und die Statue an sich nehmen. Die Höhle lag in einem Gebiet, das staatliches Eigentum war. Ferdinand Marcos – der von den Japanern sehr unterstützt wurde – herrschte als Diktator und betrachtete alles auf den Philippinen als sein Eigentum. Wenige Tage nachdem Roxas seinen Schatz bei sich zuhause hatte, bekam er Besuch vom philippinischen Geheimdienst, der seinen Fund beschlagnahmte und Roxas ins Gefängnis warf. Dort saß er mehrere Jahre.

Von offizieller japanischer und philippinischer Seite wurde die Existenz eines Schatzes der kaiserlichen Armee natürlich immer abgestritten, somit auch der Roxas-Fund. Doch auch die Armee des Diktators Ferdinand Marcos soll lange Jahre eifrig gesucht – und angeblich auch gefunden haben. Ein Mitarbeiter des Ex-Präsidenten behauptete, dass Marcos sich große Teile des Schatzes angeeignet habe und sie kurz vor seinem Sturz im Jahr 1986 per Flugzeug in die Schweiz bringen ließ.[148]

Nach seinem Sturz ging Marcos ins Exil in die USA, genauer nach Hawaii. 1988 verklagte Roxas Ferdinand Marcos und dessen Frau Imelda Marcos in den USA. Ein jahrelanger Rechtsstreit mit mehreren Urteilen, die wieder revidiert wurden, endete im Jahr 2006 ohne Ergebnis. Währenddessen verstarb Roxas im Jahr 1993 unter ungeklärten Umständen.[149] [150]

Bis heute suchen auf den Philippinen zahlreiche Abenteurer nach dem Beutegold der Japaner aus dem Zweiten Weltkrieg.

London Gold Pool

Da Deutschland während des Zweiten Weltkriegs enorm viel Geld gedruckt hatte, galoppierte die Inflation nach dem Krieg. Zusätzlich zu dem vielen deutschen Geld schwirrte noch das inflationäre Geld der Besatzer umher. Das Wenige, das es zu kaufen gab, konnte man nicht für das wertlose staatliche Geld kaufen, sondern nur noch durch Warentausch oder mittels Ersatzwährungen, hauptsächlich Zigaretten, auf dem Schwarzmarkt erwerben. Damit Gold und Silber nicht wieder zur Währung werden konnten, erließen die Siegermächte 1945 in Deutschland prophylaktisch eine Ablieferungspflicht für jegliches Gold, Silber und Platin sowie für alle ausländischen Banknoten und Münzen an die Alliierten. Dieses Goldverbot hatte bis 1955 Bestand.[151]

Die Besatzer waren sich lange uneins, wie mit den Verlierern zu verfahren sei, deswegen blockierten sie den Wiederaufbau erst und machten den Personen- und Warenverkehr zwischen den einzelnen Sektoren zum Hindernis. Erst nach und nach entschlossen sich die westlichen Alliierten doch dazu, den Wiederaufbau zuzulassen. Ansonsten hätten die Banken auch kein Geschäft machen können. Nur die Vergabe von Krediten und die reichliche Ausgabe von Geld sind für sie lukrativ.

Die ausufernde Hyperinflation wurde 1948 durch die Währungsreform in Westdeutschland beendet. Aus der Reichsmark wurde die neue D-Mark. Die 1950er- und 1960er-Jahre waren in Europa die Zeit des Wiederaufbaus. Vor allem in Deutschland und Österreich – wo die Zerstörung mit am größten war – leisteten die Überlebenden des brutalen Krieges Übermenschliches. Sie bauten nicht nur Häuser und Fabriken, Schulen, Brücken und Straßen innerhalb weniger Jahre wieder auf, sondern sie wurden innerhalb kürzester Zeit wieder erfolgreicher als alle anderen Nationen. Innerhalb von zwei Jahrzehnten hatten die Deutschen und Österreicher mit ungeheurem Fleiß wieder großen Wohlstand geschaffen. Dieses Phänomen bezeichnet man gerne als „Wirtschaftswunder".

Nach und nach sammelte Deutschland große Mengen an Dollarüberschüssen an, die es teilweise gegen Gold eintauschte – nur, dass es dieses Gold nicht ausgehändigt bekam. Es verblieb vielmehr sicher verwahrt in den Tresoren der *FED* – schließlich war Deutschland ja geteilt, und es bestand die Gefahr, dass Russland jederzeit in Westberlin oder aber auch in ganz Deutschland hätte einmarschieren können. Es wurde also kurzum argumentiert, dass das Gold in New York sicherer war.

Die Amerikaner gaben unendlich viel Geld aus und hatten bald ein gewaltiges Außenhandelsdefizit. Bereits 1960 überstiegen ihre Auslandsverbindlichkeiten mit 21,2 Milliarden Dollar erstmals ihre nationalen Goldbestände von 18,7 Milliarden Dollar – gerechnet mit $ 35 pro Feinunze Gold.(152)

Sie druckten immer mehr Dollar und warfen damit um sich, wie mit Konfetti zu Fasching. Auch gab es immer wieder Staaten, die Teile ihrer Dollarüberschüsse tatsächlich in Gold umtauschten – wie etwa Frankreich, das sein Gold in den 1960er-Jahren per U-Boot heimholte. Also schrumpfte der FED-Goldschatz. Gleichzeitig war die weltweite Nachfrage nach Gold ungebrochen, vor allem am Handelsplatz London. Also mussten die Daumenschrauben weiter angezogen werden: Anfang 1961 etablierten die USA gemeinsam mit Deutschland, Großbritannien, Italien, Frankreich, Schweiz, Niederlande und Belgien den sogenannten

„Goldpool", der den Preis in London im Zaum halten sollte. Das Prinzip war einfach: Die Zentralbanken der acht Nationen zahlten Gold in einen gemeinsamen Topf (Pool) ein, und immer wenn der Preis am freien Markt stieg, wurde genug davon verkauft, um ihn wieder zu senken. Damit schafften es die Manipulatoren tatsächlich, den Preis bis 1968 bei $ 35 zu halten. Doch es wurde zusehends schwieriger für sie, da der Druck am Markt groß war und die acht Beteiligten mehr Gold verkaufen mussten, als sie jemals würden nachkaufen können.

Doch alles der Reihe nach:

Die Gouverneure der entsprechenden Zentralbanken trafen sich regelmäßig bei der *BIZ* (die, wie wir uns noch erinnern, *J.P. Morgan* und *Rockefellers Chase Manhattan* gehörte) und koordinierten so ihre Intervention, die sie anfangs noch geheim halten konnten. Doch tauchten immer wieder Probleme im Weltgeschehen auf, die – wie die Kuba-Krise – zu einer steigenden Nachfrage nach Gold führten. Dadurch mussten die acht Gold-Pool-Staaten unentwegt neues Gold nachschießen.

1965 stiegen die USA in den Vietnam-Krieg ein, der endlos lange dauerte und gewaltige Summen verschlang. Wir erinnern uns, dass *Karl Blessing*, Chef der *Deutschen Bundesbank*, der *FED* 1967 zusicherte, dass Deutschland keine seiner überschüssigen Dollar gegen Gold eintauschen werde, solange amerikanische Soldaten auf deutschem Boden stationiert seien. Zu dem Zeitpunkt hatte der Goldpool bereits knapp 1.000 Tonnen Gold verkauft, was 1967 etwa 1,1 Milliarden Dollar entsprach und damals noch sehr viel Geld war. Die Spannungen zwischen den beteiligten „Freunden" wuchsen, vor allem die zwischen Frankreich und den USA: Der Pool kollabierte, und es gab, wie aus den Sitzungsprotokollen des Offenmarktausschusses der *FED* hervorgeht, eilige Nottransportflüge der US Air Force, die 1968 Gold aus den Vereinigten Staaten zur *Bank of England* einflog. Das war die Zeit, in der die *Bank of England* ihr eigenes Gold im Auftrag der Vereinigten Staaten in den offenen Markt vorschoss, in der Absicht, den Goldpreis bei $ 35 halten zu können.(153)

Doch das Gold entglitt den Engländern immer schneller. So konnte es nicht weitergehen. Es gab Krisensitzungen im Buckingham Palast, und am 15. März 1968 erklärte die Queen einen „bank-holiday“. Der Pool blieb für zwei Wochen geschlossen. Währenddessen wurde Gold aber in Zürich und Paris weiter gehandelt, und der Preis stieg innerhalb weniger Tage von den bisherigen $ 35 auf $ 44, was einen Preissprung von 25% bedeutete. Schlagartig wurde die Schweiz zum wichtigsten Goldhandelsplatz. Den Engländern blieb nichts anderes übrig, als zu verkünden, dass es fortan zwei Goldpreise geben würde: einen für Zentralbanken (die weiter untereinander zu $ 35 pro Unze handelten) und einen freien Preis, den der Markt selbst finden dürfte. Doch die Banker, die hinter den Manipulationen standen, brauchten nicht lange, um sich von ihrem Schock zu erholen, und dafür zu sorgen, dass die Preisfindung nicht allzu frei von statten ging.

Die Schweiz blieb wichtigster Goldhandelsplatz, bis sie Anfang der 1980er-Jahre eine Warenumsatzsteuer auf Gold verhängte, und der physische Goldhandel wieder nach London zurückkehrte.

Der französische Präsident Charles De Gaulle, der kein Freund der *FED* war, ließ nach und nach die französischen Dollarreserven gegen Gold eintauschen. Das ging noch eine kurze Zeit gut, doch als immer mehr Staaten davon Gebrauch machen wollten, zog Richard Nixon die Reißleine. Im Jahr 1971 betrug der Wert der Goldreserven der *FED* angeblich 9,7 Milliarden US-Dollar, während die ausländischen Staaten Reserven in Höhe von 60 Milliarden US-Dollar angehäuft hatten. Das heißt, dass nur noch 16 Prozent der Dollar, die weltweit im US-Ausland existierten, durch US-Gold gedeckt waren – ein klarer Bruch des Golddeckungs-Versprechens von Bretton Woods, das mindestens 25% zugesichert hatte.

Am 15. August 1971 löste Präsident Richard Nixon einfach die Verpflichtung auf, US-Dollar gegen Gold zu tauschen. Er schloss, wie man so schön sagt, „das Goldfenster“. Nixons Worte waren: *„Your dollar will be worth just as much tomorrow as it is today. The effect of this action is to stabilize the dollar.“* (*„Ihr Dollar wird morgen noch genauso viel wert sein wie heute, diese Aktion wird den Dollar stabilisieren!“*)

Diese Ankündigung Nixons war absurd. Sie zeigte, dass er keine Ahnung hatte, wovon er sprach, und offenbar völlig fremdbestimmt war. Von 1971 bis 2012 haben sich die Staatsschulden der USA bei den Privatbanken mehr als vervierzigfacht. Die Abkehr der Einlösbarkeit in Gold machte den Dollar wertlos und zerstörte das Weltwirtschaftssystem, das seit Bretton Woods auf einem starken, zuverlässigen, durch Gold gedeckten Dollar beruhte. Der 15. August 1971 wird daher oft als der „Nullpunkt" des modernen Währungssystems bezeichnet oder als der Anfang allen Übels. Was folgte, wird in der Wirtschaftsgeschichte auch als „Nixon-Schock" bezeichnet.

Danach sank die Kaufkraft des Dollars enorm. Erhielt man in 1971 für einen US-Dollar noch 0,75 Gramm Gold, waren es Mitte 2013 nur noch 0,015 Gramm. Dasselbe gilt in etwa für Öl, während das Verhältnis Öl zu Dollar in etwa konstant blieb. Anders ausgedrückt, ist Gold das wesentlich stabilere Geld als der Dollar.[(154)]

Viele Mitgliedsländer verkauften daraufhin ihre Dollarbestände auf dem Devisenmarkt. Da sie aber kaum jemand haben wollte, kam es zu einer Abwertung, einem enormen Absinken des Dollarkurses. Im Jahre 1973 wurde das Bretton-Woods-Abkommen dann auch offiziell aufgelöst. Nun waren die Wechselkurse für Währungen wieder frei.

Die Institutionen *IWF* und *Weltbank*, gegründet um sicherzustellen, dass die Vertragspartner der USA sich an ihre Verpflichtungen hielten, bestanden jedoch weiter – und das obwohl die USA einseitig den Vertrag von Bretton Woods gebrochen hatten und es nichts mehr zu überprüfen gab. Stattdessen fand man neue Funktionen für sie und zwang ein Land nach dem anderen, den sinnlosen Organisationen beizutreten. Als Bedingung dafür mussten sie natürlich große Teile ihrer Goldbestände verkaufen.

Der *IWF* und die *Weltbank* sind Lobbygruppierungen der Bankenelite. Oder um es mit den Worten des Schweizer Bankiers Ferdinand Lips zu sagen: *„Seit 1971 haben sich die Aktivitäten dieser Institutionen aus-*

geweitet. Der IWF wurde zu einem Mechanismus, der Vermögen von armen Menschen zu reichen umverteilt!«[155]

1975 wurden der Handel und der Besitz von Gold in den USA wieder legalisiert. Die USA hatten nach der Prohibition in den 1920er-Jahren erneut die Erfahrung machen müssen, dass man etwas, das Menschen wirklich wollen, nicht einfach verbieten kann.

Bevor der Besitz von Gold und der Handel mit *Futures* in den USA legalisiert wurden, war der *Winnipeg Commodity Exchange* der erste und einzige Gold-Futures-Markt. Als der Besitz von Gold in den USA am 1. Januar 1975 wieder legalen Status erhielt, änderte sich diese Situation grundlegend, und die Futures-Märkte in den USA und London übernahmen die Macht. Ein Monster war im Begriff heranzuwachsen, das schließlich nicht nur das physische Volumen in den Schatten stellte, sondern auch der Goldpreisbeeinflussung und -manipulation Tür und Tor öffnete – und das, ohne physisches Gold überhaupt ins Spiel zu bringen.[156]

Singapur, das bereits lange ein wichtiger Handelsplatz und eine wichtige Verbindung zwischen Asien, Australien, Europa und den USA war, wurde 1965 vom Britischen Empire unabhängig. Bis 1963 war hier der private Import und Besitz von Gold verboten, doch mit der Unabhängigkeit wurde Singapur rasch zu einem wichtigen Handelsplatz für physisches Gold, was durch seine Nähe zum Gold fördernden Australien und zu den Schmuckmärkten in Vietnam, Hong Kong, Laos und Thailand begünstigt wurde. Das Potenzial und die Nachfrage nach physischem Gold waren in Asien enorm. Auch das war einer der Gründe, warum der Goldpool (1961-1968) gegründet wurde. Die wachsende Emanzipation Asiens von England machte der westlichen Bankenelite das Leben schwer.

In den 1970er-Jahren wurde der erste Versuch gestartet, einen offiziellen Gold-Futures-Markt zu etablieren: die *Singapur Gold Exchange*. Diese Börse wurde 1978 gegründet, sie war der erste offizielle Handelsplatz für Gold-Futures im asiatischen Raum. Die Konzeption des *Gold*

Exchanges war ähnlich jener der COMEX oder den damals noch aktiven Kontrakten der *Winnipeg Commodity Exchange* oder des *International Monetary Market.* Doch trotz guter Gründerbasis blieb der Erfolg aus. Später erfolgte dann ein Goldkontrakt an der *Singapur Monetary Exchange* (SIMEX: die *Gold Exchange* fusionierte mit der *IMM* in Chicago, da von diesem Syndikat ein erhöhtes Interesse an einem Gold-Futures-Kontrakt erwartet wurde), doch der wurde einige Jahre später eingestellt.(157)

Ein „*Gold-Future*" ist ein Vertrag über die Lieferung einer bestimmten Menge Gold zu einem bestimmten Zeitpunkt (etwa in einem Jahr), zu einem bestimmten Preis, also ein Gold-Versprechen. (siehe Kapitel „Goldhandel") Was ursprünglich zur Absicherung gegen große Preisschwankungen erdacht wurde, ist aber schon vor Langem zu einem reinen Wett-Geschäft pervertiert. Heute werden die meisten Gold-Future-Kontrakte nicht abgeschlossen, um Ware auf Termin zu kaufen, sondern um von Preisänderungen am Markt zu partizipieren – sogenannte „Arbitrage-Geschäfte". Davon profitieren diejenigen am meisten, die diese Preisänderungen vorhersehen können – also diejenigen, die den Preis manipulieren.

Der asiatische Markt war immer ein physischer Markt und ein Käufermarkt. Die Asiaten lieben echtes Gold und haben wenig Bezug zu bedrucktem Papier, was sie deutlich von den Menschen im Westen unterscheidet.

Goldleihe

Wie jeder weiß, wirft ein Barren Gold, genau wie eine Banknote, keine Zinsen ab. Zu Beginn der 1980er-Jahre fanden einige kreative Wallstreet-Manager Wege, diesen Zustand zu ändern. Sie erfanden das „Gold-Loans/Forward-Sales-Geschäft". Sie verkauften diese Idee einigen Besitzern von physischem Gold und auch solchen, die in Besitz von Gold waren, welches erst noch gefördert werden musste.(158)

Dieses System nannte sich vereinfacht „**Goldleihe**“ und funktionierte wie folgt: Eine Zentralbank verlieh Gold an eine Privatbank – sagen wir für ein Jahr. Die erste bekam dafür fest vereinbarte Zinsen, meist zwischen 1% und 2%. Die Geschäftsbank verkaufte das Gold und legte den Gewinn anderweitig so an, dass er höher war als die Kosten für die Leihe. Gleichzeitig kaufte sie einem Goldproduzenten dessen zukünftige Fördermenge ab, um in einem Jahr das Gold wieder an die Zentralbank zurückgeben zu können. Solange die Geschäftsbank dieses Gold noch nicht hatte, es also der Zentralbank schuldete, war sie „short“ in Gold, wie das im Fachjargon bezeichnet wird. Im Gegensatz dazu ist jemand „long“, wenn er das Gold besitzt oder erwirbt und es auch behält.

Für einen Goldminenbetreiber ist ein solches Geschäft eine gewisse Absicherung, die man „***hedging***“ nennt: Er weiß heute schon ganz genau, wie viel Geld er in einem Jahr für sein Gold bekommen wird, was ihm die Kalkulation vereinfacht. Die Minenbetreiber erhielten auf diese Art und Weise einen Kredit, wie sie ihn nirgendwo hätten günstiger bekommen können, die Zentralbanken machten ein wenig Gewinn, und die beteiligten Bullionbanken kontrollierten den gesamten Goldfluss.

Für alle drei Beteiligten war die „Gold-Leihe“ also ein lohnendes Geschäft – es sei denn, der Goldpreis stieg innerhalb des Jahres, denn dann musste der Goldproduzent es (wie vereinbart) günstiger verkaufen als dies nun auf dem freien Markt möglich gewesen wäre. Genau das brachte mehrere Minenunternehmen an den Rand des Konkurses, weshalb mit Beginn des neuen Jahrtausends (und mit steigenden Goldpreisen) so gut wie alle Unternehmen das „hedging“ einstellten. Für einige Goldminen endete dieses Spiel nämlich tödlich. Sie gingen unter oder mussten schließen, obwohl sie unter fairen und ehrlichen Marktbedingungen hätten gedeihen und blühen können.[(159)]

Das Geschäft lief einige Jahre hervorragend, also wurden die Banker übermütiger. Sie erfanden immer neue Varianten dieses Spiels um Gold, das sie gar nicht hatten, wie „spot deferred sales“, „contingent forwards“, „delta hedging“ und vieles mehr. Die Banker waren begeistert.

Sie hatten wieder ein neues Geschäft erfunden, das keiner verstand, das aber sehr gut klang und anfangs gut funktionierte – wie jedes Schneeballsystem oder Pyramidenspiel.

Die Goldreserven ausgewählter westlicher Staaten lagerten ohnehin bei der *FED*. Sie durften sie weder sehen noch mitnehmen, sie durften sie nicht einmal abstauben, also warum sollten sie diese dubiosen Werte, die nur in den Büchern bestanden, nicht verleihen?

Da die Zentralbanken ihr Gold am Ende des Jahres nicht zurückhaben wollten, sondern es weiter verliehen, um weiter Zinsen einzustreichen, konnten die Banker bald jeden Barren mehrfach verkaufen, da es ohnehin niemand merkte. Das Spiel ist altbekannt. Immer mehr Gold wurde durch die Zentralbanken verliehen, immer öfter wurde es von den Geschäftsbanken verkauft, immer mehr Geld machten die Bullionbanken, die an jedem Kontrakt mitverdienten.

> *„Ihre Namen kommen aus dem Gotha der Bankenelite: Goldman Sachs, JP Morgan Chase, die Buillonbanken und große Banken wie die Deutsche Bank, Societe Generale de France, UBS und Credit Suisse. Sie alle konstruierten ein neues, höchst ertragreiches Geschäft, indem sie als Vermittler zwischen den naiven Zentralbanken fungierten, die nur geringfügige Zinsen dafür erhielten, dass nicht nur der Kurs ihrer einzigen sicheren Vermögensanlage gedrückt wurde, sondern sie auch noch das Risiko eingingen, einen Teil oder alles zu verlieren.“*[160]

Zu Anfang blieben die meisten Barren dort, wo sie waren, nämlich in New York und London. Sie wechselten nur in den Büchern immer wieder den Eigentümer. Die Besitzer aber waren immer noch die *FED* und die *Bank of England*. Es gibt nämlich einen entscheidenden Unterschied zwischen dem Besitz einer Sache und dem Eigentum. Besitz ist ein theoretisches Anrecht. Wenn man aber etwas in seinem Eigentum hat, dann hat man es, unabhängig davon, ob es einem rechtlich gehört oder nicht.

Doch mit der Zeit scheinen immer mehr Barren tatsächlich physisch aus New York und London abgewandert zu sein, offenbar um die Nachfrage auf dem Weltmarkt zu befriedigen. Anders ist es nicht zu erklären, dass die *FED* in 2013 nicht in der Lage war, den Deutschen ihre versprochenen 50 Tonnen Gold auszuliefern, sondern gerade einmal ein Zehntel zusammenkratzen konnte. Niemand würde sich sonst freiwillig eine solche Blöße geben. Vermutlich landeten all diese „verliehenen" Barren in Asien.

Sich der Goldleihe zu widersetzen, hätte den Zentralbanken nicht viel gebracht, denn sie hatten ohnehin keinen Zugang zu ihrem Gold – sie hätten nur auf den Erlös verzichtet. Die letzten Zentralbanken, die sich dem Leihgeschäft anschlossen, waren die *Deutsche Bundesbank* und die *Schweizer Nationalbank*. Wir alle wissen, was mit denen passiert, die als Letzte in ein Pyramidenspiel einsteigen...

> *„Das Goldleihgeschäft führt zu einem künstlichen Überangebot, das den Goldpreis drückt und so das Vermögen ganzer Volkswirtschaften schmälert..."*(161)
>
> Manfred Gburek, Finanzanalyst

So wurde immer mehr untereinander geliehen und getauscht, und irgendwie kam es nie so richtig zum Zahltag. Es gab offizielle Zahlen über die Goldbestände der einzelnen Nationen, aber ob die auch vorhanden waren, konnte niemand überprüfen, denn außer ein paar Personen in den Zentralbanken und den Bullionbanken wusste niemand, wo das Gold überhaupt sein sollte, und die verrieten es keinem. Offenbar geriet das Ganze aus den Fugen, es wurde hin und her verliehen und verkauft. Bald wusste niemand mehr, wo das Gold eigentlich war, die „Leerverkäufe" stiegen.

1990 beliefen sich die Ausleihungen aller Zentralbanken noch auf insgesamt 900 Tonnen Gold. 1999 waren es bereits 4.710 Tonnen. Von 1996 bis 1999 sank (auch durch die Leihe) der Goldpreis – und damit schwanden auch die Devisenreserven der Länder.

Warum Gold nur verleihen oder verleasen, wenn man es doch auch verkaufen kann? Dieser sogenannte „Gold-Carry-Trade" führte zu einem völlig undurchsichtigen, erhöhten Angebot von Gold auf dem Markt, weil niemand wusste, wo es herkam. Zum richtigen Zeitpunkt verkauft, konnten die Banken damit den Goldpreis drücken, was vorteilhaft für sie war, wenn sie später Gold zurückkaufen mussten, um ihre Leihverträge zu erfüllen.

Die Goldreserven einer Zentralbank sind eine langfristige, zeitlose Anlage. Geschäftsbanken aber sind auf schnellen, maximalen Gewinn ausgerichtet. Verantwortlichkeiten wechseln ständig. Manager wechseln die Abteilung, die Position, den Standort oder sogar das Unternehmen. Im Grunde müsste die Verhaltensweise der beiden Seiten in Bezug auf Gold völlig konträr sein, was sie aber nicht ist. Zentralbanken machen schon sehr lange gemeinsame Sache mit Geschäftsbanken, um den Goldpreis zu drücken.

Vielleicht liegt ein Grund darin, dass die Welt der großen Geschäftsbanken glamourös und aufregend ist, während das Leben eines Zentralbankers dazu vergleichsweise konservativ wirkt. Vielleicht sind die einen oder anderen Währungshüter im Lauf der Jahre den Versuchungen erlegen, doch mit den „coolen Jungs" mitspielen zu dürfen. Fest steht, dass die Geschäftsbanken es schon früh verstanden, ihre eigenen Leute in den wichtigsten Gremien der Zentralbanken zu positionieren, wodurch sie deren Vorgehensweise beeinflussen konnten.

Der Edelmetallexperte Frank Veneroso erklärt, dass die *Bank of England* in den letzten Jahren sehr viel Gold an Bullionbanken „verpachtete". Es wurde mittels Sicherheitstransporte zum Flughafen Stansted gebracht, von wo aus es in die Schweiz geflogen wurde. Dort wurden die 12,5-Kilo-Barren eingeschmolzen und zu kleineren Barren gegossen, die dann weltweit an die Schmuckindustrie verkauft wurden. Das „verpachtete" Gold ist also verkauft und somit verschwunden. Dennoch taucht dieses Gold immer noch in den Bilanzen der Zentralbanken als Reserve auf.[162]

Das Goldleihgeschäft lief von etwa 1980 bis zum Jahr 2000. In diesem Zeitraum stieg die weltweite Goldförderung von 1.220 Tonnen auf 2.590 Tonnen pro Jahr. In dem Zeitraum stockten vor allem Italien, Frankreich, Spanien und Deutschland ihre Goldreserven auf, während die Niederlande, Belgien und Österreich ihre deutlich reduzierten. Da der Goldpreis danach bis 2011 kontinuierlich stieg, war dies ein schwerer Fehler.

In den zehn Jahren nach der Leihe wurde dem Markt durch die Rückabwicklung von Verleihgeschäften Gold entzogen. Die Zentralbanken hatten also erkannt, dass sie als Gesamtheit den Bullionbanken so viel Gold geliehen hatten, dass diese es regulär nicht mehr zurückliefern konnten, weil es auf dem Markt nicht vorhanden war. Nur die Zentralbanken selbst konnten das Gold zur Verfügung stellen. Sie mussten aus ihren eigenen lückenhaften Beständen Teile des noch verbliebenen Goldes an die Bullionbanken verkaufen, damit die wiederum ihre Schulden bei den Zentralbanken tilgen konnten.[163] Im Grunde also verkauften die Zentralbanken Gold, um die „Fehler" der Bullionbanken zu decken, womit sie den Wert ihrer verbliebenen Goldbestände weiter schmälerten. Was soll man dazu noch sagen?

Washingtoner Agreement on Gold

Die Banken, die beim Verleihspiel am aktivsten waren, hießen wenig überraschend *JP Morgan Chase* und *Goldman Sachs*. Sie hatten kurz vor dem Jahrtausend-Wechsel das Problem, dass sie viel Gold von Zentralbanken verliehen und verkauft hatten und es nun zurückgeben sollten. Aber sie hatten es nicht. Sie waren extrem „short".

Da kam es ihnen wohl sehr gelegen, dass der britische Finanzminister Gordon Brown just zu jenem Zeitpunkt, an dem der Goldpreis bereits einen Tiefstand erreicht hatte, am 7.5.1999 laut kundtat, dass er die Hälfte der englischen Goldreserven, also 400 Tonnen, in mehreren Auktionen auf den Markt werfen würde. Dies war aus vielerlei Gründen ungewöhnlich, allen voran deshalb, weil er dadurch den Goldpreis noch weiter drückte und so den Gewinn der Auktionen schmälerte.[(164)] Vielleicht war der Gewinn aber auch nicht sein Hauptaspekt bei der Sache?

Brown verkaufte das englische Gold zwischen 1999 und 2002 und machte es *JP Morgan Chase* und *Goldman Sachs* damit leicht, ihren Kopf aus der Schlinge zu ziehen. Sie kauften günstig Gold zurück. Glück muss der Mensch haben!

Auf dem europäischen Festland wuchs das allgemeine Unbehagen. Schließlich hatten sich gerade mehrere europäische Nationen auf eine gemeinsame neue Währung geeinigt, die im Jahr 2002 auch physisch Wirklichkeit wurde: der Euro!

Die *Bank of England* flutete den Markt mit Gold, aber den übrigen Zentralbanken war nicht mehr wohl bei dem Hütchenspiel namens „Goldleihe", und sie wollten gerne wieder heil aus dem Schlamassel herauskommen. Am 27. September 1999 verkündeten daher 15 europäische Zentralbanken bei einem IWF-Treffen in Washington, dass sie künftig nicht mehr so viel Gold verkaufen wollten und dass Gold auch beim künftigen Euro zur Deckung eingesetzt werden sollte. Sie wollten in den fünf darauf folgenden Jahren zusammen nur noch 2.000 Tonnen Gold verkaufen, also 400 Tonnen jährlich. Ebenso versprachen sie, keine weiteren, zusätzlichen Verleihgeschäfte mehr zu tätigen. Die Folge war ein steigender Goldpreis. Dieses *Washingtoner Agreement on Gold* (WAG) wurde 2004 und 2009 von den Vertragspartnern verlängert.

Die Unterzeichner des ersten Vertrages waren die Folgenden:

Österreichische Nationalbank
Banca d'Italia
Banque de France
Banco de Portugal
Schweizerische Nationalbank
Banque Nationale de Belgique
Banque Centrale du Luxembourg
Deutsche Bundesbank
Banco de España

Bank of England
Suomen Pankki
De Nederlandsche Bank
Central Bank of Ireland
Sveriges Riksbank
European Central Bank

Nun wurde diese Aktion vielerorts begrüßt, und zweifelsohne war sie eine Verbesserung zur früheren Situation. Dennoch muss man sich die Frage stellen, warum die Zentralbanken überhaupt noch Gold verkauften?

Zum Beispiel hat die *Österreichische Nationalbank* (ÖNB) in zehn Jahren rund 150 Tonnen Gold verkauft. Anfang 1999 besaß die *ÖNB* knapp 430 Tonnen Gold. Ende 2008 waren es nur noch 280 Tonnen – in dieser Zeit hatte sich der Goldpreis verdreifacht. Durch diese Verkäufe der *ÖNB* ist dem österreichischen Volk grob gerechnet ein Schaden von 1,5 Milliarden Euro entstanden.

Auch in der Neuauflage des Abkommens in 2004 verpflichteten sich die Unterzeichner, bis 2009 zusammen nicht mehr als 500 Tonnen Gold pro Jahr zu verkaufen. Danach wurde es um weitere 5 Jahre verlängert (bis zum 26. September 2014) mit dem Versprechen, nicht mehr als 400 Tonnen pro Jahr zu verkaufen.

Doch die Absprachen der Zentralbanken gehen weit über das WAG hinaus, erklärt der frühere Mitarbeiter des US-Finanzamtes Edwin M. Truman: „*Die Abstimmung der Goldverkäufe der europäischen Zentralbanken unter dem ‚Washington Agreement on Gold'... ist das moderne Gegenstück zum London Gold Pool der 1960er-Jahre, der den Goldpreis kontrollierte, ehe er im März 1968 zusammenbrach.*"

Truman zufolge findet eine tägliche Kommunikation westlicher Zentralbanken untereinander statt, in der sie vertrauliche Informationen austauschen, die den Umfang, die Währung und die Art ihrer Fremdwährungsgeschäfte einschließen.[165]

Während die Zentralbanken von Russland, Türkei, Philippinen, Thailand, Mexiko, Südafrika, Kasachstan, Südkorea, Argentinien, Weißrussland, Bolivien, Ukraine, Serbien, Jordanien, Kolumbien, Paraguay, Tadschikistan, Mongolei, Bosnien-Herzegowina und China seit 2010 ihre Goldbestände vergrößerten, halten europäische Zentralbanken weiter daran fest, gemeinsam Gold zu verkaufen, um seinen Preis zu manipulieren und somit die eigenen Währungsreserven – also die des jeweiligen Volkes – zu schmälern. Diebstahl kennt viele Formen. Nicht jede kriminelle Handlung wird aber als solche verstanden und geahndet!

> *„Fakt ist, dass ein monopolistisches Oligopol mit US-Interessenhintergrund dieses Segment beherrscht. Fakt ist, dass die CFTC seit Jahren Manipulationsvorwürfe gegen dieses mögliche Kartell untersucht und zu keinem Ergebnis kommt, obwohl es erdrückende Beweislast durch Statistik und sogar ‚Whistleblower' bei JP Morgan gab. Man sollte nicht nur über freie Märkte wohlfeile Reden halten und Forderungen stellen, sondern sie zulassen."*[(166)]
>
> Folker Hellmeyer, Chefvolkswirt der *Bremer Landesbank*

Die *Commodity Futures Trading Commission* (CTFC) hat ihren Sitz in Washington, D.C., und ist eine unabhängige Behörde der Vereinigten Staaten, deren Aufgabe es wäre, die Future- und Optionsmärkte in den USA zu überwachen, zu regulieren und vor Manipulation zu schützen. Dieser Aufgabe wird sie eindeutig nicht gerecht. Kann es etwas damit zu tun haben, dass sie von *Gary Gensler* geleitet wird, der zuvor lange Jahre für die amerikanische Investmentbank *Goldman Sachs* arbeitete? *Goldman Sachs* ist neben *JP Morgan Chase* die zweite Bank, die immer wieder im Zusammenhang mit der Manipulation des Goldpreises an der COMEX genannt wird. Das ist also, als würde man dem Fuchs die Aufsicht über den Hühnerstall geben.

Wir wissen also mittlerweile, dass die fünf Banken, die das Goldfixing in London betreiben, seit Jahrzehnten den Goldpreis manipulieren. Wir wissen, dass auch mehrere westliche Zentralbanken den Goldpreis manipulieren. Wir wissen, dass diese Zentralbanken teilweise genau jenen Bankdynastien gehören, die von der Manipulation des Goldpreises, von Insiderwissen aus dem Fixing und vom Goldleihgeschäft profitieren. Wir wissen es, die CTFC weiß es, und vermutlich wissen es auch einige Politiker. Wie also kann es sein, dass außer einigen wenigen, einsamen Streitern niemand etwas gegen diese kriminellen Handlungen unternimmt – zu denen Theodore Butler sagte: „*Marktmanipulation ist das schwerste Marktverbrechen überhaupt!*“[(166a)]

Es scheint, als läge es daran, dass der größte Teil der Menschheit das Ausmaß der Verschwörung, des Betruges, der geistigen Manipulation nicht begreift, und auf Grund der unentwegten Konfetti-Propaganda auch nicht begreifen kann. Die meisten Menschen gehen davon aus, dass die Konfetti-Währungen, die sie täglich zum Kauf, oft sinnloser Dinge nutzen, tatsächlich Geld sind. Nochmals: das ist grundlegend falsch!

Das Bankenkartell hat mit seinem Krieg gegen das Gold bei den meisten Menschen offenbar ganze Arbeit geleistet. Gold ist ein Metall, das im Stande ist, das Bewusstsein der Menschen zu erweitern, sie Gott, oder dem Universum näher zu bringen, Frieden zu schaffen und zu sichern. Doch dafür muss es öffentlich zugänglich sein und zirkulieren. Es muss regelmäßig berührt werden, um es zu erfahren, zu erspüren und zu begreifen. Genau das hat das Kartell nun seit Jahrzehnten verhindert, indem es dafür sorgte, dass Gold dämonisiert und weggesperrt wurde – einzig und allein zu dem Zweck, die eigenen Konfetti-Währungen im Bewusstsein der Menschheit zu Geld zu machen, und um das willenlose Volk mittels einer grandiosen Lüge zu kontrollieren und nach Belieben zu steuern.

Das Gold der Schweiz

Die Schweiz galt immer als Hort der Sicherheit und Verschwiegenheit in finanziellen Belangen. Da die Schweizer beide großen Kriege des 20. Jahrhunderts unbeschadet überstanden, hatten sie auch niemals ihre Goldreserven verloren. Ganz im Gegenteil! Die größten und wichtigsten Goldraffinerien der Welt liegen in der Schweiz. Das bedeutet, dass im Grunde das meiste Gold der Welt hier durchreisen muss, egal wohin auch immer es sich bewegt. Wenn große Mengen Goldes eingeschmolzen werden – etwa um aus New York oder London nach China zu wandern –, dann geschieht das meist in den eidgenössischen Schmelzen. Die fünf großen Schweizer Raffinerien verarbeiten jährlich rund 40 Prozent der weltweiten Goldförderung.[167]

Die *FED* hatte seit Bretton Woods die wichtigsten Staaten an ihrem Gängelband. Über den IWF, dem alle beitreten mussten, wurde geregelt, dass niemand außer den USA viel Gold besitzen durfte. Aber die Schweiz war dem *IWF* niemals beigetreten. Als nun Anfang der 1990er-Jahre das Gold der meisten Zentralbanken verliehen war und ein Engpass auf dem Goldmarkt entstand, der schlecht für den Dollar war, wurde der Druck auf die Schweiz von jenseits des Atlantik so lange erhöht, bis die Schweiz schließlich 1992 dem *IWF* beitrat.

Somit traten sie also knapp fünfzig Jahre später indirekt dem Abkommen von Bretton Woods bei, obwohl es schon zwanzig Jahre zuvor aufgelöst worden war. Bis dahin hatte die Schweiz als einziges Land der Welt noch eine (zu 40%) durch Gold gedeckte Währung. **Die Statuten des *IWF* sehen aber vor, dass eine Währung nicht durch Gold gedeckt sein darf!** Aber die Schweizer wehrten sich lange gegen den Abverkauf ihres Goldes.

1995 sagte *Jean Zwahlen*, einer der Direktoren der *Schweizer Nationalbank*, bei der *World Gold Conference* in Lugano noch in seiner Eröffnungsrede, dass die *SNB* nicht daran denke, Teile ihrer Goldreserven zu verkaufen oder zu verleihen, da Gold nur dann eine Währung decken kann, wenn es jederzeit verfügbar ist. Da besaßen die Schweizer noch 2.590 Tonnen Gold.

Im November 1996 aber verkündete die *SNB* dann, dass sie große Teile ihres Goldschatzes verkaufen werde, da Gold *„ein Relikt der Vergangenheit“* sei. Daraufhin fiel der Goldpreis, was den Wert der Schweizer Bestände um 10 Milliarden Dollar verringerte.

Im September 1999 (vier Monate nach Gordon Browns Ankündigung der Goldauktionen) wurden schließlich 1.300 Tonnen „überschüssigen" Schweizer Goldes im Rahmen des WAG von der *Schweizer Nationalbank* zum Verkauf freigegeben. Interessant ist dabei, dass das Münzgesetz, welches dies erlaubte, gerade erst abgelehnt worden war. Vier Monate später wurde es dann doch nach viel Überzeugungsarbeit abgesegnet.[(168)]

Von 2000 bis 2010 schrumpfte der Goldschatz der Schweizer von 2.419 auf 1.040 Tonnen. Im gleichen Zeitraum vervierfachte sich der Goldpreis. Der Abverkauf hatte der Schweiz letztlich also nichts gebracht. Oder wäre der Goldpreisanstieg ohne den Ausverkauf noch extremer ausgefallen?

Viele namhafte Ökonomen und Banker sind der Meinung, dass die Schweiz mit dem Beitritt zum *IWF* ihre Neutralität und ihre Unabhängigkeit verlor. Doch dessen nicht genug, wurde sie im Jahr 2011 auch noch dazu auserkoren, den Euro zu retten, indem sie ihre eigene Währung bei zirka 1:1,20 an den Euro band. Die Eurozone war durch die Turbulenzen von 2008 in so große Schwierigkeiten geraten, dass man zusehen konnte, wie der Euro Tag für Tag mehr an Wert verlor. Von Januar 2009 bis Juli 2011 verlor der Euro zum Schweizer Franken fast 25% – das waren 10% Wertverlust pro Jahr!

Aber noch extremer war der Vergleich des Euro zu Gold. Denn er verlor zum Gold allein von Anfang Juni bis Anfang September 2011 mehr als 20 Prozent![(169)] In der zweiten Septemberwoche 2011 verkündeten die Schweizer, ihre Währung an den Euro zu binden – offiziell, weil ihre eigenen Exporte zu teuer wurden. Sei es, wie es sei, sie kauften seitdem kontinuierlich so viele Euro auf den Währungsmärkten auf, wie es brauchte, um den Kurs bei etwa 1,20 CHF zu stabilisieren. Sie haben den größten Teil ihres Goldes verkauft und kaufen nun stattdessen jeden Monat immer neue virtuelle Euros in die Schatztruhe, wertlose Zahlen auf einem Stück Papier. Mit dieser Aktion haben die Schweizer in der zweiten Septemberwoche 2011 den freien Fall des Euro beendet. (siehe Abb. 11)

Doch aufgepasst! Abrakadabra! In jener Woche erreichte Gold auch sein Allzeithoch von $ 1.923,70 (1.312.- €) – bis dahin war sein Preis neun Jahre lang fast kontinuierlich angestiegen. Durch den Eingriff der Schweizer stabilisierten sich sowohl der Euro als auch der Goldpreis und der FED-Dollar.

Hätten die Schweizer 2011 nicht eingegriffen, dann hätte es 2012 keinen Euro und keinen US-Dollar mehr gegeben! Der Goldpreis wäre explodiert! (siehe Abb. 11) Wir hätten eine Währungsreform gehabt, und die Euro-Zone wäre mit aller Wahrscheinlichkeit auseinandergebrochen. Damit wäre das Vereinte Europa Geschichte gewesen. Auf starken internationalen Druck hin (mittels der Themen „Nazi-Gold" und Bankengeheimnis) zwang man die Schweiz, dies zu verhindern und sich zu opfern. Ich kann mir nicht vorstellen, dass die Schweizer dies freiwillig getan haben. Sie sind seit dem Beitritt zum *IWF* ein Spielball des internationalen Bankenkartells geworden und somit ein Schatten ihrer selbst.

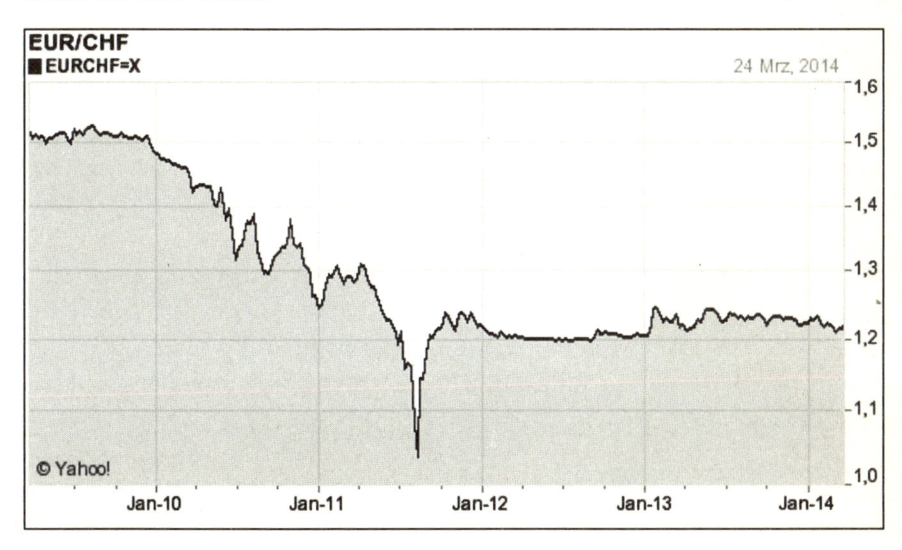

Abb. 11:
Der freie Fall des Euro wurde im September 2011 durch den Eingriff der Schweiz gestoppt.

„Ich bedaure den Wandel in Gesinnung und Philosophie. Ich habe dies miterlebt und verstehe es einfach nicht. Das Unglück begann 1992, als wir dem IWF beitraten... Der Beitritt wurde dem Schweizer Volk als eine Art Entwicklungshilfe beschrieben. Das war eine Lüge, und die meisten Leute, sogar in der hohen Finanzwelt, wissen nicht, was der IWF verkörpert!“[170]

Ferdinand Lips

Die *Schweizerische Nationalbank* (SNB) gab im Jahr 2013 wegen des zunehmenden öffentlichen Drucks erstmals bekannt, in welchen Ländern sie ihre Goldreserven lagert. 70 Prozent der verbliebenen 1.040 Tonnen Nationalbank-Gold liegen nach Aussagen von SNB-Präsident *Thomas Jordan* in der Schweiz, weitere 20 Prozent würden bei der Zentralbank von England gelagert und rund 10 Prozent bei der kanadischen Zentralbank.[171] Wobei man die 10 Prozent, die in Kanada lagern sollen, vielleicht eines Tages wird ausbuchen müssen, da die Tresore der Kanadier angeblich gähnend leer sein sollen, wie hinter vorgehaltener Hand immer wieder erzählt wird. Aber selbst wenn sie noch dort sein sollten, muss man sich fragen, was das Gold dort verloren hat?

Der Euro, der von vornherein zum Scheitern verurteilt war, rasant steigende Schulden aller westlichen Länder und die damit einhergehende Ausweitung der Geldmenge in diesen Nationen ließen den Goldpreis von 2002 bis 2011 unaufhörlich steigen. Man würde meinen, dass die Notenbanken damit aufhörten, ihr Gold zu verkaufen, denn jeder Verkauf in einem deutlichen „Bullenmarkt“ (= Hausse, = anhaltend steigende Kurse) bedeutet die absichtliche Minderung des Wertes der Währungsreserven, und somit indirekt die Enteignung der Bürger. Aber weit gefehlt!

Der Goldpreisanstieg ereignete sich recht auffällig parallel zur physischen Einführung des Euro im Jahr 2002. Die Gemeinschaftswährung war viel zu früh und zu schlecht vorbereitet eingeführt worden. Außerdem hätten Länder wie Griechenland, Spanien, Portugal oder Irland in ihrem damaligen Zustand nicht dabei sein dürfen. Doch wenn Politiker einmal etwas durchgezogen haben, dann gibt es kein Zurück mehr, denn Fehler dürfen nicht eingestanden werden. Dann gilt: Was nicht passt, wird passend gemacht.

Bargeldloser Zahlungsverkehr

Der bargeldlose Zahlungsverkehr existiert schon seit hunderten von Jahren, etwa mittels Schecks oder Zahlscheinen, doch mit dem Siegeszug des Computers und des Internets erlangte er im späten 20. Jahrhundert eine völlig neue Dimension. Wurden in Deutschland im Jahr 2009 per Überweisung, Lastschrift, Scheck oder Kartenzahlung noch etwa 60 Milliarden Euro virtuell von einem Konto zu einem anderen geschoben, so waren es nur drei Jahre später bereits mehr als 70 Milliarden Euro.[(172)]

Laut einer Studie der Bundesbank wurden im Jahr 2007 58 Prozent der Ausgaben für Waren und Dienstleistungen bar bezahlt. In 2011 waren es jedoch nur noch 53 Prozent.[(173)]

Diese Entwicklung beweist, dass das „gemeine Volk" lernwillig ist und offenbar die „Vorzüge" dieser Bezahlart für sich erkannt hat. Immerhin hatten die Banken ja auch Jahrzehnte lang Überzeugungsarbeit geleistet. Anfangs gab es den Menschen noch ein gutes Gefühl, wenn sie mit Platin- und Goldkarten bezahlten. So wurden erst die vermeintlichen Eliten, oder genauer deren Egos, an das Plastikgeld herangeführt. Deren Beispiel reichte aus, um immer mehr Menschen davon zu überzeugen, dass Bargeld nur lästig sei. Heute fühlen sich viele Menschen gut dabei, wenn sie selbst kleinste Beträge mit Karten oder Smartphones bezahlen, weil es ihnen das Gefühl gibt, „dazu zu gehören". Dabei denken sie nicht weiter darüber nach, wo sie nun eigentlich dazu gehören. Hauptsache, sie können sich in der Herde verstecken, und sind Teil des großen Ganzen. Selbstständiges Denken ist „out". Dabei sein ist alles. Der Mensch wird immer genügsamer.

Den Geldinstituten kam diese Entwicklung sehr gelegen. Für die meisten von ihnen ist der Kundenverkehr nämlich äußerst lästig. Sie beschäftigen sich lieber mit sich selbst und mit dem Vermehren von Geld im virtuellen Raum. Warum überhaupt noch bunte Zettel drucken? Warum Geldscheine und Münzen bewegen und tauschen? Warum sich mit den Nöten und Sorgen von Menschen auseinandersetzen, Personal bezahlen und physische Bankfilialen betreiben, wenn man die Konsumenten doch dazu bringen kann, virtuelles Geld zu akzeptieren und mittels Online-Banking oder an Automaten selbst alle Arbeit zu erledigen? Schritt für Schritt wurde das klassische Bankgeschäft, das auf Vertrauen des Bankkunden in seinen Bankberater beruhte, abgeschafft, indem man das Volk davon überzeugte, dass es „modern" und „fortschrittlich" war, im täglichen Leben Zahlungen mittels Plastikkarte oder virtueller Überweisung zu tätigen. Dass diese Bezahlart die Menschen völlig vom Geld und seiner Bedeutung entfremdete, ist ein durchaus erwünschter Effekt, ebenso wie der Umstand, dass Menschen gläsern und zu hundert Prozent überwachbar wurden. Heute weiß der Betreiber einer EC- oder Kreditkarte ganz genau, wann der Kartenbesitzer wo was getan und gekauft hat. Er kennt jeden seiner Schritte, all seine Neigungen und Vorlieben.

Auf diese Entwicklung möchte ich jetzt jedoch nicht näher eingehen – ich habe all dies ausführlich in meinem Buch „Was Sie nicht wissen sollen!" beschrieben. Ich möchte nur an die Worte von Nicholas „Nick" Rockefeller erinnern: *„Das Endziel ist, jedem einen Chip zu implantieren, um die gesamte Gesellschaft zu kontrollieren, damit die Bankiers und die Leute von der Elite die Welt beherrschen können."* Sein Großonkel, Familienoberhaupt David Rockefeller, sagte einst in dem Zusammenhang: *„Wir sind am Rande einer globalen Umgestaltung. Alles, was wir brauchen, ist die richtige, große Krise, und die Nation (USA) wird die Neue Weltordnung akzeptieren."*[(174)]

An eines sei in dem Zusammenhang aber nochmals erinnert: Es gab bereits unzählige Goldverbote und -enteignungen in der Geschichte. Die sind nur möglich, wenn der Staat weiß, wer Gold hat. Wer physisches Gold kauft und mit Karte bezahlt, hat keine Geheimnisse mehr!

Der Harvard-Ökonom *Larry Summers* forderte im Januar 2014, dass weltweit künftig nur noch mit Karte bezahlt werden sollte. „*Damit könnten Staat und Banken Kontoinhabern zusätzliche Belastungen aufzwingen, ohne dass die Verbraucher auf Bargeld ausweichen könnten!*“[175]

Ein interessanter Gedanke! Larry Summers war US-Finanzminister unter Bill Clinton und kann hier getrost als Sprachrohr des Bankenadels betrachtet werden. Es ist offensichtlich deren erklärtes Ziel, nach der Abschaffung echten Geldes (Gold) auch noch das Scheingeld abzuschaffen, denn dann gibt es keinerlei Kontrolle mehr über ihr Treiben. Außerdem ist dann jeder Mensch gezwungen, Bankkunde zu sein, weil er für alles und jedes im Leben ein Konto braucht. Kein Bankkonto = kein Leben! Wie heißt es da nochmals so schön: Nur die dümmsten Schafe wählen ihren Schlachter selbst!?

Geld muss begrenzt sein, und es muss greifbar und *be*-greifbar sein, um langfristig Bestand haben zu können. Seit 2012 unternimmt die Finanzaristokratie gewaltige Anstrengungen, um das Bargeld abzuschaffen. In Schweden ist das bereits in weiten Teilen des Landes geglückt. In mehreren europäischen Staaten ist das Abheben von Bargeld mittlerweile auf kleine Summen beschränkt und mit Strafzahlungen belegt. Forciert wird die „Elektronische Geldbörse“, also Plastikkarten, die mit RFID-Chips ausgestattet sind, die eine Zahlung ohne direkten Kontakt zum Lesegerät ermöglichen. Anfang 2014 konnte man in Deutschland bereits an 35.000 Terminals kontaktlos bezahlen.[176] Damit wird Geld und Zahlung an sich immer abstrakter und unkonkreter – von der Sicherheit oder Unsicherheit ganz zu schweigen, denn wenn eine simple Supermarktkasse mir in die virtuelle Geldbörse greifen kann, dann können dies vermutlich auch Millionen kleiner Computercracks. Bereits heute ist die Kriminalitätsrate im Internet (je nach Land) bis zu dreimal höher als in der physischen Welt. Jedes Jahr werden tausende Milliarden von Dollar durch Internetkriminalität gestohlen.[177]

Anders ausgedrückt: Es ist wesentlich sicherer, Bargeld zu besitzen als fiktive Zahlen auf einem Kontoauszug. Dazu möchte ich noch eines erwähnen: ***Giralgeld* ist kein gesetzliches Zahlungsmittel** – im Gegensatz zum Bargeld –, es unterliegt keiner Annahmepflicht. Es wird zwar allgemein von jedem akzeptiert, was im Not- oder Krisenfall jedoch kein Muss ist. Was das bedeutet, überlasse ich an dieser Stelle Ihrer Phantasie. Goldmünzen hingegen sind im jeweiligen Ausgabeland gesetzliches Zahlungsmittel!

Als die Schweden aber gegen Ende 2013 das völlige Ende des Bargeldes für das Jahr 2014 ankündigten, liefen zahlreiche Rentner gegen das „Smart cash" genannte virtuelle Spielgeld Sturm. Sie sind offenbar die einzigen, die noch genügend mathematische Kenntnisse haben, um eins und eins zusammenzuzählen. Vielleicht hilft ihnen auch ihre Erfahrung aus der Kriegs- und Nachkriegszeit dabei zu erkennen, wann man ihre Freiheitsrechte zu stark beschneiden möchte.

Viele junge Menschen im Westen haben hingegen nie Mangel oder politische Turbulenzen kennengelernt, daher haben sie keine Vorstellung davon, was ihnen blühen könnte, wenn es keine Alternative zum Konfetti-Geld der Privatbanken mehr gibt. Vielleicht zieht bei ihnen nur noch die Warnung mit der Vorstellung davon, wie eine bargeldlose Welt aussehen würde, wenn es zu einem längeren Blackout, also einem umfassenden Stromausfall käme. Womit würden sie ihr Essen bezahlen, wenn keine Kasse funktioniert und sie ihr Smartphone nicht mehr aufladen könnten? *Wer sich weigert, aus der Geschichte zu lernen, der wird dazu verdammt sein, sie zu wiederholen!*

Was dies mit Gold zu tun hat, ist einfach erklärt, denn es resultiert daraus die Frage: Was wäre mit Gold, wenn es kein Bargeld mehr gäbe? Man könnte es nicht mehr anonym gegen Geld tauschen. Alle Bewegungen von Gold wären nachvollziehbar, weil man es nur gegen virtuelles Geld veräußern könnte. Im Grunde hätte es also keinen Sinn mehr, richtig?

Falsch! Ich denke, dass die Banken hier etwas ausprobieren möchten, das nicht funktionieren kann. Zwar können sie die Masse aller weißen Schafe bewegen, in eine bestimmte Richtung zu laufen, aber mit den schwarzen Schafen werden sie so ihre Probleme bekommen, und ich wage zu bezweifeln, dass man alle einfangen und vernichten kann. Auch das wurde im Laufe unserer Geschichte immer wieder versucht – und hat nie vollständig geklappt.

Aus dem Korruptions-Bericht der EU-Kommission vom Februar 2014 geht deutlich hervor, dass *„Bestechungen die Wirtschaft in der Europäischen Union pro Jahr um 120 Milliarden Euro schädigen"*.[(178)] Anders ausgedrückt beziehen sehr viele Politiker und andere Entscheidungsträger weltweit ihre größten Einnahmen aus Schmiergeldzahlungen. Die sind ohne Bargeld nur schwer abzuwickeln. Warum sollten Politiker also geschlossen für eine Abschaffung stimmen? Ja, natürlich, sie könnten vielleicht gar nicht mitbekommen, dass sie es tun, weil sie vielleicht keine Ahnung haben, was wirklich passiert. Oder aber sie könnten ausgetrickst werden wie der US-Kongress am 23. Dezember 1913 mit dem *Federal Reserve Act* oder wie die Teilnehmer der Konferenz von *Bretton Woods*. Ja, das wäre möglich, aber...

Ein weiteres Betätigungsfeld, das ohne Bargeld nur schwer auskommen kann, ist der Bereich der (teils illegalen) Prostitution sowie des Drogen- und Waffenhandels. Nun gibt es böse Zungen, die behaupten, dass große Geheimdienste sich vorwiegend aus dem Drogenhandel finanzieren und bei der Verteilung des Stoffes weltweit eine wichtige Rolle spielen. Wenn dem so wäre, dann wäre es eher unwahrscheinlich, dass sie eine solche Entwicklung zulassen würden! Es sei denn, man muss die zunehmende Legalisierung von Drogen in den USA als Indiz dafür werten, dass man versucht, diese Branche langsam auf die bargeldfreie Welt einzustellen. Vielleicht ist die Drogenbranche ja nicht nur mit den Geheimdiensten, sondern auch mit den Banken vernetzt? Dann müsste man sich um sie also keine Sorgen machen...

Der Ex-Mitarbeiter der *HSBC*, Everett Stern, sagte aus, die größte Bank Europas würde nach wie vor illegale Geldwäsche betreiben. Stern war es auch, der die US-Behörde FBI im Jahr 2010 auf verdächtige Transaktionen innerhalb der *HSBC* aufmerksam machte. Dem FBI zufolge verschob die größte Bank Europas Milliardenbeträge für Drogen-Kartelle und Terror-Organisationen weltweit.[179]

Doch selbst wenn das Bankenkartell sich gegen alle Widerstände durchsetzen könnte, dann würde automatisch eines passieren: Das abgeschaffte offizielle Bargeld würde durch ein anderes Bargeld ersetzt werden, und das wären automatisch Silber und Gold.

Wann immer es in der Geschichte kein brauchbares offizielles Geld gab, entstanden immer Schwarzmärkte und Parallelwährungen. Nach dem Zweiten Weltkrieg war die Reichsmark dank Inflation so unbeliebt, dass die „Zigarettenwährung" verbreitet war. Eine Zigarette entsprach einem Geldwert von ungefähr 10 Reichsmark, was, bezogen auf das Jahr 1946, einer heutigen Kaufkraft von etwa 35 € entsprechen würde[180] – also in etwa dem Hundertfachen dessen, was eine Zigarette heute kostet!

Zu jener Zeit war Rauchen sehr modern und auch überall erlaubt, was Zigaretten zu einem guten Tauschmittel machte. Heute sähe die Sache anders aus, zumal es einfacher ist, eine größere Anschaffung unauffällig mit einer kleinen Münze zu bezahlen als mit Dutzenden von Stangen von Zigaretten.

Auch die Beispiele *Vietnam* und *Indien* zeigen deutlich, dass das Fehlen einer vernünftigen Währung automatisch zur Einführung einer verlässlichen Ersatzwährung durch das Volk selbst führt. In **Vietnam** etwa ist Gold eine Parallelwährung, die der Staat seit Jahren zu verbieten versucht, jedoch ohne Erfolg. Selbst beim Arzt oder beim Automechaniker zahlen die Menschen dort lieber mit Gold als mit Papier. Aber auch in **Thailand** und **Südkorea** spielt Gold eine große monetäre Rolle, wobei geschätzt wird, dass etwa 70% des Goldes in „Antik-Shops" gehandelt wird, weil die Menschen Banken und staatlichen Institutionen misstrauen. In **Indien** wichen im Jahr 2013 wegen der stark inflationierenden Rupie immer mehr Menschen auf Gold aus. Als der Staat die Goldeinfuhr beschränkte und Strafzölle auferlegte, explodierte der Goldschmuggel.

Im Falle dessen, dass also das Bargeld offiziell abgeschafft würde, käme es wahrscheinlich dazu, dass nur noch das, was kontrolliert werden kann, virtuell bezahlt würde. Dazu würden etwa Steuern, Fahrkarten, Treibstoff und Ähnliches gehören. Alles andere würde auf dem Schwarzmarkt mit Alternativwährungen bezahlt oder getauscht werden. Dadurch würden dem Staat noch mehr Steuereinnahmen verloren gehen, als dies derzeit schon durch Schwarzgeldkonten und Schwarzarbeit der Fall ist. Es ist also wenig wahrscheinlich, dass sich eine komplett „unbare" offizielle Währung lange halten würde. Wenn doch, dann müssten sich die Besitzer von Gold und Silber keine Sorgen machen.

Eines möchte ich zu dem Thema noch nachreichen:

Der bargeldlose Zahlungsverkehr hat die Menschheit zu Opfern der Willkür herrschender Gruppen gemacht. Je mehr wir unbar abwickeln, desto mehr kann man uns wegnehmen. Der einfachste Weg für Staaten, ihre immensen Schulden bei den Banken abzubauen oder zumindest die Zinsen darauf zu bezahlen, um weiter von den Banken am Leben erhalten zu werden, ist die **Enteignung des Bürgers**. Sie hat längst begonnen. Seit Februar 2014 werden von jeder Überweisung aus dem Ausland nach Italien automatisch 20% von der jeweiligen Zielbank als Steuer einbehalten. Die Abzüge geschehen automatisch und gelten aus Steuervorauszahlung.

Offiziell zielt diese Aktion auf Geldwäsche ab. Das bedeutet, dass der italienische Staat jedem Bürger unterstellt, Steuern zu hinterziehen, also kriminell zu sein! Wer diese 20% wiederhaben möchte, kann am Ende des Jahres bei der Bank (!) einen Antrag stellen, in dem er beweisen muss, dass er keine Steuerhinterziehung betrieben hat. Das ist Beweislastumkehr! Der Staat muss dem Bürger nicht mehr beweisen, dass er kriminell ist, sondern der Bürger muss der Bank beweisen, dass er es nicht ist! Damit steht die Bank über dem Staat!

Zuvor gab es bereits groß angelegte Enteignungen von Bürgern in Griechenland und Zypern, und es werden weitere folgen. Ist der bargeldlose Zahlungsverkehr nicht ein großer Fortschritt für die Menschheit?

Interessant ist in dem Zusammenhang auch noch, dass der *IWF* im Dezember 2013 nicht nur eine 10%ige Zwangsabgabe für Guthaben weltweit forderte, sondern auch die Einsetzung eines „neutralen Gremiums aus Fachleuten", das dies überwachen sollte. Anders ausgedrückt: eine Weltregierung, die sich über souveräne staatliche Regierungen hinwegsetzt und die Weltbevölkerung enteignet![(181)] Es dürfte wohl kein Zufall sein, dass diese Forderungen zeitlich mit der Einführung des SEPA-Standards einhergehen, einem europaweit einheitlichen Standard für bargeldlose Zahlungen[(182)], der es Menschen unmöglich macht, sich künftig Kontodaten zu merken und die der *EZB* den gleichzeitigen Zugriff auf alle europäischen Konten mit einem einzigen Knopfdruck ermöglicht.

Der Niedergang

Die meisten Kulturen und Herrscher sind am Höhepunkt ihrer Macht – für sie selbst völlig unerwartet – gescheitert und haben innerhalb kürzester Zeit ihre Macht und ihr Reich verloren. Ihnen kam dank ihrer Arroganz und Selbstherrlichkeit der Blick für das Wesentliche und der Bezug zu ihren Mitmenschen abhanden. Ein solcher Verlust von Macht kommt nicht über Nacht, er kommt schleichend, baut sich langsam auf. Aber das Ende eines solchen Prozesses kommt meist blitzartig. Der Auslöser dafür ist meistens ein unvorhergesehenes Ereignis, oft als „Schwarzer Schwan" bezeichnet.

> *„Ein Hauptfaktor für den Niedergang der amerikanischen Nation ist ein grundsätzlich fehlendes Verständnis für die Tatsache, dass der US-Dollar kein Geld ist. Versuchen Sie das einmal einer gewöhnlichen Person zu erklären – Sie werden nur starre, nichtssagende Blicke ernten. Der US-Dollar wurde einfach so zum gesetzlichen Zahlungsmittel erklärt, und nichts weiter. Das heißt auch, dass er legitimes und legales Zahlungsmittel zur Begleichung öffentlicher wie privater Schulden ist, mit ihm zahlt man Rechnungen, gleicht Konten aus und kauft sich Dinge. Er ist allerdings kein Geld. Seit der Aussetzung des Gold-*

standards benutzt die Nation schlechtes und falsches Geld. So etwas wird in den Wirtschaftskursen an der Uni aber nicht gelehrt."(183)

Jim Willie, Marktstatistiker und Autor

Sowohl unter US-Präsident *Bill Clinton* (von 1993 bis 2001 im Amt) als auch unter *George W. Bush* (2001 bis 2009) wurden die Regeln und Gesetze für die Finanzbranche gelockert, was es den Banken erleichterte, immer riskantere Finanzprodukte zu erfinden und zu verkaufen. Dies beweist, dass es für das Bankenkartell keine Rolle spielt, ob der Präsident der USA aus dem konservativen oder aus dem liberalen Lager kommt.

„*Gebt mir die Kontrolle über die Währung einer Nation, dann ist es für mich gleichgültig, wer die Gesetze macht.*"

Mayer Amschel Rothschild (1744-1812)

Durch die Deregulierungen und die Globalisierung erhielten große westliche Konzerne und Banken immer mehr Macht. Sie waren der Verantwortung, die damit einherging, jedoch nicht gewachsen. Die Märkte wurden mit Geld geflutet, es kam zu einer Blase nach der anderen. Durch die Geldschwemme wurde ein schlafender Riese geweckt, und er wurde der ungebildeten Masse als moderne Errungenschaft verkauft und medienwirksam zur Schau gestellt. Die letzten zweihundertfünfzig Jahre erinnern an den Film „Und täglich grüßt das Murmeltier", in dem der Hauptdarsteller immer wieder denselben Tag mit denselben Abläufen durchlebt.

Weite Teile der Welt, vor allem in Asien und Afrika, sind seit Jahren darum bemüht, die Dominanz der großen westlichen Währungen, allen voran des US-Dollar, zu beenden und eine neue Weltwährung oder Weltleitwährung zu installieren, die an Gold gebunden sein sollte.

Muammar al-Gaddafi hatte sich dabei zu weit aus dem Fenster gelehnt. Zu Beginn des Jahres 2011 wurde publik, dass er die 144 Tonnen lybischer Goldreserven, die bei der *Bank of England* lagerten, zurück nach Libyen holen wollte. Aber was noch viel schwerer wog, war sein

Plan, eine gemeinsame, durch Gold gedeckte Währung für den gesamten afrikanisch-arabischen Raum einzuführen. Dieser ***Gold-Dinar*** sollte die Vormachtstellung des „Petro-Dollar" ablösen. Nur wenige Monate später, im Oktober 2011, wurde Gaddafi entmachtet und ermordet.[(184)]

Er hatte dazu bereits drei große Konferenzen in den Jahren 1992, 1996 and 2000 unter dem Namen „*World Mathaba Kongress*" abgehalten. Dazu waren bis zu 300 Delegierte und Staatschefs aus aller Herren Länder angereist, um eine Neuordnung der Welt ohne Führung der westlichen Bankenelite zu besprechen.[(185)]

> „*...Gaddafi hat niemandem etwas getan. Sein Land war das reichste Land in Nordafrika, und die Leute, die zu den reichsten in Nordafrika gehören, leben, so wie ich informiert bin, dort in Libyen. Aber das Wichtigste von allem ist doch, dass uns das überhaupt nichts angeht. Und dann kommt jemand und sagt: ‚Ich mag nicht, wie du dein Land regierst, wir kommen jetzt rüber und ändern das, weil wir der Meinung sind, dass wir das besser können.' Nun ja, es hatte wie immer mit Öl zu tun. Das Gleiche ist im Irak passiert. Kannst du dir wirklich vorstellen, dass sich irgendjemand für den Irak interessieren würde, wenn das Land nicht auf einer der größten Ölreserven der Welt sitzen würde? Das ist auch der Fall in Syrien, mit seinem leichten Rohöl, einem der hochwertigsten auf dem ganzen Planeten...*"[(186)]
>
> Gerald Celente, amerikanischer Trendforscher

Das Bankenkartell, das Einfluss auf alle wichtigen ökonomischen und politischen Gremien im Westen hat, versucht offenbar verzweifelt, die Welt zu destabilisieren und ins Chaos zu stürzen, um aus dem Chaos heraus seine *Neue Weltordnung* zu etablieren – und so den eigenen Machtbereich zu erweitern. Es ist kein großes Geheimnis, dass „die USA" sowohl beim „Arabischen Frühling" (ab 2010) als auch beim Bürgerkrieg in Syrien (ab 2011) ihre Finger im Spiel hatten. Wie bei den militärischen Einsätzen in Afghanistan und im Irak war die Folge dessen Chaos und Zerstörung. Dasselbe scheint der Beweggrund für das Engagement der westlichen Allianz in der Ukraine im Jahr 2014 gewesen zu sein.

Die einseitige Berichterstattung der westlichen Medien zu all diesen Konflikten gibt Grund zur Besorgnis, weil die Stimmen, die fragen, wer dem Westen das Recht gibt, sich überall einzumischen, sehr leise und verhalten sind. Allgemein scheint die Masse der Menschen der Politik immer noch Glauben zu schenken, was Fragen über den Geisteszustand unserer Gesellschaft aufwirft! Wir leben in einer Gesellschaft, die Offenheit und Toleranz predigt, sich gleichzeitig aber unentwegt in die Belange anderer einmischt und kontinuierlich Freiheiten und Demokratie abbaut. Wir leben in der Illusion, friedlich und offen zu sein, während wir in Wahrheit die größten Heuchler und Verdränger sind.

„Alles ist möglich: Inflation, Deflation, Hyperinflation. Wie reagieren die Menschen, wenn alle Sicherheiten verschwinden, sie aus ihrem Leben hinausgeworfen, ihre Lebensentwürfe brutal zerstört werden? Meine geschichtliche Erfahrung sagt mir, dass wir uns – ich kann das nicht ausschließen – auf eine Tragödie zubewegen. Es wird Blut fließen, mehr als das, viel Blut, das Leid der Menschen wird zunehmen, auch die Zahl der Flüchtlinge. Und noch etwas möchte ich nicht ausschließen: einen Krieg, der dann zum Weltkrieg werden würde – zwischen den USA und China.“[(187)]

Eric Hobsbawm, Historiker, im Mai 2009

Der Krieg im Hintergrund

Seit 2009 tobt ein internationaler Währungskrieg, in dem es um die wirtschaftliche und monetäre Macht in der Welt geht. Die Fronten sind nicht ganz klar zu ziehen. Auf der einen Seite stehen die BRICS-Staaten (Brasilien, Russland, Indien, China und Südafrika) unter Federführung der Chinesen. Sie fordern die USA heraus. Aber es gibt auch noch andere Fronten, wie etwa die in Europa. Die Engländer stehen scheinbar immer an der Seite der USA und legen sich lieber mit dem Rest Europas an – das verwundert nicht, da die beiden Länder über das Bankenkartell untrennbar miteinander verbunden sind.

Die EU führte Verhandlungen mit den USA über ein Freihandelsabkommen mit dem Namen ***Trans-Atlantic Trade and Investment Partnership*** (TTIP). Da die USA aber bereits ein solches Abkommen mit Kanada und Mexiko haben (*North American Union*, NAU), wäre das TTIP letztlich automatisch die ***Vereinigten Staaten von Europa und Nordamerika*** (NAEU). Eine gemeinsame Währung wäre dann nur noch der nächste logische Schritt.

Dann aber schloss die EU im Oktober 2013 einen Vertrag mit China, der festschrieb, dass die beiden Währungs- und Wirtschaftsräume künftig zum Handel untereinander nicht mehr (wie zuvor üblich) US-Dollar verwenden wollen, sondern lieber Yuan und Euro. In einem sogenannten „Währungsswap-Abkommen" (vorerst für drei Jahre) tauschten sie die beiden Währungen und attackierten so den Dollar der privaten *FED*. Dabei hatten sie es nur den Australiern nachgemacht, die bereits im März desselben Jahres ein ähnliches Abkommen mit den Chinesen geschlossen hatten. Europa spielte ein doppeltes Spiel, indem es versuchte, sich alle Türen nach allen Richtungen offen zu halten. Im selben Jahr ließ China mehrfach verlauten, dass es den Dollar nicht mehr als Weltleitwährung sieht und es Zeit für eine neue, durch Gold gedeckte Währung ist. China kauft seit Jahren ein westliches Unternehmen nach dem anderen auf. Aber auch die anderen BRICS-Staaten sind nicht länger bereit, im Schatten der großen westlichen Nationen zu stehen.

Die ganze Welt weiß, dass das Ende des Dollar gekommen ist. Der unbeliebte Patient liegt im Koma und wird künstlich am Leben gehalten. Die Frage lautet: Wann wird es jemandem gelingen, den Stecker zu ziehen? Die andere Frage lautet: Was kommt danach? Jede Nation versucht, ihre Position für eine Neuordnung der Machtverhältnisse zu stärken. Die USA, die seit 2009 von allen Seiten unter Beschuss geraten, versuchten vor allem sicherzustellen, dass Erdöl auch weiterhin in US-Dollar gehandelt würde. Das Problem „Gaddafi" wurde militärisch gelöst. Dasselbe hatte Präsident Obama 2013 auch mit dem Iran vor, aber sein eigenes Militär hatte ihm die Gefolgschaft verweigert, also war der gedemütigte Präsident gezwungen, sich mit dem Iran zu Verhandlungen an einen Tisch zu setzen. Der Iran stellte für die USA seit langem ein Problem dar. Nachdem das Land sich geweigert hatte, sein Öl weiterhin in Dollar zu handeln, verhängten erst die USA, dann die EU Sanktionen gegen das Land und sperrten seine ausländischen Konten, was es dem Iran unmöglich machen sollte, sein Öl zu handeln.

Offiziell ging es bei all dem natürlich um die angeblichen Atomwaffen des Iran, was manch einen an die angeblichen Massenvernichtungswaffen Saddam Husseins erinnerte, die 2003 der Anlass für den Zweiten Irakkrieg waren. Hussein hatte 2000 verkündet, sein Land würde Erdöl künftig in Euro statt in Dollar handeln, und es gab viele Stimmen, die meinten, dass der US-Militärschlag dies verhindern sollte, damit das Beispiel nicht Schule machen und die anderen OPEC-Staaten ebenfalls auf dumme Gedanken bringen könnte.[188]

Doch die Sanktionen gegen den Iran erwiesen sich als gewaltiger Fehler, denn es passierte genau das, was nie hätte passieren dürfen: Die USA machten damit, ohne es zu wollen, Gold wieder zu einer wichtigen internationalen Währung – und zu einer noch größeren direkten Konkurrenz für den Petro-Dollar. **Denn da der Iran nicht in Giralgeld handeln durfte, verkaufte er sein Öl der Türkei einfach gegen Gold.**

> *„Ankara versuchte die US-Sanktionen zu umgehen, indem sie als Zahlungsmittel für den Kauf von iranischem Erdgas nicht mehr den US-Dollar nutzte, sondern Gold, berichtet Global Post. Dieser Trend verstärkte sich zusehends. Gold wurde die wichtigste Handelswährung für Abnehmer von iranischen Energieprodukten. Doch im April 2013 kam es zu einem Crash am Goldmarkt. Der Goldpreis fiel erstmals seit 2011 unter die Marke von 1.400 US-Dollar... Die Türkei bekam fortan weniger Öl und Gas und musste aber gleichzeitig auf Grund des niedrigen Goldpreises mehr Goldreserven bereitstellen. Denn die iranischen Energielieferungen wurden teurer. Die USA gingen einen Schritt weiter, um die Goldlieferungen in den Iran vollkommen zu unterbinden. Seit dem 1. Juli haben die USA jegliche Goldlieferungen an den Iran verboten.“*[189]

Woher nehmen bestimmte Kräfte im Hintergrund die Dreistigkeit, zwei souveränen Staaten den Handel untereinander zu verbieten? Oder was noch wichtiger ist: Wieso akzeptieren weite Teile der Weltbevölkerung diesen Terror und tun so, als wäre er das Normalste der Welt?

Die USA – bzw. die „Leute" dahinter – legen sich also zum Schutz ihres Dollar mit jedem an, der ihnen in die Quere kommt. Da sie aber im Jahr 2013 bereits mehr Kriege parallel führten als jemals zuvor – und das US-Militär seinem Präsidenten Obama bereits die Gefolgschaft für einen Iran-Krieg verweigerte, bleibt die Frage, wie lange die Amerikaner diese aggressive Haltung noch werden durchziehen können? Niemand scheint den Dollar mehr zu wollen. Geld ist Vertrauenssache – über kurz oder lang kann man es niemandem aufzwingen. Die Notenbanker müssten das eigentlich wissen, doch sie handeln nicht danach.

Anfang 2014 hatte der US-Dollar, genau hundert Jahre nach seiner Einführung, nur noch etwa 2% seiner ursprünglichen Kaufkraft von 1914. Daher will ihn heute (außer der FED) niemand mehr haben. Die USA wissen das, aber sie scheinen es nicht wahrhaben zu wollen. Rund um den Globus nehmen Armut und Unsicherheit zu, daher mehren sich Proteste der Bürger gegen ihre Regierungen. Die Aufstände in Nordafrika, der sogenannte „*Arabische Frühling*", waren letztlich (auch) auf stark steigende Lebensmittelpreise zurückzuführen. Wenn ein Land seine Währung nicht mehr im Griff hat, wenn Inflation und Unsicherheit zunehmen, dann ist die Gefahr von sozialen Unruhen sehr groß. Nichts ersehnen sich die Menschen aller Nationen und Hautfarben mehr als Frieden und Sicherheit. Auf monetärer Basis kann ihnen das langfristig vermutlich nur Gold bieten.

„...genießen Gold und Silber ihren monetären Status nicht auf Grund ihrer angeblichen Knappheit, sondern vielmehr auf Grund ihrer überlegenen Marktfähigkeit. Hier besteht ein zentraler Unterschied zwischen Gold und anderen Wertspeichern wie z.B. teuren Immobilien, Diamanten oder Kunstwerken: Ein Picasso, ein teurer Bordeaux oder eine Immobilie sind im Krisenfalle bei Liquidierungsnot nur schwer kurzfristig zu einem akzeptablen Preis liquidierbar. Dies scheint ein

weiterer Grund zu sein, wieso Notenbanken Gold und nicht Immobilien, Kunstgegenstände oder Rohstoffe als zentrale Währungsreserven horten."

Ronald-Peter Stöferle, Analyst und Goldexperte

Seit Beginn der gegenwärtigen Weltwirtschaftskrise (ab 2008) fordern immer mehr Fachleute die Wiedereinführung einer stabilen Weltleitwährung – und somit die eines Goldstandards. Dafür machte sich 2010 Weltbankchef *Robert Zoellick*[(190)] ebenso stark wie einige Monate später der Ex-US-Präsidentschaftskandidat *Herman Cain*, der forderte, die FED sollte die Kontrolle über den US-Dollar aufgeben und zum Goldstandard zurückkehren. Cain war selbst einst Vorsitzender der US-Notenbank in Kansas.[(191)] Angesichts seiner Forderung ist es wenig überraschend, dass er nicht US-Präsident wurde.

2009 hatte sich Russland für einen Goldstandard bei der geplanten neuen Weltwährung des *Internationalen Währungsfonds* (IWF) stark gemacht – derzeit wird diese noch als *„Sonderziehungsrechte"* bezeichnet. Wissend, dass die Mächte hinter den westlichen Banken und Zentralbanken seit langem an einer solchen echten Weltwährung arbeiten – egal ob sie nun „Globo" oder „Amero" oder sonst irgendwie heißen würde –, arbeiten sowohl die Russen als auch die Chinesen daran, in einem solchen Fall ein gewichtiges Wort mitzureden. Auch der chinesische Zentralbankchef, *Zhou Xiaochuan*, forderte eine neue globale, durch Gold gedeckte Leitwährung unter Aufsicht des *IWF*.[(192)] Wobei sich die Frage aufdrängt, ob der vom Bankenkartell gesteuerte *IWF* das richtige Aufsichtsgremium dafür ist?

2010 führte Malaysias Bundesstaat *Kelantan* eine Gold- und Silberwährung als Zweitwährung ein. Die *Dinare* (die Gaddafi nicht einführen durfte) bestehen aus 4,25 g Gold und die *Dirham* aus 3 g Silber. Die Münzen im Gesamtwert von etwa 500.000 Euro waren innerhalb eines Monats vergriffen.[(193)]

2011 führte der US-Bundesstaat *Utah* Gold wieder als offizielles Zahlungsmittel neben dem US-Dollar der *FED* ein. Zwar war bis dahin auch jede amerikanische Goldmünze offizielles Zahlungsmittel, aber nur im Umfang des aufgedruckten Nominalwertes. Eine Unze *Gold-Buffalo* hat einen Nominalwert (aufgedruckten Wert) von $ 50, die Münze kostet aber beim Händler mehr als das Fünfundzwanzigfache. Somit wurde sie natürlich nicht als Zahlungsmittel genutzt. Utah aber fand eine gesetzliche Regelung, die besagte, dass die Münze für den Wert des Tageskurses und nicht für den Nominalwert als Geld stehen kann. Damit misstraute der erzkonservative, stark religiös geprägte Staat der *FED* ganz offiziell und führte in den USA Gold wieder als Geld ein. Diesem Beispiel folgten in 2012 und 2013 insgesamt 13 weitere US-Staaten, die Gold zu Geld machten oder zumindest eine entsprechende Initiative dafür in der jeweiligen Regierung einbrachten.[(194)] [(195)]

> *„Es herrscht ein globaler Geldkrieg, das letzte Hurra für die am längsten bestehende Papier-Fiat-Währung der modernen Geschichte, und sie besteht seit 1971. Das aktuelle, sterbende System wird durch Druck aufrechterhalten, um dem US-Dollar die Unterstützung zu sichern und Diversifikationen nicht zuzulassen. Es wird durch ulkige Programme der FED gestützt, die für Liquiditätsfülle sorgen, um den US-Banken endlose Anleiherückkäufe bieten zu können. Es ist so weit gekommen, dass das sterbende US-Dollarsystem in aller Offenheit eine permanente Geldpolitik mit toxischem 0%-Leitzins und, wie sich jetzt immer deutlicher zeigt, grenzenloser Anleihemonetisierung zulässt. Es wird aufrechterhalten durch weitreichende Verzerrung ökonomischer Statistiken, über deren Missbrauch man eigentlich schon lachen müsste... Die USA und die Welt erleben einen Todeskampf des US-Dollars und eine energische, korrupte Verteidigung seines Weiterlebens, um Macht zu erhalten, um weiterhin gigantische Diebstahlserien, gigantischen Anleihebetrug und Plünderungen ausländischer Konten (herkömmlicher Art oder in Verbindung mit Gold) begehen zu können.“*[(196)]
>
> Jim Willie, Marktstatistiker und Autor

Das Problem ist und bleibt das fraktionale Währungssystem, welches privaten Banken das Recht gibt, Geld faktisch aus dem Nichts zu schaffen. Dieses Problem ist heute in fast allen Ländern dasselbe, es hat jedoch oft ein anderes Gesicht. Es kann und wird nur durch ein umfassendes Verständnis der Masse darüber behoben werden, was Geld ist!

Die EU war prinzipiell keine schlechte Idee, vor allem sollte sie den Frieden in Europa sichern. Die Art ihrer Umsetzung aber und die viel zu frühe Einführung des Euro haben genau das Gegenteil bewirkt, sie haben Armut und Unsicherheit gebracht, Misstrauen der einzelnen Mitglieder untereinander geschürt und zu massiven Konflikten in zahlreichen Ländern geführt.

Das spanische *Nationale Institut für Statistik* (INE) veröffentlichte Daten, die einen rasanten Anstieg der Selbstmordraten aufzeigen. Demnach starben insgesamt 402.950 Spanier im Jahr 2012, darunter 3.539 Selbstmorde. Das entspricht einem Anstieg zum Vorjahr um 11,3 Prozent und dem höchsten Stand seit 2005. Auf 100.000 spanische Bürger kommen 7,6 Suizide, wie *The Local* berichtet. Etwa 75 Prozent der Opfer waren männlich. Bei der Altersgruppe zwischen 25 und 34 Jahren war Suizid nach Krebs die zweithäufigste Todesursache. Bei jungen Männern war es mit 17,8 Prozent sogar die häufigste Todesursache.[197]

Die fanatischen Euro-Befürworter an der Spitze der EU wollen davon aber nichts wissen. Sie basteln sich ihre Wahrheit selbst zurecht. Was nicht passt, wird einfach passend gemacht. Das belegt die bemerkenswerte Aussage *José Manuel Barrosos* im Januar 2014 in Athen in Bezug auf die EU: „*Keine andere politische Konstruktion hat bisher bewiesen, dass sie das Leben besser organisieren und die Barbarei in der Welt verringern kann!*“[198]

Mit dem Mann dürfte es schwer werden, eine vernünftige Diskussion zu führen – und er steht nur exemplarisch für die europäische Führung. Jedem von uns sollte mittlerweile klar sein, dass wir von der politischen Führung der EU nicht viel Positives zu erwarten haben. Die Europäer verlieren zusehends das Vertrauen in die politischen Parteien. Die Werte, die das Euro-Barometer im Herbst 2013 ermittelt hat, sind alarmierend. In Deutschland sagen 73 Prozent der Befragten, dass sie eher kein Vertrauen in die Parteien haben. In Spanien sind es 93 Prozent, in Griechenland 94 Prozent, in Frankreich 89 Prozent, in Slowenien 92 Prozent. Auch im Mutterland der Demokratie, in Großbritannien, sieht es nicht besser aus: 85 Prozent halten nichts von Cameron & Co.[199]

Selbst EU-Sozial-Kommissar *Laszlo Andor* gesteht in einem Bericht (2013), dass die Armut in Europa signifikant zunimmt und eine Besserung der Lage nicht in Sicht ist. Immer mehr Europäer sind trotz Beschäftigung (Teilzeit- oder Niedriglohnarbeit) obdachlos oder leben in extremer Armut. In der Eurozone liegt die offizielle Arbeitslosenrate bei 12 Prozent, die Jugendarbeitslosigkeit bei 23 Prozent – in Wahrheit aber sind die Zahlen dank Scheinselbständigkeit, Nichtmeldung und Zahlentricks der Arbeitsämter wesentlich höher. Von Großbritannien bis Griechenland wächst die Zahl der Obdachlosen rasant. Im Europa des 21. Jahrhunderts schlafen immer mehr Menschen auf Bürgersteigen, unter Brücken, in Abbruchhäusern oder in Höhlen.[200] [201]

Mit zunehmender Instabilität unserer virtuellen staatlichen Währungen nimmt der Wettlauf um die Goldreserven zu. China soll in 2013 daher (laut Aussage des Goldexperten Stephan Leeb) auch Vorkommen abgebaut haben, die Gesamtkosten (*all-in*-Kosten) von $ 2.000 bis $ 2.500 verursachten.[202] Bei einem durchschnittlichen Goldpreis von knapp über $ 1.400 in 2013 muss dies als deutliches Zeichen dafür gewertet werden, dass China sich auf eine Neuordnung des Weltfinanzsystems einstellt und dabei ganz massiv auf Gold setzt – *koste es was es wolle!* Anders formuliert dürften die Chinesen davon ausgehen, dass der Goldpreis nach seinem Absacken in 2013 sehr bald wieder deutlich über $ 2.500 steigen dürfte.

Am Ende eines jeden Papiergeldexperimentes steht eine Währungsreform. Die kommende wird schmerzlicher als alle je zuvor erlebten, weil der Schuldenberg der Staaten und Privatpersonen höher ist als je zuvor, weil die Rentenkassen leer sind und weil bei Aktien und Immobilien gigantische Blasen platzen werden. Dazu kommt eine kolossale Unfähigkeit der meisten Menschen unserer Zeit, ohne eine App auf ihrem Smartphone auch nur den Weg zur Toilette zu finden.

Die Null-Zins-Politik der westlichen Notenbanken hat den Herrschern über das Papiergeld Zeit erkauft und die bestehenden Blasen bis zum Äußersten aufgeblasen, aber es gibt keinen uns bekannten Weg aus dieser Sackgasse. Das Verhalten der *EZB* und der *FED* ist ein letztes Aufbäumen zweier sterbender Riesen, die ihr Ende offenbar nicht kommen sehen wollen – oder, was viel schlimmer wäre, sie wissen tatsächlich, was sie tun und lassen uns alle absichtlich ins offene Messer laufen.

> *„Ich habe bisher jedenfalls noch niemanden gefunden, der mir eine Exitstrategie aus dem Zinstief erklären könnte. Meiner Meinung nach ist Amerika gefangen in dieser Situation. Die US-amerikanische und die japanische Staatsverschuldung sind am Anschlag. Wenn die Japaner die Zinsen nur um zwei Prozent anheben würden, dann wären allein die Zinszahlungen so hoch, dass die gesamten Steuerzahlungen nicht ausreichen würden, um diese zu begleichen. Für Amerika und unsere europäischen Krisenländer gilt Ähnliches.*“[203]
>
> Dirk Müller, Börsenmakler und Buchautor

Wenn wir die Geschichte betrachten, dann gab es aus einer solch verfahrenen Situation immer nur zwei Auswege. Der erste ist die Währungsreform, der zweite ist ein großer Krieg. Eine dritte Lösung hat es in der Geschichte noch nicht gegeben, und es wird sie auch dieses Mal nicht geben. Je früher jeder Einzelne das erkennt, desto eher kann er sich auf das Kommende so gut wie möglich vorbereiten.

Das letzte Aufbäumen

Am 14. Mai 2011 wurde der Chef des *IWF*, *Dominique Strauss-Kahn*, am New Yorker Flughafen JFK aus einem Flugzeug gezerrt und verhaftet. Offiziell war ihm die sexuelle Belästigung eines Zimmermädchens zum Verhängnis geworden. Kaum jemand glaubte die offiziellen Gründe für seine öffentliche „Hinrichtung“, denn sie wirkten konstruiert und fast schon absurd. Man wusste, dass Strauss-Kahn den *IWF* verändern wollte; man wusste, dass er zur anstehenden Präsidentschaftswahl in Frankreich antreten wollte und bereits als der neue Präsident gehandelt wurde. Doch erst dreizehn Tage später brachte Russlands Premierminister Wladimir Putin während einer Pressekonferenz Licht in die Angelegenheit. Laut dem russischen Geheimdienst *FSB* war Dominique Strauss-Kahn in Ungnade gefallen. Die *FED* hatte zu diesem Zeitpunkt wiederholt die Auslieferung von 190 Tonnen IWF-Gold, das sie in New York verwahrte und zurückgeben sollte, hinausgezögert. Strauss-Kahn hatte bei seinem Besuch in New York im Mai 2011 geäußert, dass die *FED* seinen Quellen zufolge das Gold gar nicht mehr hatte und deshalb nicht liefern konnte. Die Tresore seien leer!

Offenbar wollten die USA verhindern, dass sie nach dem Debakel mit De Gaulle 1971 erneut von einem Franzosen auf dem falschen Fuß erwischt wurden. Man demontierte Strauss-Kahn in der Öffentlichkeit und machte ihn mundtot.[205] Soweit Wladimir Putin.

Wieder hatte man ein wenig Zeit gewonnen – und den einen oder anderen Kritiker eingeschüchtert. Dennoch blieb das Problem des steigenden Goldpreises und des fallenden Dollars.

Während der Euro im August 2011 von den Schweizern vorübergehend gerettet wurde, musste sich das Bankenkartell hinter der *FED* für den US-Dollar selbst etwas einfallen lassen. Allein im Sommer 2011 war der Goldpreis in US-Dollar gerechnet um satte 32% nach oben geschossen und hatte die Marke von $ 1.900 überschritten. Hätte er die 2.000er-Marke geknackt, so wäre der psychologische Effekt für die Märkte immens gewesen, und die Gegner des Dollars hätten noch mehr Rückenwind bekommen.

Das *Washington Agreement on Gold* erlaubte es den Zentralbanken nicht, große Mengen Gold zu verkaufen. Die *Goldleihe* hatten alle gestoppt, und die Nachfrage nach physischem Gold zur Krisenabsicherung explodierte. Also tat das Bankenkartell das Einzige, was ihm noch übrig blieb: Es flutete die Märkte mit Geld, um die Aktienkurse hochzutreiben und von Gold abzulenken. Gleichzeitig blies das Kartell zur größten je gesehenen Offensive gegen den Goldpreis. Die einzig verbliebene Front war der Papiergoldmarkt.

Nicht alles im Leben muss einen Sinn ergeben, aber wenn es um so schwerwiegende Machenschaften und Manipulationen wie die bislang beschriebenen geht, dann stellt man sich schon die Frage: Wo soll das alles hinführen? In der Tat scheint es das Bestreben des Kartells zu sein, sich die Weltherrschaft zu sichern und Asien nicht zu mächtig werden zu lassen. Der US-Dollar war zwar schon klinisch tot, aber man wollte ihn mittels Infusionen so lange künstlich am Leben erhalten, bis man Nordamerika und die EU wirtschaftlich und monetär vereint hatte. Deshalb trieben Politiker zu beiden Seiten des Atlantiks im Jahr 2013 die Verhandlungen über das *Transatlantic Trade and Investment Partnership* (TTIP) aggressiv voran.[204]

Die Massenmedien erwiesen sich hier als äußerst gefolgsam, indem sie kaum über diese Verhandlungen berichteten und wenn, dann nur positiv, vage und ohne Details zu nennen. Auch hatten sie zur Gänze jegliche Berichterstattung über Gold aufgegeben. Jahrelang hatte der Goldpreis tägliche Beachtung gefunden, doch in 2012 und 2013 war er keinen einzigen Kommentar mehr wert. Auch die deutschen Goldreserven und deren missglückte Heimholung fanden in den Massenmedien nicht statt. Gold wurde totgeschwiegen! Vor allem aber schrieben sie kein Wort über die unglaublichen Vorgänge an der New Yorker COMEX: Die Berichterstattung darüber fand ausschließlich in Internetforen statt.

„Der traurige Allgemeinzustand hat genauso viel mit unzureichender Bildung in den Bereichen Ökonomie, Finanzen und Wissenschaft zu tun wie mit Apathie, täglichem Druck und mannigfaltigen Ablenkungen. Es ist immer schwierig, die Zustimmung der breiten Masse zu bekommen, wenn man in den alternativen Medien veröffentlicht, wo Rebellen unterwegs sind und verrückte Randgestalten toleriert werden. Ich erinnere meine Kunden häufig daran, dass 80% der Veröffentlichungen in den Massen-Medien Lügen sind oder in die Irre füh-

ren sollen, um die herrschende Machtstruktur zu unterstützen, während 80% dessen, was alternative Medien veröffentlichen, der Wahrheit entsprechen, wenn gleich sie auch oft übertrieben und von mangelnder journalistischer Qualität sind."[206]

Jim Willie

An der New Yorker **COMEX**, der weltgrößten Warenterminbörse, wurde seit Jahren Gold leer verkauft. Die Händler schlossen untereinander Verträge ab, mit denen sie auf fallende oder steigende Kurse spekulierten, um auf diese Weise Gewinne zu erzielen. Solche Verträge werden meist anonym abgeschlossen, das bedeutet, dass Käufer und Verkäufer die jeweilige Identität des anderen nicht kennen müssen. Diesen Umstand machten sich einige offenbar sehr potente Marktteilnehmer zunutze, indem sie große Mengen an Kontrakten kauften und verkauften, was Einfluss auf den Goldpreis hatte.

Besonders ungewöhnlich war dabei, dass sie im Jahr 2013 oft zu ungewöhnlichen Zeiten verkauften, wenn wenig Handel stattfand, was ihnen einen sehr schlechten Preis einbrachte und so den Goldpreis drückte. Zum anderen fiel auf, dass zu bestimmten Zeitpunkten riesige Mengen an Goldkontrakten auf einmal abgestoßen wurden. Solche „Hochfrequenz-Attacken" haben ebenfalls einen negativen Einfluss auf den Preis, denn sie lösen die Stopp-Loss-Automatik in den Computern zahlreicher anderer Händler aus, die dann ebenfalls automatisch verkaufen, um ihre Verluste in Grenzen zu halten.

„*Gestern haben wir erneut dubiose Bewegungen beim Goldpreis gesehen. Innerhalb von wenigen Sekunden fiel Gold um 10 USD und löste mit dem Bruch der 1.250 USD-Marke weitere Stopps aus. Das Tagestief wurde bei hohem Handelsvolumen bei 1.224 USD markiert. Plötzlich stoppten die Attacken und Gold handelte in einer engen Spanne seitwärts*"[207] (siehe Abb. 12), berichtete Hannes Huster am 3.12.2013. Zu jenem Zeitpunkt war bereits ein ganzes Jahr lang immer wieder auf Gold eingeprügelt worden. Mit Erfolg: Ausgelöst durch konzertierte Verkaufswellen gigantischen Ausmaßes an der COMEX, stürzte der Goldpreis im Jahr 2013 um 28% ab.

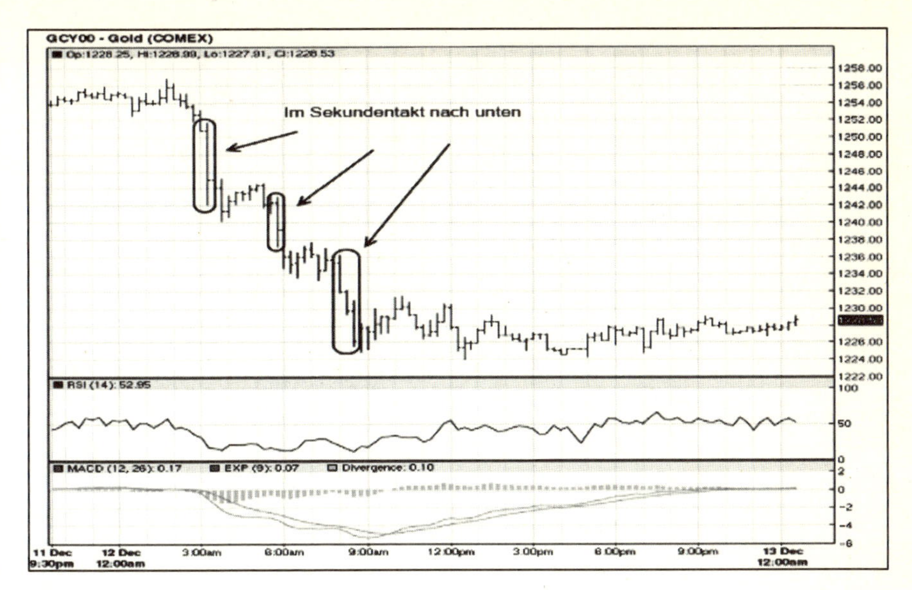

Abb. 12:
Am 3.12.2013 wurde der Goldpreis in drei Wellen im Sekundentakt nach unten gedrückt.

Dass es Absprachen zwischen den Zentralbanken und den Bullionbanken gab, lag seit Jahren auf der Hand. Dass die fünf am Goldfixing beteiligten Banken noch während dieses Vorgangs bereits Informationen an Dritte weitergaben, hatte man längst wissenschaftlich nachgewiesen.(208) Aber die enormen Mengen gehandelten Papiergoldes an der COMEX waren neu, ebenfalls die zeitlichen Anomalien.

Drei Tage stachen im Jahr 2013 speziell heraus, nämlich je einer im April, einer im Juni und einer im Dezember. (siehe Abb. 13) An diesen Tagen wurde auf einmal – **in Bruchteilen von Sekunden** – mehr Gold leer verkauft, als je zuvor in der Geschichte. Der gesamte Goldpreisverlust von 28% ging auf diese drei Sekundenbruchteile zurück. Allein im zweiten Quartal (April bis Juni) war der Goldkurs um erschreckende 22,8% eingebrochen. Damit handelte es sich um das schlimmste Kalenderquartal seit 93 Jahren.(209)

Jahrelang waren bereits Gerüchte kursiert, wonach das Bankhaus *JP Morgan Chase*, gemeinsam mit *HSBC* und *Goldman Sachs*, mittels

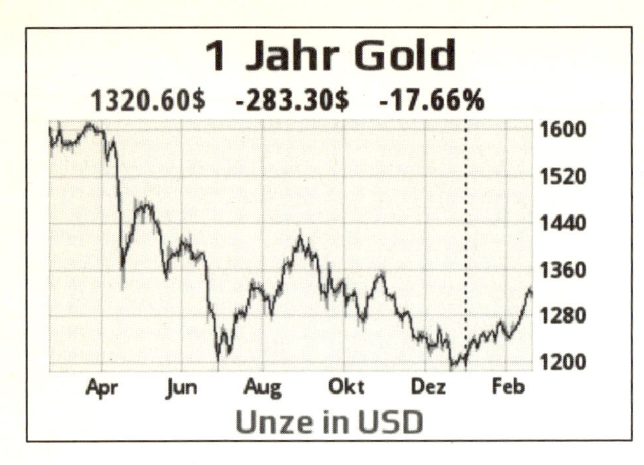

Abb. 13:
Im April, im Juni und im Dezember 2013 erfolgten massive Preiseinbrüche bei Gold, ausgelöst durch Hochfrequenzattacken am Papiergoldmarkt.

Leerverkäufen und Highspeedtrading an der COMEX den Goldpreis manipulieren würde, aber alle Anzeigen bei der Marktaufsichtsbehörde CFTC verliefen im Sand. Doch dann meldete sich ein Mann namens *Andrew Maguire* und brachte die Banken ins Schwitzen.

Alles begann mit einem Radio-Interview, das der ehemalige Londoner LBMA-Goldhändler *Andrew Maguire* Ende März 2010 dem GATA-Mitglied *Adrian Douglas* gab, in dem er behauptete, beweisen zu können, dass *JP Morgan Chase* und die *HSBC* die Edelmetallpreise manipulierten[(210)] und dass *„JP Morgan Chase im Auftrag der Federal Reserve daran arbeitet, den Anstieg von Gold und Silber gegenüber dem US-Dollar aufzuhalten“*. Die FED oder auch der Steuerzahler müssten dafür die Verluste übernehmen, die *JP Morgan Chase* aus den möglichen Folgen der Papiergold-Zockerei entstünden.[(211)]

Am nächsten Tag hatten der Whistleblower Maguire und seine Frau einen schweren Autounfall. Ihr Wagen wurde seitlich von einem Auto gerammt, dessen Lenker Fahrerflucht beging. Nach einer wilden Verfolgungsjagd mit Autos und Hubschrauber konnte die Polizei den Täter stellen und festnehmen. Bis heute weiß jedoch niemand, wer er war. Alles, was die Polizei mitteilte, war, dass der Unfallfahrer der Polizei bekannt war.

Im September 2013 verkündete *Andrew Maguire*, dass er, gemeinsam mit zwei ehemaligen Mitarbeitern von *JP Morgan Chase*, bereits im Jahr

2012 der CTFC Beweise für die Manipulation des Gold- und Silberpreises vorgelegt hätte, die Aufsicht sie jedoch unter den Teppich gekehrt hatte: *„Das Ganze spielt sich in einer virtuellen Welt ab – man erschafft sie elektronisch. Anonyme Händler benutzen algorithmische Handelssysteme, um bis zu 400 Kontrakte pro Sekunde zu verkaufen. Tonnen von Gold und Silber werden so innerhalb von Sekunden verkauft. Das lässt den Preis abstürzen. Dann kann derselbe Händler den Preis nach Belieben wieder steigen lassen, indem er Kontrakte zurückkauft.“*[212]

Allein am 22. April 2013 wurden etwa 2.300 Tonnen Goldversprechen gehandelt. An einem Tag wurde also fast so viel verkauft, wie im ganzen Jahr weltweit Gold gefördert wurde. Das drückte zwar den Goldpreis, es barg aber eine große Gefahr in sich, denn die Kontrakte waren nur durch die Mindesteinlage abgesichert. Zu all dem Papiergold, das gehandelt wurde, lagen laut der Unterlagen der COMEX nur etwa 5% in Form von physischem Gold in den Lagerhäusern – und hier zweifelten Insider bereits, ob die tatsächlich vorhanden waren!

Hätten Händler versucht, tatsächlich mehr als 5% aller offenen Kontrakte in physisches Gold umzuwandeln, dann wäre das COMEX-Kartenhaus in sich eingestürzt – und das Kartell hätte den Goldkrieg verloren, weil der Goldpreis explodiert wäre. Genau das war auch das Dilemma, in dem die Manipulatoren an der COMEX steckten. Sie mussten verkaufen, um den Preis zu drücken, aber kaufen, um im Notfall nicht mit leeren Händen dazustehen. Während der Papiergoldmarkt den Preis drückte, trieben die eigene Nachfrage und die gewaltige Nachfrage durch Edelmetallhändler rund um den Globus ihn wieder hoch.[213]

> *„Gerade anhand des April-Crashes* (2013; A.d.V.) *erkennt man, wie wichtig die Unterscheidung zwischen dem ‚Goldpreis‘ und ‚dem Preis von Gold‘ ist. Der Goldpreis bezieht sich meist auf den Kurs eines Gold-Futures, z.B. an der COMEX. Der Preis von Gold ist hingegen der Preis, den man zahlen muss, wenn man physisches Metall kaufen will.“*[5]
>
> Ronald-Peter Stöferle

Nach jeder Hochfrequenz-Attacke auf den Goldpreis im Jahr 2013 brauchte der Markt einige Tage, um den Preisverfall wieder auf natürlichem Wege auszugleichen. Darauf folgte der nächste Angriff. Ähnliches läuft genauso bei Silber und bei Kupfer ab.(214) Der Silberpreis brach im Jahr 2013 um ganze 38% ein!

JP Morgan Chase und *Goldman Sachs* hielten in 2013 die meisten ungedeckten Goldversprechen. Beide rieten ihren Kunden zum Verkauf von Gold, und sie senkten ihre Goldpreisprognosen unentwegt. Dabei hatte *Goldman Sachs* selbst zwischen April und Juni 3,7 Millionen Kontrakte gekauft, mehr als je zuvor.(213a) Auch *JP Morgan Chase*, der größte Spieler im COMEX-Monopoly, hatte in 2013 gleichzeitig massiv Gold gekauft und verkauft, während der Dunstkreis um die *FED* (und dessen Miteigentümer *JP Morgan Chase*) medial auf Gold einprügelte.

> „*Wann immer Banken und Großanleger wie George Soros zum Verkauf von Gold raten, dann kaufe ich, weil sie das nur tun, um damit die Preise zu senken, um selbst günstiger einkaufen zu können!*“(215)
>
> Prof. Dr. Hans Bocker, Unternehmensberater und Autor

Es passierte, was nicht passieren sollte: Immer mehr COMEX-Händler ließen sich ihr Gold tatsächlich physisch ausliefern. Für solche Fälle unterhalten fünf Firmen Lager, aus denen sie diese physischen Lieferungen dann bedienen können. Dies sind, wie bereits beschrieben, *JP Morgan Chase*, *Scotia Mocatta*, *HSBC*, *Brink's* und *Manfra*, *Tordella & Brookes.* Kann einer nicht liefern, muss er sich das Gold von einem anderen leihen – und im Idealfall irgendwann zurückerstatten!

Von diesen offiziellen COMEX-Beständen von 1.336 Tonnen im Oktober 2012 war ein Jahr später nur noch die Hälfte übrig. Die Manipulationen konnten den Goldpreis drücken, aber immer mehr Händler ließen ihre Kontrakte auslaufen und sich dafür physisches Gold ausliefern, was *JP Morgan Chase* zwang, sich anderweitig Gold zu besorgen.

„Untersuchungen werden zeigen, dass JP Morgan Chase Gold von Scotia Mocatta nimmt – aber auch von HSBC und anderen Großbanken. Dieser Goldabzug hat seinen gemeinsamen Nenner im Zwang. Es findet ein großes Spiel der internen Überfalle und Plünderzüge statt, das nicht gestoppt werden kann. Es wurde Druck ausgeübt. An den Rampen wird eilig physisches Gold in Trucks und Tunnel verladen. Es wäre interessant zu wissen, warum Scotia Mocatta dieses Harakiri-Spiel mitspielte. Sie sind ein Geschäft im Dienste des Teufels eingegangen.“(216)

Jim Willie

Experten gehen davon aus, dass die offiziellen Lagerbestände der COMEX mittlerweile völlig verfälscht sind, denn die veröffentlichten Zahlen machen großteils überhaupt keinen Sinn mehr.(217) Das meiste Gold, das die COMEX verließ, wanderte über die Schweiz nach China, ein anderer Teil aber landete am Ende wieder in den Lagern von *JP Morgan Chase*. Die Miteigentümer der *FED* hatten den gesunkenen Goldkurs genutzt, um andere Händler aus dem Markt zu verscheuchen – und um sich im Papiergoldgeschäft neu zu positionieren. War *JP Morgan Chase* im Herbst 2012 noch der größte Verkäufer von Papiergold, so war es Anfang 2014 der größte Käufer – man wechselte also von einer hohen „netto-short-Position“ zu einer hohen „netto-long-Position“.(218) Wie das genau vonstatten ging, weiß eigentlich niemand, es grenzt fast an Magie.(219)

Vielleicht ist es aber auch weniger Magie, sondern vielmehr ein brutaler Kampf um die interne Vorherrschaft im Kartell. *JP Morgan Chase*, *Goldman Sachs*, die *Rothschild-Banken*, die *HSBC*, *Scotia-Mocatta* sind alle miteinander verwoben und aneinander beteiligt, ebenso an der FED. Vielleicht helfen sie einander brüderlich aus, vielleicht versuchen sie auch, einander auszubooten. Irgendwie erinnert all das an das Gold- und Kupferkartell des 19. Jahrhunderts, das es auch immer wieder recht geschickt verstand, durch Absprachen und Übernahmen in eine marktbeherrschende Position zu kommen, um so von höheren Preisen zu profitieren.

Im September 2013 hielt *JP Morgan Chase* 60% aller Gold-Derivate in den USA, also aller leerer Versprechen auf Gold. Das muss man ganz klar als marktbeherrschende Position bezeichnen![220]

Man hatte es geschafft, den Anstieg des Goldpreises Ende 2011 zu stoppen und all das viele neu geschaffene Geld der Zentralbanken in Aktien und Immobilien umzuleiten. Von Ende 2011 bis Ende 2013 stieg der *Deutsche Aktienindex* (DAX) von 6.000 auf 9.800 Punkte. Der *Goldminenaktien-Index* (HUI) fiel hingegen von 500 auf 200 Punkte. Das Problem war aber ein altbekanntes: Der Aktienhype hatte viele Spekulanten dazu veranlasst, sich zu verschulden, um von der Aktien-Rallye zu profitieren. Genau das hatten wir bereits Ende der 1920er-Jahre erlebt.

„...die Summe der US-Wertpapierkredite... veranschaulicht das Ausmaß, in dem an den Aktienmärkten auf Kredit spekuliert wird. Mit $ 444,9 Mrd. haben die US-Wertpapierkredite per Ende Dezember 2013 einen neuen Rekord erreicht. Es wurde also niemals zuvor an den US-Aktienmärkten in einem größeren Ausmaß auf Kredit spekuliert als heute, weder am Höhepunkt der größten Aktienblase aller Zeiten im Jahr 2000, noch während der gewaltigen Spekulationsblase des Jahres 2007.“[221]

Claus Vogt, Bankmanager und Wirtschaftsjournalist

Was haben wir davon, all das zu wissen? Was bringen uns all diese Informationen, außer der Vermutung, dass überall gelogen und betrogen wird? Sie zeigen uns, wie wichtig Gold bis heute ist. Sie zeigen uns auch, dass man als kleiner Anleger die Finger von der Spekulation mit Papiergold lassen sollte und dass es kein Fehler sein dürfte, selbst ein wenig Gold im eigenen Besitz zu haben.

In den ersten beiden Monaten des Jahres 2014 wendete sich nämlich das Blatt. Die großen Aktienindizes stagnierten oder sanken, während der Goldpreis und die Goldminenaktien deutlich anzogen. Jedes Spiel mit gezinkten Karten fliegt irgendwann auf. Dann gibt es eine Menge

Menschen, die sich betrogen fühlen und Rache schwören. Der Währungskrieg gegen den US-Dollar schien sich bei Fertigstellung dieses Buches, Anfang 2014, in einer finalen Phase zu befinden. Die Hauptfronten waren klar, und die westliche Seite einigermaßen berechenbar. Hinter dem Gegner aus dem Osten aber stand ein großes Fragezeichen. Just in diesem Moment entbrannte ein bedeutender Machtkampf an der Schnittstelle zwischen Ost und West: der Kampf um die wirtschaftliche und politische Vorherrschaft in der Ukraine – eine Auseinandersetzung mit großem Symbolcharakter!

„Dem Westen" missfiel, dass der ukrainische Präsident *Viktor Janukowitsch* die Verträge mit *ExxonMobil*, *Shell* und *OMV* über den Zugang zu den neu entdeckten reichen Gas- und Ölvorkommen vor der Küste der Krim nicht unterzeichnete. Im Februar 2014 wurde er gestürzt. Es gibt klare Hinweise darauf, dass die sogenannten „Oppositionsführer" vom Westen ausgebildet und finanziert worden waren. Interessant ist diesbezüglich eine Meldung der *Goldseiten-Redaktion* vom 10.3.2014:

> *„Nach Angaben der ukrainischen Nachrichtenwebseite www.iskranews.info sind die Goldreserven der Ukraine in der vergangenen Woche auf Anordnung der ‚neuen Führung' des Landes in die USA transportiert worden. Dies hätte ein leitender Regierungsbeamter gegenüber der Zeitung inzwischen bestätigt. Augenzeugen hätten zuvor berichtet, dass 40 verschlossene Kisten, die von zwei Kleinbussen ohne Nummernschilder zum Kiewer Flughafen Borispol transportiert worden waren, dort von 15 maskierten und teils bewaffneten Personen in ein Transportflugzeug verladen worden seien."*

Zwei Wochen später gewährte der *IWF* der Ukraine umfassende Kredite. Interessant, nicht wahr?

Im Grunde ist das Verhalten des angelsächsischen Bankenkartells so unfassbar dreist, dass niemand glauben mag, dass dahinter ein Kalkül stecken könnte. Das Offensichtliche wird oft übersehen, weil es den meisten Menschen schwerfällt, zu erkennen und sich einzugestehen, dass sie von vorne bis hinten manipuliert werden.

Das Bankenkartell will die Weltherrschaft um jeden Preis, und die Herren hinter der *FED* und der *EZB* scheuen sich auch nicht, dies zuzugeben. Sie formulieren es nur etwas anders, als wir dies gewohnt sind:

> *„Nach Abschluss des Banken-Stresstests durch die EZB im Herbst dieses Jahres* (2014; A.d.V.) *erwartet die US-amerikanische Investmentbank Rothschild eine ‚Fusionswelle' in der europäischen Bankenwelt... Nicht nur die US-amerikanische Investmentbank Rothschild, die auch in Deutschland aktiv ist, rechnet nach Abschluss des Banken-Stresstests in Europa mit Fusionen. Der Deutschlandchef der Rothschild-Bank, Martin Reitz, rechnet damit, dass nach dem Stresstest der ‚Startschuss' fallen kann, meldet die Nachrichtenagentur Reuters. Es sei offenkundig, ‚dass dann was passieren wird'.*"[222]

Der indische Tiger

Das heutige Indien war bis ins 18. Jahrhundert hinein ein sehr reicher Subkontinent, ehe er von den Engländern ausgebeutet und unterworfen wurde. Er bestand aus mehreren Ländern, von adeligen Familien regiert. Einer der berühmtesten unter ihnen war *Tipu Sultan*, der den Beinamen „Der Tiger von Mysore" trug. Der Tiger ist das Nationaltier der Inder. Er wird traditionell als Reittier der Göttin Durga verehrt und ist in seiner Schönheit und Eleganz einzigartig.

Mysore lag im Süden Indiens, und Tipu Sultan regierte sein Land von einem goldenen Thron aus, der von acht Tigerköpfen gekrönt war, alle aus purem Gold und reich mit Edelsteinen geschmückt. Der Herrscher war ein erklärter und erbitterter Gegner der britischen Kolonialbestrebungen und der *West India Company*, deren Hauptfinanzier *Mocatta & Goldsmid* war. Der Tiger von Mysore führte drei Kriege gegen die Briten, ehe er endgültig als Herrscher abdanken musste. Sein Thron wurde als symbolischer Akt zerstört, die acht goldenen Tigerköpfe fanden ihren Weg als Trophäen nach England.[223] Diese kleine Einleitung soll nur ein wenig das durchaus gespaltene Verhältnis der Inder zu England verdeutlichen, denn Indien spielt eine wichtige Rolle im internationalen Währungs- und Goldkrieg.

Indien war seit jeher einer der wichtigsten Absatzmärkte für Gold und somit eine der Triebfedern für den Goldpreis. Im Herbst, nach Beendigung der Erntearbeiten, startet die indische Hochzeitssaison. Dabei werden die Bräute von den Verwandten als Aussteuer mit Goldschmuck behängt und beschenkt. Die indischen Juweliere waren es daher lange Zeit, die den Preis für Gold jeweils in der zweiten Jahreshälfte ansteigen ließen, wenn sie sich mit Gold eindeckten. So wird geschätzt, dass sich in den indischen Haushalten insgesamt etwa 18.000 Tonnen Gold befinden. In diesen letzten vier Monaten des Jahres werden in Indien jährlich bis zu 10 Millionen Ehen geschlossen. Das traditionelle Hochzeitsgeschenk ist dabei Gold in Form von Schmuck, Münzen oder Barren. Dies ist zugleich Aussteuer, Altersvorsorge und finanzielles Polster für die Inder. In ländlichen Gegenden beleihen die meisten Menschen Kredite bei Banken oder Geldleihern immer noch mit Gold. Wegen der indischen Hochzeitssaison steigt in jedem Herbst weltweit der Goldpreis, da sich indische Juweliere von September bis November mit Tonnen von Gold eindecken müssen.

Aber auch in den Tempeln Indiens spielte Gold immer eine große Rolle, denn Gold hat etwas Magisches, ja etwas Göttliches für die Inder. Vielleicht rührt es daher, dass nach ihren hinduistischen Mythen der Schöpfergott *Brahma* einem goldenen Ei entschlüpfte.[(224)]

In allen buddhistischen Ländern ist es Brauch, dass Männer beim Besuch wichtiger Tempel Blattgold auf Heiligtümer wie Buddha-Statuen kleben, um ihre Verehrung auszudrücken und um ihren Wünschen Nachdruck zu verleihen. Dass dies erwähnenswert ist, beweist etwa der knapp 4 m hohe sitzende Buddha im Tempel *Mahamuni* in Myanmar, der mit 15 bis 25 cm Blattgold überzogen ist, was mehreren Tonnen Gold entspricht.

Auch in den oft prunkvollen indischen Tempeln liegen Schätze verborgen, die sich unserer Vorstellungskraft entziehen. In einigen alten Hindu-Tempeln werden seit Jahrhunderten die Opfergaben der Gläubigen gehortet. Bis vor kurzem hatte man keine Ahnung, welche Ausmaße diese Sammlungen hatten. Im Jahr 2011 wurde dann bekannt, dass man den Schatz des *Sri Padmanabhaswamy Tempel* begutachtet und auf 15 Milliarden Euro geschätzt hatte. Das ist jedoch nur einer von zahlreichen von Tempeln seiner Art.

Bis 2012 war Indien immer der größte Goldimporteur der Welt, ehe es offiziell von China auf den zweiten Platz abgedrängt wurde. Das bedeutet jedoch nicht, dass Indien nun weniger Gold verbrauchte – sondern die Chinesen noch mehr!

Im Jahr 1991 stand Indien kurz vor der Zahlungsunfähigkeit. Um neue kurzfristige Kredite von der *Weltbank* zu bekommen, musste es seine kompletten Goldreserven als Sicherheit in England (47 Tonnen) und der Schweiz (20 Tonnen) physisch hinterlegen. Der Abtransport des Goldschatzes erzürnte die Inder, und er zwang die Regierung zu zahlreichen Reformen. Für einige Jahre ging es in Indien, wie in anderen Schwellenländern, steil bergauf, doch dank der weltweiten Rezession gerieten auch die sogenannten BRICS-Staaten (Brasilien, Russland, Indien, China, Südafrika) nach 2008 in Schwierigkeiten. Nachdem sie jahrelang Aufschwung und Wachstum erlebten, ebbte die Begeisterung langsam ab, und Ernüchterung machte sich breit.

Seit 2010 fiel der Wert der indischen Rupie deutlich, was immer mehr Inder zum Kauf von Gold animierte, um sich gegen den Wertverlust ihrer Ersparnisse abzusichern. Von 2011 bis 2013 flossen über 100 Milliarden US-Dollar aus Indien ab, um dafür Gold einzukaufen. Indien baute ein gewaltiges Fremdwährungsdefizit auf, da in Indien selbst nur noch sehr wenig Gold gewonnen wird.[(225)] Die indische Regierung reagierte 2013 auf die zunehmende Goldnachfrage wie ihre westlichen Pendants – immerhin studieren viele reiche Inder an westlichen Eliteuniversitäten. Anstatt die eigene Währung zu verbessern, beschloss die indische Regierung, das Gold zu bekämpfen. Dabei wussten sie, dass dieses Unterfangen mittel- bis langfristig sinnlos war, denn eine Studie aus dem Jahr 2012 hatte genau das der *Reserve Bank of India* bescheinigt:

> *„Die Goldnachfrage scheint sich in Indien autonom und abhängig von verschiedenen Einflüssen und Faktoren zu gestalten, welche nicht im strengen Sinn politischen Maßnahmen gehorchen. Auch wenn sich die organisierte und auf den herkömmlichen Wegen funktionierende*

Goldversorgung einschränken ließe, so würden die Goldkäufer möglicherweise auf unerlaubte Kanäle zurückgreifen. Über die Jahre hinweg ist der Anteil der Banken, die Gold importieren, ohnehin schon gesunken. Da sich die Goldnachfrage als solche nur schwer ändern lässt, wird der Fokus der Politik erstens auf der Schaffung und dem Angebot ***alternativer Instrumente für Goldinvestoren*** *liegen müssen, welche positive Gewinne und Liquiditätsflexibilität vereinen könnten, und zweitens auf einer verstärkten Freisetzung des versteckten und eingeschlossenen Wertes der unproduktiven Goldvorräte durch eine erhöhte Monetisierung von Gold. In diesem Kontext wäre eine Förderung von Goldschmuck-Krediten durch Banken und ‚Non Banking Financial Companies' (NBFCs), unter Gewährleistung von Kreditnehmerschutzbestimmungen sowie Änderungen in den Geschäftspraktiken der NBFCs, sehr wünschenswert.*“[226]

Mit anderen Worten: Man wollte die Inder langsam an Papiergold heranführen und sie vom physischen Gold entwöhnen, gleichzeitig wollte man an das vorhandene und gut beschützte Gold der indischen Bevölkerung herankommen und es den Menschen entziehen. Der Bericht wies aus, dass dies nicht einfach würde. Aber man wollte es dennoch versuchen! Eine andere glorreiche Idee der Regierung war es, das Gold der Tempel zu beschlagnahmen, doch kaum hatten sie diesen Gedanken einmal laut ausgesprochen, schlug ihnen der Volkszorn so vehement entgegen, dass sie ihn, zumindest vorerst, wieder verwarfen.

Von 2011 bis 2013, während die großen westlichen Banken und Zentralbanken den Goldpreis nach unten drückten, erhöhte die indische Regierung die Importsteuer auf Gold von 1% auf 10%. Als die Rupie in 2013 dennoch weiter dramatisch an Wert verlor und die Goldnachfrage (trotz in Rupien steigendem Goldpreis) förmlich explodierte, wurde auch noch die Einfuhr von Münzen gänzlich verboten. Außerdem erließ sie eine Verordnung, nach der 20% des eingeführten Goldes wieder ausgeführt werden musste. Das sollte die wichtige indische Schmuckindustrie am Leben erhalten, sie aber zwingen, Teile ihres Schmucks wieder ins Ausland zu verkaufen.

Die Folge der Maßnahmen war, dass der Schmuggel immer mehr zunahm, um die Verbote und Steuern zu umgehen. So berichtete ein Beamter der Finanzbehörde, dass das meiste Gold aus dem Nahen Osten, aus Singapur und Thailand eingeflogen würde, aber auch über das Meer nach Indien gelangte:

„*Vor einigen Wochen wurden am Flughafen von Kochi zwei Schmugglerinnen in Burkas geschnappt... Die Frauen, die ein Kind an der Hand führten, hatten zahlreiche Barren in speziellen Jacken unter den weiten Gewändern eingenäht – Gold im Wert von 690.000 Euro. Manchmal kommt das gelbe Metall auch von Sri Lanka aus mit Fischerbooten herüber oder es wird über die Landesgrenzen aus Nepal, Bangladesch und Birma herbeigeschafft.' Urplötzlich sind die Goldimporte in den Ländern rund um Indien in die Höhe geschnellt – in Ländern, die eigentlich keine großen Goldkonsumenten sind.*“[227]

Schätzungen gehen davon aus, dass in 2013 täglich etwa 500 Kilo Gold ins Land geschmuggelt wurden – wobei es naturgemäß keine genauen Zahlen gibt. Klar ist jedoch die Lehre, die wir daraus ziehen können: Man kann Gold nicht verbieten, schon gar nicht den Indern, die ein so inniges Verhältnis dazu haben!

Durch das Verbot und den Schmuggel entgingen dem indischen Staat Steuereinnahmen, und er verlor den Überblick über die Goldbestände im Land. Die spannende Frage bei all dem lautet also: Warum haben die Inder das getan? Waren sie so hilflos und verzweifelt, dass ihnen nichts Besseres einfiel? Wollten sie einfach die Reaktion der Bevölkerung austesten? Oder wurden sie vom westlichen Bankenkartell dazu gezwungen, den Goldfluss zumindest kurzzeitig zu unterbinden, damit Großbanken wie *JP Morgan Chase* mittlerweile Gold nachkaufen konnten? (Indien ist Teil des Commonwealth, und wir wissen ja, dass London das Goldzentrum der Welt ist!)

Waren die Ereignisse um das Gold im Jahre 2013, das Hin und Her zwischen Ost und West, die Verbote, Lügen und Ablenkungen gesteuert, oder war das Ganze ein einziges großes Chaos, angetrieben von Panik und Verzweiflung? Hedgefonds-Manager Eric Sprott (*Sprott Asset Management*) ist sich sicher, dass all dies vom westlichen Bankenkartell gesteuert wurde, und auch, dass die Pläne beinahe nach hinten losgingen, da sie einen wahren Kauf-Tsunami aus Indien auslösten und die Nachfrage auf unhaltbare Level ansteigen ließen:

> *„Wir denken, dass die Reserve Bank of India auf Geheiß der westlichen Zentralbanken mit der schrittweisen Einführung beschränkender Maßnahmen reagiert hat, um Goldimporte zu verhindern... Ohne das Eingreifen in den indischen Goldmarkt hätte der Mangel an Gold also Chaos am (weltweiten) Markt verursacht – eine Situation, die von den westlichen Zentralbanken nicht toleriert werden konnte.“*[(228)]

Der goldene Drache

Die Wirtschaftskraft Chinas ist etwa vier Mal so groß wie die Indiens. Die Zeit vor dem chinesischen Neujahr, Ende Januar, ist Schmucksaison. Dann wird das Geld, das vom vergangenen Jahr im Reich der Mitte übrig blieb, in Gold- und Silberschmuck, aber auch immer öfter in Barren und Münzen investiert.

Lóng, der chinesische Drache, ist nicht nur das wichtigste Fabelwesen Chinas, sondern des gesamten ostasiatischen Kulturkreises. Der Drache zierte die sehr attraktiven und streng limitierten chinesischen Lunar-Goldmünzen (deren Motive jährlich wechseln) im Jahr 2012, wobei der Drache in Asien, anders als im Westen, nicht als Ungeheuer angesehen wird, sondern Macht und Stärke repräsentiert und als gottähnliches Wesen verehrt wird.

Für tausende von Jahren spielten Gold und Silber in Japan und China eine wichtige Rolle. Während Silber vor allem als Zahlungsmittel diente, wurde Gold vor allem zum vergolden von Palästen, Tempelanlagen und Buddhastatuen genutzt, um so Buddha und den Herrschern die gebührende Ehre zu erweisen. Es gab und gibt bis heute reiche Goldvorkommen in beiden Ländern, auch wenn die Japans langsam zur Neige gehen.

Marco Polos Beschreibungen vom sagenhaften Goldland *Zipangu* (Japan) war nur einer der vielen Gründe dafür, dass die Europäer ab dem 14. Jahrhundert Asien bereisten. Nicht nur auf Japan, auch auf die vielfältigen Schätze Chinas hatten es die Europäer abgesehen. Was als Handel mit Silber gegen Tee begann, weitete sich im 19. Jahrhundert zu den zwei Opiumkriegen aus – finanziert von den reichen Bankiers in London. Nicht nur *Mocatta & Goldsmid*, auch das Haus *Rothschild* profitierte von den Eroberungen in Asien.

Die Engländer versuchten China, das gegenüber den Weißen sehr skeptisch und verschlossen war, mit allen Mitteln zu erobern. Den größten Erfolg hatten sie letzten Endes mit Drogen. Das Opium, das man in das Land einschleuste, hatte erheblichen zersetzenden Einfluss auf die Gesellschaft. Durch den massiven Drogenhandel holten sich die Engländer in Kürze wieder alles Silber zurück, zudem noch größere Mengen an Gold.

Der Goldrausch des 19. Jahrhunderts zog viele arme chinesische Auswanderer in die USA. Sie erhofften sich, durch die Goldsuche größeren Wohlstand zu erlangen. Manche kamen als Gastarbeiter und wollten dann mit ihrem erworbenen Reichtum wieder zurück in ihre Heimat gehen, viele aber wollten in der Neuen Welt bleiben. Doch die Fremdenfeindlichkeit der europäischen Einwanderer machte den Chinesen das Leben schwer. Meist konnten sie nur als deren Hilfsarbeiter nach Gold graben oder Eisenbahnschienen verlegen. Doch die Chinesen waren zäh und arbeiteten hart, und sie kamen in immer größerer Zahl, was den Europäern Angst machte. Deswegen erließen sie, obwohl sie selbst nur Einwanderer waren, 1882 den *Chinese Exclusion Act*, der Chinesen für zehn Jahre die Einreise verbot und es den bereits im Land befindlichen fortan schwer machte, US-Bürger zu werden. Der Rassenhass gegen Chinesen war so groß, dass Ende des 19. Jahrhunderts regelmäßig randalierende weiße Horden chinesische Mitbürger drangsalierten. Dies fand seinen Höhepunkt in Gewaltorgien, bei denen sie durch San Franciscos *Chinatown* zogen, um dessen Bewohner zu verprügeln und deren Geschäfte zu plündern und zu zerstören.

Der chinesische Bürgerkrieg (1927-1949) war auch ein Stellvertreterkrieg zwischen West und Ost. Chiang Kai-shek, den die USA unterstützten, kämpfte gegen den Kommunisten Mao Zedong. Ab 1948, als absehbar war, dass Mao Zedong das bessere Ende für sich haben könnte, ließ Chiang Kai-shek das bisschen Gold, das China noch hatte – angeblich rund 140 Tonnen –, über ein Jahr verteilt per Schiff auf die Insel *Formosa* bringen, die China zuvor von Japan erobert hatte – zudem mindestens 2 Millionen Silberdollar. Ich gehe jedoch davon aus, dass der Schatz wesentlich größer war.

Mit dem chinesischen Gold- und Silberschatz begründete Chiang Kai-shek den Reichtum seines neuen Staates ***Taiwan***, über den er ab 1945 herrschte. Für seinen Taiwan-Dollar erhielt er zusätzlich großzügige Kredite von der *FED*, und es ist wahrscheinlich, dass Teile des chinesischen Goldes dorthin abwanderten, denn bis 1970 waren die Goldreserven Taiwans offiziell auf knapp 73 Tonnen geschrumpft.

Bis heute steht Taiwan zwischen Japan, China und den USA, seine rechtliche Situation ist noch immer ungeklärt. Großen Einfluss sollen in dem Land die „Triaden" haben, Organisationen, die man mit der Mafia vergleichen kann. Korruption und Bestechung scheinen an der Tagesordnung zu sein, und diese Machenschaften nennen die Taiwaner bis heute „Schwarzes Gold", in Anlehnung an den illegalen Raub des chinesischen Goldes durch Chiang Kai-shek.[(229) (230) (231)]

All dies sei nur am Rande erwähnt, um deutlich zu machen, dass China noch einige Rechnungen mit dem Westen offen hat, vor allem mit den Engländern und im Speziellen mit den englischen Bankern. Man sollte vielleicht nicht vergessen, dass China bereits eine Hochkultur hatte, als wir Europäer noch den aufrechten Gang übten. Die Chinesen erfanden nicht nur das Porzellan (das im englischen bis heute „china ware" genannt wird), sondern auch das Papier, den Buchdruck, das Schießpulver, das Feuerwerk, den Kompass und vieles mehr.

Der Westen hat die Chinesen immer unterschätzt. Wir waren es, die ihre Kultur zerstörten, nicht umgekehrt. Doch sie haben lange stillgehalten, haben Geduld, Ausdauer und Klugheit bewiesen, sie waren sehr fleißig, und sie haben gelernt. Sie haben auf den richtigen Zeitpunkt gewartet, um ihre Rechnungen mit dem Westen zu begleichen, und es scheint, als sei dieser Zeitpunkt nun gekommen. Die Arroganz, die bestimmte Klassen in Europa Jahrhunderte lang gegenüber anderen Völkern an den Tag legten, könnte uns alle eines Tages teuer zu stehen kommen. Es heißt nicht umsonst: *Hochmut kommt vor dem Fall!*

> *„Der Weg ist vorgezeichnet: Alles beginnt, wenn 50% der Schulden vom Ausland gehalten werden, dann geht die nationale Souveränität verloren, dann beeinflussen ausländische Stimmen die Grundsatzentscheidungen, dann wird die Muskelmasse von Herrschaftsinstrumenten wie IWF und Weltbank zermürbt – und letztendlich geht auch die Kontrolle über die Weltreservewährung verloren. Dass sich eine Nation die Kontrolle über seine eigene Währung von einer anderen Nation entreißen lässt, hat es bisher noch nie gegeben. Der hyperinflationäre Missbrauch des US-Dollars hat im Ausland dazu geführt, dass man schlimmstenfalls Rachegefühle entwickelt oder bestenfalls zu Überlebenstaktiken übergeht.“*[232]
>
> Jim Willie

Seit China kundtat, dass es an einer durch Gold gedeckten Währung mehr interessiert wäre als am US-Dollar, kam es zu einem Wettlauf um die Ressourcen. China hat im Jahr 2013 bei fallenden Preisen vermutlich zwischen 1.500 und 2.500 Tonnen Gold importiert. Offiziell waren es etwas über 1.000 Tonnen, die netto (Importe minus Exporte) über Hongkong importiert wurden – mehr als doppelt so viel wie im Jahr davor.[233] Jedoch gibt es keine Zahlen über die Importe via Shanghai und über andere Kanäle. Es wird auch vermutet, dass China durchaus an den Preismanipulationen an der COMEX beteiligt war, um *JP Morgan Chase* unter Druck zu setzen und um selbst billiger an das Gold zu kommen!

So findet das Gold, das China im Lauf der letzten 150 Jahre an den Westen verloren hatte, letztlich wieder seinen Weg heim. Damit möchte ich nochmals an die Worte von *J. S. Morill* erinnern: *„So wie die Freiheit bleibt Gold nie lange dort, wo es nicht geschätzt wird.“*

Zudem ist China mittlerweile der größte Gold-Förderer. Für 2013 schätzte die *China Gold Group* die Gesamtproduktion auf 430 Tonnen.[234] Die Tatsache, dass chinesische Minen teils auch Gold zu all-in-Kosten von $ 2.000 bis $ 2.500 förderten – bei einem durchschnittlichen Goldpreis von $ 1.400 – zeigt, wie ernst es die Chinesen mit dem Gold meinen. Dennoch wurde der offizielle Bestand der chinesischen Goldreserven auch im Februar 2014 weiterhin, wie seit Jahren unverändert, mit 1.054 Tonnen angegeben. Dazu schrieb *Thanong Khanthong* in *The Nation* bereits im August 2013:

> *„Es wird jedoch vielerorts spekuliert, dass diese Reserven eher zwischen 7.000 und 10.000 Tonnen liegen dürften, womit sie die 8.113 Tonnen der Amerikaner bereits überholt hätten. China bereitet sich augenscheinlich auf einen bevorstehenden Goldstandard vor. Yao Yudong, Mitglied des Komitees für Währungspolitik der ‚People's Bank of China', verfasste kürzlich einen Artikel im ‚China Securities Journal', in dem er ein neues Bretton-Woods-System forderte, um die globalen Wechselkurse zu stabilisieren. Ich würde dies als einen Ruf nach einem Goldstandard deuten!"*[235]

Die Chinesen haben seit 2012 alles freigewordene Gold auf dem Weltmarkt aufgesogen, was übrig blieb, teilten sich *JP Morgan Chase*, der indische Markt und einige andere asiatische Zentralbanken. Im Westen hingegen leerten sich die Tresore allerorts rasend schnell. Aber die Chinesen kaufen nicht nur Gold im ganz großen Stil, sondern auch alles andere, was damit zusammenhängt, angefangen von Immobilien bis hin zu Tresoranlagen.

> *„Die bemerkenswerteste Nachricht des Tages, die still und heimlich unter dem Radar der Öffentlichkeit blieb, war für mich, dass Fosun International, Chinas größter privater Mischkonzern, der in Rohstoffe, Immobilien und Arzneimittel investiert – auch als ‚Shanghai's Hutchison Whampoa' bekannt –, wie nebenbei verkündete, dass er im Oktober 2013 JP Morgans kultiges früheres Hauptquartier für $ 725 Millionen erworben hatte."*[236]
>
> David M. Levitt, Bloomberg.com

Eine chinesische Gruppe kaufte im Oktober 2013 die ehemalige J.P.-Morgan-Zentrale mit der bedeutenden Adresse *„Chase Manhattan Plaza 1“*, ein Hochhaus, das von keinem Geringeren als David Rockefeller erbaut wurde. Das Hochhaus liegt direkt neben der *FED* und enthält im Keller den größten Safe der Welt! Das wirft jedoch noch mehr Fragen auf...

Vielleicht besitzen die Chinesen noch mehr Gold als wir alle ahnen, da sie vielleicht einen Teil ihrer Einkäufe gar nicht offiziell nach China importierten, sondern in New York City beließen? Aber warum würden die Chinesen in New York Gold einlagern, wenn sie doch mit den Amerikanern um die Weltherrschaft kämpfen? Gute Frage!

Also, entweder sie sind ob ihrer wirtschaftlichen und militärischen Stärke so selbstbewusst, dass sie die USA nicht fürchten, oder aber sie haben vor, Teile dieses Goldes zu einem späteren Zeitpunkt wieder in New York zu verkaufen. Oder aber sie haben irgendwelche Absprachen mit den Amerikanern, die bislang noch niemand erahnt?

Die Wahrheit werden wir – wenn überhaupt – erst im Nachhinein erfahren. Interessant ist auch, dass die Chinesen für das Gebäude „nur“ 750 Millionen US-Dollar bezahlten, was etwa der Hälfte seines geschätzten Wertes entspricht. Ist *JP Morgan Chase* so verzweifelt?[(237)]

China war lange Zeit der größte Unsicherheitsfaktor in allen Goldstatistiken und ist es im Grunde auch noch heute. Denn das kommunistische Regime gab lange keine Auskünfte über seine Goldreserven und über seine eigene Goldproduktion. Bis 2003 war auch der private Besitz von Gold verboten. Dann gab die Regierung dem Druck der neuen wohlhabenden Mittelschicht nach. Langsam zogen die Goldimporte an. Gold wurde in Form von Schmuck, aber auch zur finanziellen Absicherung immer beliebter. Ab 2009 ermunterte die chinesische Führung dann sogar die eigene Bevölkerung über seinen staatlichen Fernsehsender CCTV zum Erwerb von Silber und Gold. Damit war der Währungskrieg zwischen China und den USA offiziell eröffnet. Der US-Dollar zeigte seit 2008 große Anzeichen von Auflösung, und die Führung unter Barack Obama offenbarte immer größere Schwächen. China verkaufte in 2013 und 2014 massiv US-Staatsanleihen und kaufte dafür Gold, weil es das Ende des US-Dollars kommen sah und seine Dollar-Reserven in echte Werte umtauschen wollte, ehe es zu spät war. Damit beschleunigte das Reich der Mitte den Verfall des Dollars zusätzlich, was Verluste bedeutete, aber den Chinesen blieb keine Wahl: besser jetzt kalkulierbare Verluste, als später einen Totalausfall zu riskieren.

Es scheint auf jeden Fall ganz danach auszusehen, dass sich der Osten auf dieses Endspiel vorbereitet. Mehrere neue Lagereinrichtungen für physisches Gold wurden im letzten Jahr in Singapur eröffnet, Moskau eröffnete eine Spot-Goldbörse, auch Dubai plant für dieses Jahr die Einführung eines Spot-Gold-Kontrakts. Wir sollten auch nicht vergessen, dass die *London Metals Exchange* im Jahr 2012 von der *Hong Kong Exchange* gekauft wurde, und es halten sich Gerüchte, dass diese physisch nach Hongkong umgesiedelt werden soll. Sollte China nun eine durch Gold gedeckte Währungsalternative auf den Weg bringen, die für internationale Handelspartner attraktiv wäre, dann würden die chinesische Regierung und ihre Bürger über Nacht extrem vermögend und mächtig werden. Die Amerikaner hingegen...[238]

Wir erinnern uns, dass auch die *Deutsche Bank* ihr Goldgeschäft nach Singapur verlegte und man sich daher fragen muss, ob der Westen bereits alles verloren hat oder ob das Kartell noch den einen oder anderen Trumpf im Ärmel hat?

Auch wenn das Bankenkartell um die *FED* zulassen musste, dass viel Gold nach Osten abgeflossen ist, so hat es doch die Gewissheit, dass ihm das Gold der Zukunft gehört. Die „üblichen Verdächtigen“ sind allesamt miteinander verbunden und aneinander beteiligt. Sie besitzen gemeinsam die größten Anteile an den Investmentfirmen *BlackRock* und *Vanguard*, die wiederum gemeinsam mit den an ihnen beteiligten Banken große Aktienpakete an den meisten Minengesellschaften halten, von den *big caps* bis hin zu den Explorern. Dennoch werden sie über den Machtverlust, der ihnen durch den Aufstieg Asiens entstand, vermutlich nicht glücklich sein.

Schlussfolgerung

Der Währungskrieg wird weitergehen, und er wird sich auf die eine oder andere Art entscheiden müssen. Es bleibt zu hoffen, dass er nicht wie 1914 und 1939 in einem großen physischen Krieg zwischen Ost und West endet. Auch die vielfältigen Manipulationen des Goldpreises werden so lange weitergehen, bis den Manipulatoren das Handwerk gelegt wird. Erste private Klagen gegen die beteiligten Banken laufen bereits. In den USA werden Sammelklagen vorbereitet, und je mehr Menschen sich daran anschließen, desto mehr Gewicht haben sie.

Aber neben den Bullionbanken sind es eben auch die Zentralbanken, die Gold seit Jahrzehnten bekämpfen. Die USA und England rufen immer am lautesten nach freien Märkten, und gerade deren Zentralbanken sind in vorderster Front dabei, wenn es darum geht, den Goldmarkt einzuschränken. Je mehr Menschen die Initiativen für eine Rückführung der nationalen Goldreserven ins jeweilige Land unterstützen, desto mehr werden die Angestellten der Zentralbanken unter Druck geraten, und daran erinnert werden, welchem Herren sie eigentlich dienen sollten: nämlich dem Volk.

Die Goldreserven eines Landes gehören dem Volk, und das Volk hat ein Recht darauf zu wissen, was mit seinem Eigentum geschieht. Nur der Druck der Bevölkerung kann dafür sorgen, dass die Zentralbanken ihre Geheimniskrämerei aufgeben, weil ihre finsteren Machenschaften dem grellen Licht der Öffentlichkeit ausgesetzt werden. Es liegt also an jedem Einzelnen von uns, den dubiosen und schädlichen Manipulationen am Goldmarkt ein Ende zu setzen!

TEIL 4

GOLDINVESTMENT

> *„Wir sind der festen Überzeugung, dass das fundamentale Argument für Gold überzeugender denn je ist. Es gibt keinen ‚backtest'* (Erfahrungswert; A.d.V.) *für die derzeitige Episode des Finanzwesens. Noch nie haben auf globaler Basis dermaßen gewaltige ‚monetäre Experimente' stattgefunden. Wenn es jemals Bedarf an monetärer Versicherung gegeben hat, so ist es heute.“* (239)
>
> Ronald-Peter Stöferle

Anfang 2014 stehen die Zeichen in der Weltwirtschaft und im weltweiten Geldwesen aus meiner Sicht auf Sturm. Staaten und Kommunen sind so heillos verschuldet, dass sie sich kurzfristig durch ihre *Nullzins-Politik* (QE) zu helfen versuchen, langfristig aber nicht an groß angelegten Schuldenschnitten und letztlich an Währungsreformen vorbeikommen werden. Solche Maßnahmen bedeuten, wie uns die Geschichte lehrt, immer die Enteignung von Privatpersonen. Gold ist gerade in solch unsicheren Zeiten zur Absicherung von großer Bedeutung.

Wie kann es also sein, dass die Kluft zwischen „Goldbugs“ und Goldhassern gerade in wirtschaftlich und monetär unsicheren Zeiten so weit auseinanderklafft? Neben all den Gründen, die wir bereits beleuchteten, neben gezielter Desinformation durch Banken und Medien und neben einer allgemeinen, auf vermeintlicher Sicherheit beruhenden Realitätsverweigerung weiter Teile der Bevölkerung, gibt es offenbar auch noch ein psychologisches Phänomen, das als „kognitive Dissonanz“ bezeichnet wird. Der Goldexperte Ronald-Peter Stöferle erklärt dies in seinem *Goldreport 2013* wie folgt: *„Sie entsteht bei einer Gefährdung des stabilen, positiven Selbstkonzepts, wenn also jemand Informationen bekommt, die ihn als dumm, unmoralisch oder irrational dastehen lassen. Dies scheint der Grund dafür zu sein, dass der erstmalige Goldkauf für viele Menschen eine enorme mentale Überwindung darstellt.“*

Es wurde zuletzt viel über *Inflation*, *Disinflation*, *Deflation* und *Stagflation* geschrieben und gesprochen. Die Frage, welches der Szenarien derzeit auf uns zutrifft und welches wir kurz- bis mittelfristig erleben werden, hängt sehr von der Betrachtung, der Vorbildung und von der Ideologie des jeweiligen Meinungsträgers ab.

Betrachten wir uns diese Begriffe näher:

„Inflation" bedeutet Preissteigerungen, also einen Wert- oder Kaufkraftverlust des offiziellen, staatlichen Geldes. Sie führt meist zu einer erhöhten Nachfrage nach Sachwerten wie Gold, Immobilien und/oder Aktien. Auch wenn staatliche Stellen immer wieder Gegenteiliges behaupten, so hatten wir seit der Euro-Einführung (2002) in manchen Segmenten konstant sehr hohe Inflationsraten, vor allem in den Bereichen, die lebensnotwendig sind, wie Lebensmittel, Wasser, Strom, öffentlicher Nah- und Fernverkehr. Im Bereich der Treibstoffe etwa war dies lange der Fall, bis sich die Spritpreise dank höherer Produktion und geringerer Nachfrage (genau wie Gold) seit 2011 seitwärts bewegten, also relativ konstant blieben.

Das viele neue Geld, das die westlichen Zentralbanken in den vergangenen Jahren schufen, führte nur scheinbar zu einer Belebung der Wirtschaft, da es nur in den Händen einiger weniger wohlhabender Menschen landete, die es vor allem in Aktien und Immobilien anlegten, was zu rasant steigenden Immobilien- und Mietpreisen und zu absurd hohen Börsenkursen führte. Diese hohen Bewertungen von Aktien an den Börsen haben nicht das Geringste mit den Fundamentaldaten der einzelnen Firmen zu tun, sie stützen sich nur auf die Verzweiflung der Anleger, die dank Nullzins-Politik keine andere gewinnbringende Anlagemöglichkeit sehen. Doch jede „Hausse" (anhaltende steigende Kurse = Bullenmarkt) geht irgendwann zu Ende – entweder weil sich die Fundamentaldaten oder die Rahmenbedingungen ändern oder weil sich bei den Anlegern die Stimmung ändert.

Unter **„Disinflation"** versteht man den Rückgang der Inflationsraten in einem anhaltenden Inflationszyklus. Als **„Stagflation"** bezeichnet man das gleichzeitige Auftreten von wirtschaftlicher Stagnation (zunehmende Arbeitslosigkeit und Armut) und Inflation (höhere Preise).

Oft wurde zuletzt auch vor einer **„Deflation"** gewarnt, also vor sinkenden Preisen dank sinkender Nachfrage. Tatsächlich wäre aber auch beides gleichzeitig möglich: Inflation in bestimmten Bereichen, Deflation in anderen. Die Zukunft vorherzusagen, ist nicht ganz einfach, weil sie von sehr vielen Faktoren und Menschen, aber auch von der Natur und dem Kosmos beeinflusst wird. Fest steht aber, dass alle Szenarien, *Inflation, Disinflation, Deflation* und *Stagflation*, deutliche Anzeichen für eine Weltwirtschaftskrise und somit für schwierige Zeiten mit möglichen sozialen Konflikten sind. Gerade in solch schwierigen Zeiten hat sich Gold immer als Sicherheit erwiesen.

Welches der beschriebenen Szenarien momentan gerade vorherrscht und welches wir als Nächstes erleben werden, ist im Grunde bedeutungslos. Wer darüber nachdenkt, einen Teil seines Geldes in Gold anzulegen, muss sich nur eine Frage stellen: Glaube ich daran, dass 2008/2009 bereits der Höhepunkt der großen Krise war und es nun wieder bergauf geht, oder glaube ich, dass 2008/2009 erst der Auftakt war und uns das Schlimmste noch bevorsteht?

Wer an die erste Variante glaubt, hat keinen Grund, in Gold zu investieren, denn in Zeiten eines weltweiten Aufschwungs gibt es wenig Grund zur Absicherung.

Wer an das zweite Szenarium glaubt, der hat allen Grund, in Gold zu investieren, um seine Ersparnisse abzusichern – auch (oder gerade) wenn Gold vermeintlich am Boden zu sein scheint. Immer dann, wenn offizielle Stellen betonen, dass es keinen Krieg geben wird, liegt Krieg in der Luft. Immer dann, wenn Politiker und Notenbanker ausdrücklich betonen, dass es keine monetären Probleme gibt, ist mit großem Ärger zu rechnen. Wenn etwas unbestreitbar wäre, dann müsste man es nicht unentwegt ausdrücklich als richtig darstellen.

Die meisten Anlageberater raten Menschen zu einer Risikostreuung und zur Verteilung des Vermögens auf Immobilien, Aktien, Anleihen, Kunst, Cash und nur zu einem kleinen Teil (5% bis 15%) in Gold. Zwar ist die Streuung des Risikos prinzipiell nicht verkehrt, aber die unterschiedlichen Anlageklassen verhalten sich je nach wirtschaftlichem, sozialem und politischem Umfeld sehr unterschiedlich. Eine solche Strategie ähnelt einem Spieler, der ins Casino geht, sich an den Roulette-Tisch setzt und den ganzen Abend über gleichzeitig gleich viel auf Rot und Schwarz setzt. Am Ende des Abends hat er nichts gewonnen und nichts verloren. Tatsächlich gibt es bessere Roulette-Systeme. Aber in manchen Fällen könnte auch „nichts zu verlieren" bereits ein Gewinn sein.

Eine solche Sowohl-als-auch-Strategie macht Sinn für Menschen, die sich nicht mit der Materie beschäftigen wollen oder unentschlossen sind. Für diejenigen, die daran glauben, dass wir stürmische Zeiten vor uns haben, macht es vielleicht Sinn, mehr als nur 15% in Gold anzulegen. Dazu kommt, dass Gold – und noch mehr Goldminenaktien – Anfang 2014 sehr günstig waren, die meisten anderen Aktien und Immobilien hingegen generell bereits extrem überbewertet.

Ein anderer Punkt besteht darin, dass 90% der Menschen kein „Vermögen" besitzen, sondern lediglich kleine Ersparnisse haben, die sie retten wollen. Wer ein Viertel seines Vermögens in eine Immobilie anlegen möchte, muss nahezu Millionär sein, was – wie wir wissen – eher auf einen kleinen Teil der Bevölkerung zutrifft. Außerdem ist das viel zitierte „Beton-Gold" nicht so sicher, wie viele Menschen glauben. Zwar spricht nur wenig gegen die selbst genutzte Immobilie im Eigenbesitz, doch ist auch hier dringend darauf zu achten, zu welchem Zeitpunkt man als Käufer einsteigt. Vermietete Immobilien sind vor allem in Krisenzeiten (Armut, Arbeitslosigkeit) ein Risiko, da die Einnahmen daraus schwieriger werden.

Es gilt natürlich zu bedenken, dass ein Staat in Not immer auf alles, also auch (und vor allem) auf Immobilien Sondersteuern erhebt, wie etwa bereits seit Ende 2011 in Griechenland mehrfach geschehen.

Da sowohl der *IWF* als auch deutsche und europäische Politiker seit 2013 immer öfter von Sonderabgaben auf Vermögen (Sparguthaben, Immobilien) sprechen, sollte man dies sehr ernst nehmen. Solche Abgaben werden kommen! Solche Maßnahmen schaffen Instabilität und Unmut. Je größer die Unsicherheit in der Bevölkerung und an den Märkten ist, desto mehr Menschen flüchten in Gold, was dessen Preis wieder antreibt. Bei Fertigstellung dieses Buches – Anfang 2014 – schien ein Einstieg in Gold aus vielerlei Hinsicht ratsam und vernünftig.

> *„Ich fordere meine Leser auf, sich weniger Sorgen um die kurzfristigen Bewegungen an den Gold-Futures-Märkten zu machen oder darum, welche Zentralbank welche Bestände hat. Sie sollten begreifen, dass Gold ein tief reichender, globaler Markt ist, der bereits den Aufstieg und den Untergang zahlreicher Weltreiche überlebt hat. Die Entscheidung, die Sie treffen müssen, ist einfach: Entweder besitzen Sie es, oder Sie besitzen es nicht.“*[240a]
>
> Peter Schiff

Es gibt eine Vielzahl von Möglichkeiten, in Gold zu investieren. Neben Goldbarren und -münzen gibt es auch noch Schmuck, Minenaktien, Aktien von Streaming- oder Royalty-Unternehmen, Fonds, Futures, Optionen, Optionsscheine, Zertifikate und Goldspar-Modelle. Es wird Sie vermutlich wenig überraschen, dass ich mich hier nur auf die Varianten konzentriere, die mit *physischem Gold* zu tun haben und nicht mit „Papier-Gold“.

Obligationen, Fonds, Strukturierte Produkte oder *Exchange Traded Funds* (ETF) lassen sich mit ordentlichen Ausgabeaufschlägen und Provisionen verkaufen. Davon lebt eine ganze Industrie. Wenn die Masse jedoch physisches Gold kauft, gibt es für die Investment-Gesellschaften weniger zu verdienen. Oder anders formuliert: Asset Manager können von Gold kaum profitieren.[241]

Welche Anlage Sie wählen, hängt von Ihrer Risikobereitschaft, Ihrem Wissensstand und davon ab, wie viel Zeit Sie haben, sich mit dem Thema zu beschäftigen. Es sollte aber auch davon beeinflusst werden, welche Szenarien Sie sich in Ihrer Phantasie für unsere nähere Zukunft ausmalen.

„In Zeiten wie diesen fühlen sich langfristig orientierte Goldinvestoren, als ob sie bei einer Burschenschafts-Feier in der Ecke säßen, weil sie als Fahrer ausgelost wurden. Es könnte so wirken, als würden wir das Beste verpassen, aber wir müssen uns darauf besinnen, dass wir ein anderes Spiel spielen als die kurzfristig ausgerichteten Spekulanten. Unsere betrunkenen Freunde hatten in 2013 den einen oder anderen billigen Rausch, aber dieses Wachstum an den Aktienmärkten ruht auf einem instabilen Fundament aus künstlichen Stimuli und billigem Geld... Je länger die Zinssätze gedrückt werden, desto verrückter werden sich Märkte verhalten, wenn die Zinssätze wieder steigen. Wenn das eine Jahr mit 1%-Zins unter Greenspan schon mitgeholfen hatte, den Crash von 2008 auszulösen, dann stellen Sie sich vor, was drei Jahre 0%-Zins unter Bernanke und Yellen für den nächsten Crash bedeuten könnten...“[242]

Peter Schiff

Ich möchte Ihnen auf den folgenden Seiten aufzeigen, wie Sie in physisches Gold und in Goldminenaktien investieren können. Wer sich für Futures, Optionen, Optionsscheine oder Zertifikate interessiert, möchte sich bitte an anderer Stelle informieren.

Schmuck

Lange Zeit war Goldschmuck in der westlichen Welt eine wichtige Wertanlage, aber auch Ausdruck der eigenen Persönlichkeit. Er sollte die Trägerin (den Träger) gleichzeitig schmücken, und im Notfall auch Wertspeicher oder Währung sein. Lange trügerische Jahre des Friedens und der finanziellen Sicherheit führten – mit dem gleichzeitigen Aufkommen von Billigschmuck bei Kaffeeröstern und Discounter-Supermärkten – dazu, dass Schmuck als Wertanlage in der breiten Öffentlichkeit an Bedeutung verlor. So wurde Goldschmuck immer häufiger durch Modeschmuck ersetzt, was zum langsamen Ausdünnen der Juwelier- und Goldschmiedebranche führte. Heute gibt es im Grunde nur noch einige wenige Schmuckhändler, die eher im Hochpreissegment tätig sind. Auch bei uns war Schmuck bis in die 1980er-Jahre hinein Statussymbol, Wertspeicher und Ausdruck des individuellen Geschmacks. Heute sind es jedoch eher Autos oder Smartphones, mit denen Menschen einander signalisieren, wer sie gerne wären.

Deshalb muss man bei der Investition in Goldschmuck in der westlichen Welt heute Folgendes bedenken: Zur Geldanlage taugt Schmuck nur bedingt, da der Aufschlag auf den reinen inneren Wert des Schmuckstückes – also auf den Wert des verarbeiteten Goldes und der Edelsteine – dank Zwischenhändler und Verarbeitung im Vergleich zu Goldmünzen oder -barren sehr hoch ist. Deshalb sollte man nur in Schmuck investieren, wenn einem das Schmuckstück wirklich gefällt und man es auch trägt. Schmuck, der ausschließlich irgendwo in Schatullen oder Safes liegt, ist eine schlechte Investition. Wenn man ihn nämlich verkaufen muss, dann erhält man meist nur den sogenannten *„Bruchgoldpreis"*, also etwa 80% bis 85% des Goldwertes. Es sei denn, es handelt sich um eine sehr hochwertige Goldschmiedekunst, um Einzelstücke von erlesener Qualität – die kann man jederzeit ohne großen Verlust in Auktionen oder in Sammlerkreisen wieder verkaufen. Maschinell gefertigter Schmuck hingegen ist Geldverschwendung – außer man trägt ihn gerne und erfreut sich daran.

Im Folgenden möchte ich die wichtigsten Begriffe für Goldschmuck klären. Da Gold ein weiches Metall ist, wird es meist mit anderen Metallen **„legiert"**, also zusammengeschmolzen, um es härter zu machen, was besonders bei Schmuck und Umlaufmünzen (= Geld, das Gegenteil von Sammlermünzen) wichtig ist, da sie sich sonst ständig abnutzen und verformen würden. So wären sie bald nicht wiederzuerkennen oder würden an Gewicht und somit an Wert verlieren. So ist Rotgold etwa mit Kupfer legiert und Weißgold mit Silber, Platin oder Palladium.

Jedes ordentliche Schmuckstück muss **„punziert"** sein, es muss also irgendwo (meist an der Innenseite) mindestens ein oder zwei kleine eingeschlagene Stempelungen aufweisen, die Auskunft über den Feingehalt des Metalls und über den Hersteller, also den jeweiligen Goldschmied, geben. In manchen Ländern können auch noch Jahreszahlen oder eine Verantwortlichkeitspunze hinzukommen – sie gibt Auskunft darüber, wer die Punzierung geprüft hat.

Diese Punzierungen werden mittels eines metallenen Stempels und eines Hammers in das Schmuckstück eingeschlagen. Da sie sehr klein sind, enthalten sie oft nur Symbole oder Buchstabenkombinationen. Um sie zu entschlüsseln, kann man sich an jeden Juwelier, Edelmetallhändler oder an eine der Scheideanstalten wenden.

Reinheit und Feingehalt

Die Reinheit von Gold wurde früher in Karat (abgekürzt „kt") angegeben. Dabei entsprechen 24 Karat reinem Gold (Feingold). Mit Einführung des metrischen Systems wurde die Umstellung auf Promille-Angaben (‰) vorgenommen, wie wir sie heute bei Goldbarren kennen (999,9). Bei Schmuck findet man aber noch oft die Bezeichnung in Karat. Ein Karat ist 1/24.

So bedeutet die Punzierung „750" in Goldschmuck, dass das Metall von 1.000 Gewichtsanteilen 750 Anteile Gold aufweist (=750‰).

- 24 Karat (999) = ca. 1.000‰ Gold
- 22 Karat (916) = ca. 916‰ Gold
- 20 Karat (833) = ca. 833‰ Gold
- 18 Karat (750) = ca. 750‰ Gold
- 14 Karat (585) = ca. 585‰ Gold
- 9 Karat (375) = ca. 375‰ Gold
- 8 Karat (333) = ca. 333‰ Gold

Hochwertiger Schmuck besteht üblicherweise aus hochgradigen Legierungen, was jedoch abhängig ist von der Funktion und von regionalen und kulturellen Vorlieben. In Deutschland ist Goldschmuck zwischen 8 und 18 Karat typisch, in Österreich sind es 14 oder 18 Karat, in der Türkei und im gesamten Orient sind es meist 14 Karat, ebenso in den USA. In Asien sind es meist 18 Karat, in Indien und im arabischen Raum meist 22 Karat, teilweise wird sogar Schmuck aus purem Gold angeboten, der sich jedoch zum Tragen kaum eignet.

Goldbarren

Handelsübliche Goldbarren gibt es in sehr vielen unterschiedlichen Größen und Formen, von 1 Gramm bis zu den berühmten Handelsbarren der großen Banken mit 12,44 Kilogramm (400 Unzen). Generell gilt, dass Barren die günstigste physische Goldanlage sind, weil ihre Herstellung im Vergleich zu Münzen oder zu Schmuck sehr viel einfacher ist und daraus ein geringerer Aufschlag auf den eigentlichen Goldwert resultiert. Dennoch gilt auch hier: Je kleiner der Barren, desto teurer ist er relativ gesehen, da es natürlich aufwendiger ist, 10 Barren à 10 Gramm zu gießen als einen 100-Gramm-Barren.

Die großen Barren sind in der Regel sogenannte *Good-Delivery-Barren.* Dies ist ein Standard der LBMA (*London Bullion Market Association*). Ein solcher Barren muss einen Feingehalt von mindestens 995/1.000 und ein Gewicht zwischen 350 und 430 Feinunzen einhalten – meist sind es 400 Feinunzen (12,44 Kilogramm). Erfüllt der Goldbarren diese Standards nicht, wird er mit dem Zeichen „NGD" für *Non-Good-Delivery* gestempelt, um ihn unterscheiden zu können. Solche Barren werden meist nur von Großanlegern (Banken, Zentralbanken) gekauft und gehandelt.

Wer Goldbarren kauft, sollte sich gut überlegen, in welcher Stückelung (Größe) er seinen „Goldschatz" anlegt. Wenn die Barren als eiserne Reserve für schlechte Zeiten dienen, dann gilt zu überlegen, dass kleinere Einheiten mehr Sinn machen als große, etwa in Zeiten einer Hyperinflation. Wenn das Geld – gegen das man den Barren dann tauschen muss – täglich deutlich an Wert verliert, dann empfiehlt es sich natürlich eher, kleine Stückelungen zu haben. Für diesen Fall ist es am sinnvollsten, die Investition auf Goldbarren und Goldmünzen verschiedener Größen sowie auf Silbermünzen (oder -barren) zu streuen. Dann kann man die großen Einheiten für große Anschaffungen nutzen, die kleinen notfalls für den täglichen Einkauf. Genau hierfür wurden in den letzten Jahren extrem kleine Stückelungen geschaffen, sogenannte **Tafelbarren** (Combi-Bar) aus Gold oder Silber, die in 50 oder 100 gleiche Teile mit Sollbruchstellen unterteilt sind und von denen man nach Bedarf – wie bei einer Tafel Schokolade – einzelne Stücke abbrechen kann. (siehe Abb. 15, Seite 213)

Generell möchte ich darauf hinweisen, dass kleinere Barren üblicherweise immer aus reinem Gold bestehen, daher verhältnismäßig weich sind. Deshalb können ältere Barren Kratzer oder Dellen aufweisen, was jedoch nicht den Wert des Barrens schmälert, da eine Verformung nicht zwangsläufig einen Materialverlust bedeutet. Ganz im Gegenteil: Sehr alte Goldbarren mit Gebrauchsspuren können einen ganz eigenen, unverwechselbaren Reiz ausüben, weil sie eine Geschichte erzählen und so etwas wie einen ganz eigenen Charakter haben. Es muss also nicht immer ein nagelneuer, eingeschweißter Barren mit polierter Platte sein. So lange ein Barren genau das Gewicht auf die Waage bringt, das eingraviert ist, ist ein alter Barren genauso wertvoll wie ein neuer. 100 Gramm Gold sind immer 100 Gramm Gold, unabhängig vom Alter oder von der Herkunft des Barrens.

Goldmünzen

Goldmünzen sind ästhetisch attraktiver als Barren. Sie vereinen den inneren Wert des Goldes mit Handwerk und mit künstlerischem Geschick. Man unterscheidet zwischen *Umlauf-*, *Anlage-* und *Sammlermünzen*.

Umlaufmünzen sind Münzen für den täglichen Zahlungsverkehr. Unsere heutigen Umlaufmünzen sind mehr oder weniger wertlos, ihr innerer Wert ist weit geringer als der aufgedruckte Wert (Nominale). Es gibt aber einige Umlaufmünzen aus früherer Zeit, die sehr interessant sind und auch als Wertanlage taugen. Sie stammen aus der Zeit, als es noch einen Goldstandard gab, sie sind daher mindestens 100 Jahre alt. Die wichtigsten Umlaufmünzen aus 900er-Gold sind der *Gulden* (Österreich), *Helvetia* und *Vrenelli* (Schweiz), *Pesos* (Mexiko) und *20 Mark* (Preußen, Deutsches Reich). Der britische *Sovereign* besteht aus 916er-Gold, der österreichische *Dukaten* aus 986er-Gold.

Anlagemünzen (Bullionmünzen) bestehen meist aus reinem Gold (999,9). Die bekanntesten Beispiele sind der *Wiener Philharmoniker* (Österreich), der *Maple Leaf* (Kanada), *American Buffalo* (USA), *Panda* (China), *Libertad* (Mexiko) und der australische *Kangaroo*, der bis 1990 *Nugget* hieß, da er das berühmte *Welcome-Stranger-Nugget* abbildete, das danach jährlich wechselnden Känguru-Motiven wich.

Die einzigen Ausnahmen sind hier der *American Gold-Eagle* und der *Krügerrand*, die mit Kupfer legiert sind (916 = 22 Karat), wodurch sie ihre typisch rötliche Farbe erhalten. Während die vorher genannten 1-Unzen-Münzen logischerweise jeweils ein Gewicht von 31,1 Gramm haben, haben die 1 Unzen-*Krügerrand* und *Gold-Eagle* jeweils ein Gewicht von 33,93 Gramm.

Heute gibt es die meisten Gold-Anlagemünzen auch als 1/2-Unzen (15,55 Gramm) oder 1/4-Unzen-Münzen (7,76 Gramm) und teilweise auch als 1/10-Unzen-Münzen. Auch hier gilt natürlich: Je kleiner die Münze, desto teurer ist sie relativ gesehen.

Sammler-, Sonder- oder **Gedenkmünzen** eignen sich nur bedingt als Geldanlage, da sie (auf Grund kleiner Auflagen) wesentlich mehr kosten als ihrem inneren Wert (Materialwert) entspricht. Daher sind sie keine Anlage zur Absicherung, sondern ein sehr spezielles Gut, das auch nur unter speziellen Bedingungen wieder zum selben oder einem höheren Preis verkauft werden kann. In wirtschaftlich schwierigen Zeiten sind nur die besonders seltenen Stücke ohne Verlust an ausgewählte Sammler zu verkaufen.

Abb. 14, 15, 16 und 17:
Links oben: Ein 100-Gramm-Feingoldbarren von *N M Rothschild & Sons* mit dem Aufdruck R.M.R. für „Royal Mint Refinery".

Rechts oben: Ein Tafelgoldbarren, von dem man einzelne 1-Gramm-Goldstücke nach Bedarf abbrechen kann.

Unten links: Hier sehen wir einen südafrikanischen *Krügerrand* aus dem Jahre 2009, eine echte „Anlagemünze", die ebenso wie der *Vreneli* mit Kupfer legiert ist. Der Krügerrand mit 1 Unze besteht aus 916er-Gold (22 Karat). Er besteht aus 1 Unze Gold (31,1 Gramm) und wiegt durch den Kupferanteil insgesamt 33,93 Gramm.

Unten rechts: Ein Schweizer 20-Franken-*Vreneli* aus dem Jahr 1897. Die ehemalige „Umlaufmünze" wurde von 1897 bis 1949 geprägt und wird heute als „Anlagemünze" gehandelt. Sie hat ein Raumgewicht von 6,45 Gramm und besteht aus 900er Gold (900/1000), der Goldanteil beträgt also 5,81g.

Goldminen-Aktien

Wer sich einen Anteil an einem Gold suchenden und/oder fördernden Unternehmen sichern und in Goldminen-Aktien investieren möchte, sollte einiges an Grundwissen, Geduld und Zeit mitbringen. Denn während man bei der Anlage in physisches Gold nur wenig falsch machen kann, sind die Möglichkeiten dazu bei Minen-Aktien vielfältig. Das sicherste Investment ist immer noch das antizyklische – also kaufen, wenn sonst niemand kauft, wenn der Markt am Boden ist und die Minen-Aktien günstig sind. Aber genau das erfordert Wissen, Mut und Geduld.

Geld richtig zu investieren, ist im Grunde auch ein Handwerk, das erlernt werden will, und jeder Lehrling macht Fehler. Daher sollten Anfänger tendenziell erst mit kleinen Summen hantieren, ehe sie das nötige Können für ihr Meisterstück haben. Die wichtigsten Werkzeuge des Aktien-Investors sind Informationen. Dabei sollte man danach trachten, in alle Richtungen zu schauen, sich also sowohl die Meinung der Befürworter als auch der Gegner einer bestimmten Anlageklasse anzuhören, um daraus seine eigenen Schlüsse zu ziehen.

Bei Minenwerten unterscheidet man zwischen Unternehmen, die bereits Gold fördern und solchen, die noch in der Entwicklungsphase oder in der Vorbereitung sind. Die fördernden Unternehmen werden wiederum nach ihrer Größe unterschieden: Da gibt es große, etablierte Unternehmen, die parallel aus mehreren Minen fördern und große Umsätze generieren *(large caps)*. Ihre Aktien werden an großen Börsen gehandelt und fließen somit auch in große Aktienindizes ein. Solche Aktien nennt man *blue chips* – der Name leitet sich davon ab, dass die blauen Jetons (Chips) bei Poker-Spielen in Casinos immer den höchsten Wert haben.

Dann gibt es mittelgroße Unternehmen, die bereits fördern, so genannte *mid-caps*, und kleine fördernde Unternehmen (*small-caps*) – bezogen auf ihre Kapitalisierung und ihren Handelswert.

Jedes Unternehmen, das bereits fördert und Gold verkauft, ist einigermaßen berechenbar, auch wenn es immer unbekannte Faktoren gibt. So kann es zu Unfällen und Einstürzen in Minen kommen, zu Streiks in der Belegschaft oder aber auch zu Fehlentscheidungen des Managements.

Sogenannte „Explorer" aber, Unternehmen, die eine Goldlagerstätte besitzen, aber noch nicht fördern, sind im Grunde nahezu unberechenbar, da die Kosten für die Erschließung einer Lagerstätte sehr hoch sind und es sehr viel geben kann, was auf dem Weg von der Erschließung bis zur Förderung schiefgehen kann – je nachdem, ob bereits Konzessionen, Straßen, Strom, Wasser und so weiter vorhanden sind. Aktien solcher Unternehmen kosten meist nur wenige Cent und werden deswegen auch als „Penny-Stocks" bezeichnet. Gerade in diesem Bereich wird oft über gewaltige Gewinnmöglichkeiten geschrieben, doch ist Vorsicht geboten, da nur wenige von ihnen jemals in die Produktionsphase eintreten und die oft sehr lange auf sich warten lässt.

Es gibt Internetforen, in denen vermeintliche Experten von bestimmten Penny-Stocks schwärmen und von 1.000%igen Gewinnchancen faseln. Dazu kann man nur sagen, dass viele dieser Schwärmer von Unternehmen für ihre Schwärmerei bezahlt werden und einige von ihnen deshalb auch schon gerichtlich belangt und verurteilt wurden. Alles, was zu schön ist, um wahr zu sein, ist auch zu schön, um wahr zu sein, und sollte gemieden werden! Wer wenig Erfahrung hat, sollte sich daher nur mit kleinen Einsätzen an einem solch riskanten Investment beteiligen.

Im Unterschied zu *physischem Gold* können *Minenaktien* eine Rendite abwerfen, weil Unternehmen, die Gewinne erzielen, oft Teile davon als „Dividenden" an ihre Aktionäre ausschütten. Je besser es dem Unternehmen geht, desto höher ist die Dividende und desto öfter wird sie gezahlt.

Manche Analysten, vor allem die der Banken, sprachen in 2013 davon, dass die Goldpreis-Rallye zu Ende sei und Gold sich wieder in einem langfristigen Abwärtstrend befinde. Dem widerspricht die Tatsache, dass das Grundproblem, das unsere Weltwirtschaft knebelt, nämlich die enorm hohe Verschuldung, nicht gelöst ist. Aus Anlegersicht ist auch eine andere Tatsache wichtig, die uns die Börsengeschichte zeigt: Jede *Hausse* oder *Preis-Rallye* wird immer mehrmals unterbrochen. Die gegenwärtige Preis-Rallye bei Gold begann in 2002 und ist vermutlich noch lange nicht zu Ende. Die Goldpreis-Rallye wurde zum ersten Mal 2008 unterbrochen, dann zum zweiten Mal 2012/2013. Vermutlich wird sie noch lange weitergehen, wenngleich es natürlich auch noch zu weiteren Rückschlägen, vielleicht sogar zu deutlichen zwischenzeitlichen Rücksetzern kommen kann, da der Markt nicht frei ist, sondern von den großen Investoren beeinflusst wird, wie wir bereits ausführlich gesehen haben. Alles, was beim Thema „Preisbildung" für physisches Gold gilt, gilt ebenso für Goldminenaktien. Daher werden Investoren auch in diesem Bereich künftig wohl gute Nerven brauchen, und besser langfristig denken und agieren.

> *„Auch wenn der Konsens nun von einem Ende der Goldhausse ausgeht, so sind wir der Meinung, dass der fundamentale Case nach wie vor – bzw. mehr denn je – intakt ist. Wir denken, dass die seit September 2011 laufende Korrektur starke Ähnlichkeiten zur ‚Mid-Cycle-Korrektur' zwischen 1974 und 1976 aufweist. Diese Phase ähnelte der aktuellen Phase besonders auf Grund der ausgeprägten Disinflation, steigender Realzinsen und eines extrem hohen Pessimismus hinsichtlich Goldinvestments."*[(243)]
>
> (siehe Abb. 6, Seite 61) Ronald-Peter Stöferle

Disinflationäre Phasen (leicht rückgängige Inflationsraten), wie wir sie in 2013 sahen, sind ungünstig für den Goldkurs, weil sie die Probleme verschleiern und manch einen in der Illusion wiegen, dass das Schlimmste bereits hinter uns liege. Jeder, der die Grundlagen des monetären Systems versteht, weiß jedoch, dass dem nicht so sein kann. Diese disinflationäre Phase, gepaart mit einer Übereuphorie an den allgemeinen Aktienmärkten, ständig steigenden Geldmengen, falschen Zahlen und Statistiken von offizieller Seite und einer massiven Manipulation am Papiergoldmarkt, hat 2013 zum Kurssturz bei Gold geführt. Der Goldkurs hat sich jedoch Anfang 2014 deutlich erholt. Es ist davon auszugehen, dass wir uns langfristig weiter in einem Bullenmarkt befinden, der Goldpreis also weiter steigen wird. Dasselbe gilt für Goldminen-Aktien. Immerhin hat der wichtige Minenaktienindex *HUI*, nachdem er von Ende 2011 bis Ende 2013 von 500 auf 200 Punkte gesunken war, im Februar 2014 (nach nur zwei Monaten!) wieder die 240 Punkte überschritten. Das war ein Zuwachs von 10% pro Monat Anfang 2014!

Ein **Aktienindex** (z.B. DAX, S&P 500 oder EURO STOXX 50) ist eine Kennzahl, die einen bestimmten (Teil-)Markt widerspiegelt. Meist bezieht sich dies auf Kursgewinne und -verluste in einem bestimmten Teilbereich des Aktienmarktes, es können aber auch andere Parameter mit einfließen. Man könnte einen solchen Index auch als „Börsen- oder Stimmungsbarometer" innerhalb eines Segmentes bezeichnen. Der wichtigste Index für Goldminen-Aktien ist der sogenannte ***HUI*** (**NYSE Arca Gold BUGS Index**), der die wichtigsten „ungehegten" Goldproduzenten repräsentiert, also jene fördernden Unternehmen, die keine Vorwärtsverkäufe tätigen, um ihre Förderungen abzusichern. Der HUI beruht ausschließlich auf den Kursen der darin abgebildeten Bergbauunternehmen, er berücksichtigt also keine Dividendenzahlungen. Weitere wichtige Indizes sind der **Philadelphia Gold and Silver Index** (*XAU*), der jedoch sowohl „gehedge" als auch „nicht-gehedge" Gold- und Silberproduzenten abbildet, und der **Barron's Gold Mining Index** (**BGMI**), der älteste seiner Art, der jedoch nur US-amerikanische Goldförderer berücksichtigt.

Zur Bewertung von Goldminen betrachtet man neben den geschätzten und bewiesenen Ressourcen, die Auskunft über die verbleibende Lebensdauer einer Mine geben, das Management und die Geschichte eines Minenunternehmens. Hier werden vor allem die letzten Quartals- und Jahreszahlen betrachtet, da sie Aufschluss über die gegenwärtige Leistung eines Förderers geben und Rückschlüsse auf die Zukunft zulassen. Wichtige Kennzahlen sind hier, neben der Menge der geförderten Edelmetalle (in Unzen), Verkaufspreis und Cashkosten, aus denen sich der Gewinn des Unternehmens ergibt.

Gerade die *Cashkosten* aber sind eine sehr schwer zu deutende Größe, da es dafür keine klaren Definitionen und Richtlinien gibt. Deshalb hat das *World Gold Council* (eine Interessenvertretung der Goldindustrie) in 2013 mit großen Gesellschaften wie *Barrick Gold* und *Kinross Gold* begonnen, einen Standard zu entwickeln, der künftig die wahren Produktionskosten einer Goldmine veranschaulichen könnte.

Die ***Cashkosten*** sind jene Kosten, die anfallen, um eine Unze Gold aus dem Berg zu holen und bis zum Verkauf zu bringen, also die „operativen Kosten". Sie enthalten also Personal-, Transport- und Energiekosten, also jene Kosten, die der Unze Gold direkt zugeordnet werden können (Teilkostenrechnung). Was hier jedoch fehlt, sind die sekundären Kosten, wie etwa für die Exploration, Abschreibungen, Minenausbau, Wiederaufbau der Waldabschnitte, mögliche juristische Kosten, Werbekosten, Besuch von Edelmetallmessen, usw.. Diese werden nur in den ***All-in-Kosten*** (*all-in-sustaining-costs*, AISC), also den wirklichen Komplettkosten aufgeführt (Vollkostenrechnung). Wenn ein Unternehmen in seinen Quartalszahlen also mit geringen Cashkosten wirbt, dann lässt dies noch keine schlüssige Prognose für den Gewinn zu. Um die Größenordnungen zu verdeutlichen: So hatte etwa das für geringe Kosten bekannte, große Traditionsunternehmen *Barrick Gold* im ersten Quartal 2013 nach eigenen Angaben Cashkosten in Höhe von 561 USD/oz Gold, die „All-in sustaining cash costs" aber lagen bei 919 USD/oz Gold – ein erheblicher Unterschied also.[244]

Generell gilt bei Goldminenaktien, dass sie stärker auf Schwankungen beim Goldpreis reagieren (volatiler sind) als physisches Gold oder Papiergold. Dieser sogenannte „Hebel auf Gold" bedeutet: Steigt der Goldpreis, dann steigen die Goldminen-Aktien im Vergleich dazu meist noch extremer („Minen-Gold-Ratio"). Fällt der Goldpreis, fällt der Preis für Minenaktien meist extremer. Anders ausgedrückt: Wenn der Goldpreis sehr niedrig ist, dann sind die Minenaktien noch niedriger, steigt der Goldpreis dann aber wieder an, dann ist diese Aufwärtsbewegung bei den Goldminenaktien ganz massiv (=großer Hebel).

„...es gibt noch einen anderen Grund, warum man die vergangenen 13 Jahre als eine zusammenhängende Zeitspanne betrachten sollte: Ein Jahr mit Verlusten nach 12 gewinnbringenden Jahren, ist gar nicht so schlecht. Selbst wenn man 2013 dazuzählt, so hat Gold in den vergangenen 13 Jahren einen durchschnittlichen Jahresgewinn von mehr als 13% erzielt. Es war und ist eine der besten Vermögensanlagen, die man besitzen kann, gerade weil weder physisches Gold noch physisches Silber Kontrahentenrisiken (Risiko des Ausfalls großer Marktteilnehmer; A.d.V.) *haben, und weil auch diese ‚Geld-Bubble', wie schon jede andere durch Banken oder Staaten aufgeblähte Bubble, zuvor platzen wird.*"(245)

James Turk, Bankier, Gründer und Direktor von „Goldmoney"

In der Periode zwischen dem Tief des Goldpreises im Oktober 2008 und seinem Hoch im September 2011 übertraf die Performance der Goldminenaktien die des Goldpreises um rund 50%.(246) Doch als der Goldpreis in 2013 fiel, kam es zum Verfall der Goldminen-Aktien.

Noch nie waren Goldminenaktien – im Vergleich zu Gold und anderen Anlageklassen – schlechter bewertet als im Jahr 2013. Hatte die negative Stimmung und die Propaganda in 2013 physischem Gold schon stark zugesetzt, so hatte sie viele goldfördernde Unternehmen an den Rand des Ruins gebracht. Einige Förderer mussten Minen vorübergehend schließen und Mitarbeiter heimschicken, andere wurden verkauft. Die meisten Unternehmen aber waren in der Lage, drastische Einsparungen vorzunehmen, um über die Runden zu kommen. Die Senior-Goldminen (große Gesellschaften) verloren zirka 55 Prozent, die Junior-Minen (kleine Gesellschaften) zirka 65 Prozent und die Edelmetall-Explorer büßten über 70 Prozent ein.(247) Doch je tiefer der Fall, desto höher ist das Potential für künftige Kursgewinne.

Physisches Gold wird eher als Absicherung gegen Geldwertverlust gesehen und hat eine verhältnismäßig breite Käuferschicht – von Großinvestoren, Banken, Industrie, bis hin zu normalen Bürgern, die sich einige Münzen oder Barren auf die hohe Kante legen. Während man mit Gold im Grunde keinen Gewinn machen kann, sondern vorwiegend andernfalls entstehende Verluste abfängt, lässt sich mit Goldminenaktien durchaus viel Geld verdienen – aber auch ebenso viel verlieren –, abhängig davon, wie gut man sie bewerten kann und welchen Punkt man zum Einstieg nutzt. Da in Deutschland aber nur etwa 4,5 Millionen Menschen Aktien besitzen[(248)], und der größte Teil von ihnen immer auf fahrende Züge aufspringt, ist der Käuferkreis von Goldminen-Aktien hier sehr gering. Und auch von dem kleinen Kreis von Menschen, die Goldminenaktien besitzen, ist in 2013 ein großer Teil ausgestiegen, weil sie den Markt einfach nicht verstehen oder aber, weil sie größere Verluste vermeiden wollten und erst dann wieder einstiegen, wenn der Markt eindeutig gedreht hat. Jede Aktie, die verkauft wurde, muss aber auch einen Käufer gefunden haben. Genau wie beim physischen Gold waren es hier vorwiegend die großen Mitspieler am Markt, die sich freuten, extrem billige Minenaktien einsammeln zu können.

Ein anderer Grund, warum Goldminen-Unternehmen in 2013 von den Anlegern so abgestraft wurden, ist vielleicht, dass zahlreiche Unternehmen in den Jahren zuvor zu gierig geworden waren, sie expandierten wie wild, nahmen neue Minen in Betrieb, ohne auf die Kosten zu achten, und kauften kleine Konkurrenten zu teils überhöhten Preisen auf.

Durch die massiven Kursverluste in 2013 wurden die Manager der Goldminen wieder auf den Boden der Realität zurückgeholt. Es wurden vielerorts Produktionsabläufe verbessert, wodurch die Minen insgesamt die Produktionskosten deutlich senken konnten und mussten.

Während die All-in-Kosten im weltweiten Durchschnitt im Jahr 2001 noch etwa $ 270 pro Unze Gold betrugen, waren es in 2012 bereits knapp $ 1.700. Im gleichen Zeitraum stiegen die Kosten für die Förderung – vor allem dank steigender Energie- und Wasserpreise sowie geringerer Gesteinsdurchsetzung – um beachtliche 615%! Die Fördermenge stieg in diesen 11 Jahren jedoch nur um 3,8% und erreichte in 2013 ihren Höchststand mit über 3.000 Tonnen weltweit. Dies war mit großer Wahrscheinlichkeit der Peak – die Fördermengen werden also künftig kontinuierlich sinken, auch wenn der Preis wieder deutlich anziehen sollte.[(249)] In 2013 gelang den Minenbetreibern, durch den Druck des sinkenden Goldpreises genötigt, die durchschnittlichen All-in-Kosten wieder auf rund $ 1.400 zu senken.

Der älteste verfügbare Goldindex, der *Barrons Gold Mining Index* (BGMI), notierte im Jahr 2013 auf dem niedrigsten Stand in Relation zu Gold seit mehr als 70 Jahren. (siehe Abb. 18) Nachdem Goldaktien im Jahr 2013 bereits etwa 60% von ihren Höchstständen entfernt waren, senkten die meisten Analysten brav ihre Prognosen, so wie sie es in einem solchen Fall gewohnt sind. Antizyklisches Denken wird nur von wenigen Investoren betrieben, meist jedoch von den erfolgreichen. Generell könnte man sagen, dass der Zeitpunkt des größten Pessimismus meist verlässliche Einstiegssignale in eine Anlageform liefert. Oder um an die Worte von André Kostolany zu erinnern: „*Eine Hausse wird im Pessimismus geboren... und stirbt in der Euphorie.*"

Wer in Gold-Aktien investieren will, der sollte auf eine gewisse Streuung achten, am besten auf mindestens 5 oder 10 unterschiedliche Unternehmen, um das Risiko zu minimieren.

Alternativen zur Anlage in Aktien einzelner Goldminenbetreiber sind die Anlage in Goldfonds, in Zertifikate, in Aktien von Gold-Streaming- oder Gold-Royalty-Firmen oder „Goldsparen". Dazu möchte ich einige Denkanstöße geben.

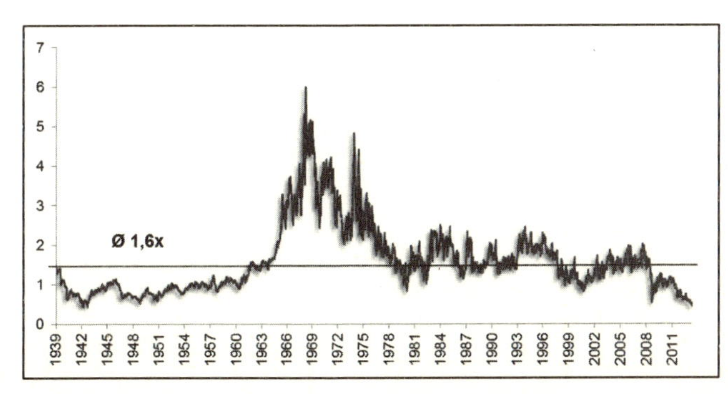

Abb. 18:
Der älteste verfügbare Goldindex, der *Barron's Gold Mining Index* (BGMI), notierte 2013 auf dem niedrigsten Stand in Relation zu Gold seit mehr als 70 Jahren. Die *Minen-Gold-Ratio* belegt das schlechte Abschneiden von Goldminen gegenüber Gold nach 2008.

Gold-Streaming- oder **Gold-Royalty-Firmen** sind Unternehmen, die selbst keine Minen betreiben, sondern Goldförderern Kredite gewähren, um dafür am Gewinn aus der Goldproduktion beteiligt zu werden oder aber bestimmte Mengen einer Förderung in der Zukunft zu einem festgelegten Preis zu bekommen. Mit diesem Gold handeln die Royalty-Firmen dann ihrerseits. Sie ähneln auf Grund der Kreditvergabe einer Bank, haben aber wegen ihrer Spezialisierung wesentlich mehr Fachwissen als dies Banken haben können. Da sie mit festen Einkaufspreisen kalkulieren können, und da sie an mehreren (oder vielen) Minenunternehmen beteiligt sind, ist das Risiko beim Investment in Aktien von Royalty-Firmen geringer als bei einzelnen Goldförderern. Die bekanntesten „streamer“ sind *Sandstorm Gold, Royal Gold* und *Franco-Nevada* im Gold- und *Silver Wheaton* im Silberbereich.

Goldfonds investieren entweder in echtes Gold, in Goldzertifikate, in Goldminenaktien oder in eine Kombination aus alledem. Sie werden entweder von einer Bank oder von einer Fondsgesellschaft zusammengestellt und ausgegeben oder aber an der Börse gehandelt (ETF). Die erste Gruppe wird meist aktiv gemanaged, das bedeutet, dass jemand dafür angestellt ist, laufend Gold oder Goldaktien zu kaufen oder zu verkaufen – je nachdem, wie es für den Fonds gerade günstiger ist. Daraus entstehen Kosten, die von den Anteilseignern eines Fonds getragen werden müssen. Doch dies sind nicht die einzigen Kosten. Daher sollte man sich bei Interesse ganz genau ansehen, welche Verwaltungskosten verrechnet werden und wie viel des eingesetzten Geldes tatsächlich in Gold- oder Goldprodukte fließt.

Da man aus den meisten Fonds jederzeit wieder aussteigen kann, kann nie das gesamte eingezahlte Geld auch investiert werden. Jeder Fonds muss Teile des eingesammelten Geldes liquide vorhalten, um Anteile auszahlen zu können. Ob man an einem Fonds verdient oder nicht, hängt vor allem vom Zeitpunkt des Ein- und des Ausstiegs ab, aber auch vom Charakter des Fonds, von den Nebenkosten und vom Management.

Die meisten Fondsmanager verfügen über bessere und schnellere Informationen als Kleininvestoren, daher können sie den Markt meist auch besser einschätzen. Generell sollte man aber bedenken, dass Fonds vom Emittenten dafür geschaffen wurden, um Geld zu verdienen und nicht, um andere Menschen glücklich zu machen. Doch wer selbst nicht die Zeit aufbringen kann oder will, sich mit einzelnen Minenwerten und deren Entwicklung zu beschäftigen, für den könnte ein gemanagter Goldfonds interessant sein. Von ETFs sollten wenig erfahrene Anleger die Finger lassen.

Wer im Internet Nachrichten und Informationen rund um die Themen Gold, Goldaktien und Goldprodukte sucht, kann dies in deutscher Sprache am besten tun unter: www.goldseiten.de, www.goldreporter.de, www.onvista.de, www.bjoernjunker.wordpress.com.

Und in englischer Sprache: www.kitco.com, www.zerohedge.com, www.goldsilverworlds.com, www.jsmineset.com, www.gold-eagle.com, www.seekingalpha.com, www.safehaven.com.

Goldkauf

Goldkauf ist Vertrauenssache. Gold sollte man nur bei etablierten und erfahrenen Händlern mit einem eigenen Laden kaufen. Vom Goldkauf im Internet rate ich dringend ab. Warum? Weil überall dort, wo große Nachfrage, viel Geld und wenig Wissen aufeinandertreffen, viel Schindluder getrieben werden kann.

Was aber noch viel wichtiger ist: In Deutschland und Österreich darf man (Stand: 2014) anonym Gold im Wert von 15.000 € pro Tag kaufen. Weder im Internet noch bei einer Bank hat man diese Möglichkeit. Ein anonymer Kauf ist nur dann gegeben, wenn ich mich nicht ausweisen muss, es keine Vermerke über mich gibt und ich in bar bezahlen kann. All das ist nur bei einem seriösen Edelmetallhändler der Fall.(250) Wobei man beim Edelmetallkauf bedenken sollte, dass es aus verschiedenen Gründen riskant ist, alles an einem Tag und an einem Ort zu kaufen. Zum einen ist der ungesicherte Transport großer Werte immer sehr riskant, zum anderen weiß man nie, ob der Preis nicht noch weiter sinken wird. Unter Umständen kann man mit mehreren kleinen Käufen an auseinanderliegenden Tagen einen besseren Durchschnittspreis erzielen.

Warum aber ist der anonyme Kauf („Barkauf“ oder „Tafelgeschäft“) so wichtig? Dafür gibt es drei gute Gründe oder drei mögliche Gefahrenherde:

- Diebstahl,
- Gold-Besteuerung,
- Goldverbot.

Je weniger Menschen davon wissen, dass man Gold besitzt, und vor allem, wo man es aufbewahrt, desto sicherer ist es. Wenn Staaten am Rande des Abgrundes stehen, dann kommen sie auf die absurdesten Ideen. Zwei davon haben wir schon mehrfach in der Geschichte erlebt: die Besteuerung und/oder das Verbot von Gold. Beides ist jedoch nur exekutierbar, wenn der Staat weiß, wer wie viel Gold hat. Warum also sollte man es ihm sagen, wenn er einem doch das Recht einräumt, Gold anonym zu erwerben? Wobei sich da die Frage stellt, wie lange dieses Recht noch gelten wird...

Bislang fällt beim privaten Kauf und Verkauf von Anlagegold (Barren und Münzen) **keine Mehrwertsteuer** an.

Doch was ist Anlagegold? *Anlagemünzen* müssen nach dem Jahr 1800 geprägt worden sein, müssen einen Feingehalt von mindestens 900/1.000 aufweisen, sie müssen in ihrem Herkunftsland gesetzliches Zahlungsmittel sein, und ihr Verkaufspreis darf den *Offenmarktwert* ihres Goldgehalts um nicht mehr als 80% übersteigen – anders ausgedrückt: Die Münze darf nicht mehr als 80% über „spot“ des Goldanteils kosten. Dann wäre sie nämlich eine Sammlermünze.

Auf Silber fällt hingegen in den meisten Ländern Mehrwertsteuer an. Waren Silbermünzen (anders als Silberbarren) in Deutschland bis 2014 von der Mehrwertsteuer befreit, so fällt auch hier nun der volle Steuersatz an. Wer weiß, wie lange Gold noch davon befreit sein wird? Wenn Gold seinen wahren Wert offenbart, dann ist es egal, ob man bei 1.000 Dollar oder 2.000 Dollar gekauft hat. Wichtig ist es dann nur, es zu besitzen!

Private Anleger aber, die wenig Fachwissen haben und in physisches Gold zur Absicherung investieren wollen, lassen sich leider meist von Angst und vom Herdentrieb der Massenpresse treiben. Sie kaufen immer dann, wenn der Goldpreis steigt. Je höher er steigt, desto länger sind die Schlangen vor den Edelmetallhändlern. Dabei wäre es gerade für Menschen mit kleinem Portemonnaie sinnvoll, antizyklisch zu kaufen, weil sie sich viel Geld und Nerven sparen könnten.

Es ist nicht alles Gold, was glänzt?

Im Internet wird viel über angeblich gefälschte Goldmünzen und Goldbarren geschrieben, was ein wenig nach Panikmache klingt, denn gleichzeitig werden zahlreiche Geräte angeboten, die echtes von falschem Gold unterscheiden sollen.

Tatsächlich braucht ein erfahrener Goldhändler aber keine teuren Spektrometer, besondere Waagen oder sonstige High-Tech-Geräte, um echte von falschen Goldmünzen zu unterscheiden, denn ihm reicht meist ein Blick und ein Befühlen des Materials. Der einfachste Test ist immer noch der **Klangtest**: Hält man zwei Goldmünzen zwischen den Fingern und schlägt sie aneinander, dann erzeugen sie einen hohen, schönen, deutlich hörbaren Klang. Schlägt man zwei vergoldete Wolframmünzen aneinander, hört man fast nichts, weil Wolfram spröde und stumpf ist. Der Klang würde dem von zwei aneinandergeschlagenen Euro-Münzen entsprechen. Doch wie häufig sind **Goldfälschungen** wirklich? Dazu der renommierte Berliner Edelmetallhändler *Peter Rossmann* (Kessef Edelmetalle): *„In den vierundzwanzig Jahren, in denen ich im Goldhandel tätig bin, hat mir noch nie jemand eine falsche Goldmünze oder einen falschen Barren angeboten. Das würde sich wohl auch niemand* *trauen, weil der Unterschied für jeden Experten auf den ersten, spätestens auf den zweiten Blick zu erkennen ist. Kein seriöser Edelmetallhändler und keine Bank könnten es sich leisten, Fälschung in den Handel zu bringen. Das würde auf der Stelle ihren guten Ruf zerstören, und der ist in der Branche das wertvollste Gut!"*

Anders sieht das jedoch bei Angeboten im Internet aus. Auf zahlreichen Plattformen sind seit 2012 falsche Goldmünzen von China aus verkauft worden. Der Handel mit gefälschten Münzen – die ja offiziell immer noch von Staaten ausgegeben werden – ist ein schweres Verbrechen, das in der westlichen Welt mit Gefängnisstrafen geahndet würde. In China scheint das Ganze aber ein wenig anders auszusehen. Daher kann ich nur ausdrücklich vom Goldkauf via Internet-Handelsplattformen abraten. Anders ist dies beim Silber, wo der Preis für eine Münze im Verhältnis zu Gold so gering ist, dass sich das (aufwendige) Fälschen kaum lohnt.

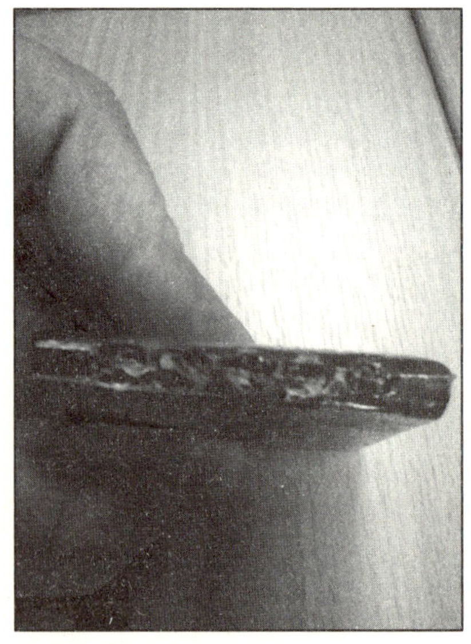

Abb. 19 und 20:
Links: Ein echter Goldbarren, der zum Teil mit Wolfram gefüllt wurde. Auf den ersten Blick ist der Betrug nicht ersichtlich.
Rechts: Erst wenn man den Barren auftrennt, kommt das Wolfram zum Vorschein. Solche Barren sollen schon angeblich mehrfach beim Handel via Internetplattformen aufgetaucht sein.

Der beste Schutz ist der Kauf von Gold bei einem seriösen Edelmetallhändler oder bei einer Bank. Im Falle einer staatlichen Enteignung sind aber die Kunden der Banken die ersten, die Hausbesuch bekommen. Nebenbei bemerkt ist der Goldhandel auf Flohmärkten oder Antikmärkten per Gesetz verboten. Das ist durchaus sinnvoll, denn wenn sich die Ware später als problematisch erweist, dann dürfte eine Reklamation schwierig werden.

Anders als bei Münzen, sind bei Goldbarren – vor allem bei größeren Barren – schon einige Barren aufgetaucht, die zum Teil mit Wolfram gefüllt waren. (siehe Abb. 19 und 20) Dabei benutzen Betrüger echte Goldbarren mit Zertifikat, in die sie dann kleine Löcher hineinbohren, die sie dann mit Wolfram ausfüllen. Die Bohrstellen werden dann wieder fein säuberlich vergoldet. Aber auch hier gilt: Der Aufwand hierfür ist groß, die Gefahr, von Fachleuten überführt zu werden, ebenso. Daher werden auch solche Waren eher unter der Hand oder im Internet angeboten. Dazu nochmals Peter Rossmann: *„Immer, wenn ich Goldbarren von privat ankaufe, prüfe ich sowohl die Barren als auch die Stückelung sowie die betreffende Person ganz genau. Auch hier habe ich persönlich noch nie gefälschte Ware in Händen gehabt.“*

Goldaufbewahrung

> *„Gold ist keine Verbindlichkeit, für niemanden. Wenn man Gold besitzt, so hat man etwas Reelles. Hat man Papiere, dann besitzt man ein Versprechen, das nichts bedeuten kann. Wenige verstehen das, weil sie Opfer einer jahrelangen Gehirnwäsche durch Regierungen, Zentralbanken, Banken und – ganz besonders – die Medien sind.“*[(251)]
>
> Ferdinand Lips

Ist der Kauf von Gold schon Vertrauenssache und nichts, was man an die große Glocke hängen sollte, so ist es die Aufbewahrung des eigenen „Goldschatzes“ umso mehr. Doch wie kann man sich am besten gegen privaten oder staatlichen Diebstahl schützen? Etwa durch die Aufbewahrung in einem Banksafe? Eher weniger. Ein Banksafe ist nicht anonym! Im Falle einer Pleite der Bank oder aber auch des Staates ist es nicht sicher, dass Sie das, was darin aufbewahrt ist, jemals wiedersehen. Wenn Sie keine extra Versicherung abschließen, dann ist die Sicherheit im Falle eines Einbruchs auch nicht größer, als wenn Sie Ihr Gold irgendwo verstecken.

Nicht nur im Wilden Westen wurden Kutschen überfallen, um Gold zu erbeuten. Solche Raubzüge finden bis heute statt. Am 14. Januar 2013 gruben Diebe einen Tunnel in den Tresorraum einer Volksbank-Filiale in Berlin-Steglitz, leerten die meisten Fächer aus und legten dann Feuer. Weder die Diebe, noch die Beute wurden je gefasst. 180 Schließfachbesitzer waren nicht versichert und verloren alles, ohne Anrecht auf Entschädigung.[(252)]

Aber das ist kein Einzelfall! Im September 2013 wurden der Bank *HSBC Trinkaus* in Düsseldorf während Umbauarbeiten zehn Kilo Gold im Wert von 300.000 Euro gestohlen. Die Täter wurden nicht gefasst.[(253)] Im Juli 2008 nutzten unbekannte Täter ebenfalls Bauarbeiten zum Einstieg in den Keller einer Commerzbankfiliale in Berlin. Sie räumten 100 Schließfächer leer.[(254)]

Ich denke, ich muss die Liste nicht weiter fortsetzen, um deutlich zu machen, dass nicht alle Banksafes eine Garantie für Sicherheit sind – weder vor zivilem noch vor staatlichem Diebstahl. Private Besitzer großer Goldmengen lagern ihr Gold entweder bei Banken oder aber bei darauf spezialisierten Firmen, die ihre Großlager meist an geheimen Orten in sicheren Ländern wie Singapur oder der Schweiz haben. Eine solche Lagerung ist jedoch mit Kosten verbunden, und wenn man das Gold benötigt, dann muss man erst einmal rankommen.

Wer keine großen Mengen Gold besitzt und die jederzeit verfügbar haben möchte, muss sich entweder einen eigenen Safe anschaffen oder aber es sonst irgendwo sicher verstecken. Dabei sollte jeder selbst kreativ werden und möglichst wenig darüber sprechen. Man sollte nur so viele Menschen einweihen wie unbedingt nötig, etwa Ehe- oder Lebenspartner oder Kinder. Wichtig ist jedoch, dass man es selbst wiederfinden kann.

Wer sich einen Safe anschafft, sollte bedenken, dass ein kleiner Safe bei einem Einbruch leicht mitgenommen werden kann – er sollte also fest verankert sein und mehrere hundert Kilo wiegen. Am sichersten ist wohl ein Bodensafe, den man auch noch gut abdecken kann. In manchen Häusern gibt es Tresorräume mit starken Betonwänden. Diese Wände erhalten eine Spezialarmierung, die nicht durchbohrt werden kann. Man kann auch einen eigenen Raum im Keller schaffen. Bei beiden Fällen ist es wichtig, dass der Raum möglichst kein Fenster hat und die Tür einbruchssicher ist. Man sollte bedenken, dass wiederum möglichst wenig Menschen von einem Tresorraum wissen sollten und er nicht leicht auffindbar sein darf, denn im Falle eines Überfalls könnte man von den Einbrechern gezwungen werden, den Safe zu öffnen.

Alles, was mögliche Diebe abschreckt, ist gut – angefangen beim bellenden Hund im Haus bis hin zur Alarmanlage, die von außen deutlich erkennbar sein sollte. Wer ein Haus neu baut, sollte die Alarmanlage erst nachträglich einbauen lassen, damit nicht der gesamte Bautrupp und alle Handwerker darüber Bescheid wissen.

Wer sein Gold vergraben oder verstecken möchte, sollte Folgendes bedenken: Mit Metalldetektoren kann man Gold auch in Mauern und in der Erde (bis ca. 80 cm) finden. Daher zwei Denkanstöße: Nicht alles am selben Ort verstecken und wenn, dann entweder tief genug oder vielleicht hinter oder zwischen anderem Metall. Der Rest unterliegt Ihrer eigenen Kreativität!

NACHWORT

Gold mag als Zahlungsmittel vielleicht nicht der Weisheit letzter Schluss sein, aber mir ist bislang kein besseres Geld bekannt. Die massenhafte Einführung alternativer Währungen in den letzten Jahren belegt, dass die Menschen sich nach einer soliden Währung, nach sicherem Geld sehnen – nach Geld, mit dem sie sich identifizieren können! Doch Regionalwährungen sind begrenzt, und virtuelle Währungen sind extrem riskant und unsicher, wie die zahlreichen Manipulationen und Plünderungen von *Bitcoin*-Konten und -Börsen seit 2013 zeigten. Darüber hinaus fehlen all diesen Ersatzwährungen sowohl die Magie als auch die Zeitlosigkeit, die Gold und Silber haben. Man muss Geld anfassen und begreifen können, um ihm zu vertrauen. Auf Dauer wird das Konfettigeld der Bankenelite nur Unglück und Zerstörung über die Menschheit bringen, egal ob es in Papierform oder virtuell zum Einsatz kommt. Solange wir für Geld arbeiten, das keinen inneren Wert hat, ist unsere Arbeit wertlos.

Die Bankenelite hat es im Lauf der letzten 100 Jahre geschafft, Gold in der Wahrnehmung des modernen Menschen zu etwas Primitiven herabzuwürdigen. Der moderne westliche Mensch assoziiert Goldschmuck heute mit Rappern und Ganoven, also mit Randfiguren der Gesellschaft. Es ist bemerkenswert, dass gerade solche Personen – denen man geringere Bildung unterstellen würde – offenbar mehr Verständnis für echtes Geld und für bleibende Werte haben, als der vermeintlich besser gebildete Teil der Bevölkerung.

In jenem Segment unserer westlichen Gesellschaft kommt Gold (außer im sprachlichen Umgang) nicht mehr vor. Alles Zeitlose, ewig Währende, wurde durch billigen Plastikmüll ersetzt und der breiten Masse als Errungenschaft verkauft. Gold wurde weggesperrt, sein Preis manipuliert, und sein Wert dadurch beschädigt.

Ganz anders ist dies in Asien, wo Menschen dem Betrug mit dem Konfetti-Geld nicht erlegen sind. Das ist nur einer der Gründe, warum davon auszugehen ist, dass den Asiaten die Zukunft gehört, während unsere westliche Gesellschaft sich überlebt hat – sollte es nicht zu einem radikalen Umdenken kommen.

Ich hoffe, dass ich mit diesem Buch für ein wenig mehr Klarheit rund um das Thema „Gold“ sorgen konnte und dass ich Ihre Neugierde geweckt habe. Vielleicht konnte ich Sie ja dazu ermuntern, sich künftig mehr mit dem Thema „Geld“ zu befassen, da es unser Leben massiv bestimmt und Einfluss auf unsere persönliche Freiheit oder Unfreiheit hat.

Des Weiteren hoffe ich, dass sich der gegenwärtige weltweite Währungskrieg, der letztlich auch ein Krieg um Gold ist, nicht zu einem großen militärischen Krieg entwickeln wird. Es gibt jedoch leider viele Anzeichen dafür, dass bestimmte Kräfte an einem erneuten großen Krieg Interesse haben. In der Geschichte waren Kriege leider meistens die Antwort auf wirtschaftliche und monetäre Probleme. Wenn man unsere Welt heute realistisch betrachtet, dann haben wir uns im Laufe der letzten 2.000 Jahre menschlich kaum weiterentwickelt – was wenig Mut macht. Zwar haben wir im technischen Bereich Erstaunliches geleistet, aber geistig sind wir vergleichsweise zurückgeblieben. Doch die Hoffnung stirbt zuletzt! Vielleicht ist die viel zitierte „Frequenzerhöhung“ im menschlichen Bewusstsein doch möglich. Vielleicht erleben wir noch einen „Quantensprung“, ehe es zu spät ist und wir alle ferngesteuerte Sklaven einer kleinen, geistig gestörten Psychopathen-Elite werden. Wer weiß?

In jedem Fall ist es von Vorteil, auf alle Eventualitäten – auch auf einen Dritten Weltkrieg – vorbereitet zu sein, soweit das möglich ist. Wer in diesem oder in irgendeinem anderen Fall auf die Politik vertraut, dem ist nicht mehr zu helfen.

Wir alle können durch mutiges Auftreten und durch Aufklärung dazu beitragen, den Druck auf das Bankenkartell und auf die Währungshüter (was leider oft ein und dasselbe ist) so zu verstärken, dass sie sich letztlich selbst zu Fall bringen und so daran gehindert werden, weiteres Leid über die Menschheit zu bringen.

Wir müssen unser Schicksal in unsere eigenen Hände nehmen, denn niemand sonst kann und darf das für uns tun! Wir müssen endlich aufwachen, erwachsen werden, der Wahrheit furchtlos ins Auge blicken und dem finsteren Treiben einiger weniger entschlossen Einhalt gebieten!

Gold ist Geld! Es ist (neben Silber) das einzige wahre Geld. Es ist unser Werkzeug zum Erhalt von persönlicher Freiheit und von Frieden. Gold ist zeitlos und unzerstörbar, es ist unsere direkte Verbindung zum Universum. Neben all den materiellen Bedeutungen von Gold ist gerade seine spirituelle, heilende, erdende Kraft für uns von größter Wichtigkeit – besonders in einer Zeit, in der wir Gefahr laufen, immer mehr Werte zu verlieren.

Ich wünsche uns allen eine friedliche, glückliche und reiche, ja eine goldene Zukunft! Ich wünsche uns allen ein Leben in Freiheit und Selbstbestimmung! Das Ziel ist klar, aber der Weg dahin könnte holprig werden, wenn nicht sogar halsbrecherisch. Lassen Sie sich nicht unterkriegen!

Herzlichst,

Michael Morris

Literatur- und Quellenverzeichnis

(1) www.zerohedge.com/news/2013-12-04/jim-rogers-cautions-be-prepared-be-worried-and-be-careful-going-end-badly

(2) http://awakeningofhumanity.files.wordpress.com/2014/01/david-icke-mono-atomic-gold-a-secret-of-shapeshifting-and-the-reptilian-control.pdf

(3) www.spektrum.de/alias/wo-entstand-das-gold-das-wir-heute-auf-der-erde-finden/894626

(4) www.n24.de/n24/Nachrichten/Wissenschaft/d/3208630/wie-entsteht-das-kostbare-gold-.html

(5) „In GOLD we TRUST", Ronald-Peter Stöferle, Incrementum AG, 27. Juni 2013

(6) www.welt.de/finanzen/geldanlage/article111946178/Die-Deutschen-besitzen-fast-8000-Tonnen-Gold.html

(7) http://quotes.dictionary.com/It_feels_almost_soft_like_something_to_be

(8) http://de.wikipedia.org/wiki/Gold

(9) http://de.wikipedia.org/wiki/Gold#Physikalische_Eigenschaften

(10) www.traumdeuter.ch/texte/2240.htm

(11) www.astrolantis.de/mystik-blog-Mystik_des_Goldes.php

(12) http://de.wikipedia.org/wiki/Punt_%28Goldland%29

(13) http://de.wikipedia.org/wiki/Konquistador

(14) www.goldunze.de/Gold-der-Azteken-Z74.html

(15) www.goldankauf-pro24.de/jb-goldankauf-goldgeschichte/jb-goldankauf-goldgeschichte-goldfieber-minas-gervais.html

(16) http://de.wikipedia.org/wiki/Johann_August_Sutter

(17) http://de.wikipedia.org/wiki/Goldrausch#Colorado_Gold_Rush

(18) www.faz.net/aktuell/wirtschaft/recht-steuern/kniffelige-rechtslage-vom-unglueck-einen-schatz-zu-finden-12166.html

(19) www.zeit.de/2010/16/Acker-Schatzsuche-Kasten

(20) http://de.wikipedia.org/wiki/Schatz_der_Sachsen

(21) www.goldunze.de/Goldschaetze-der-Geschichte-Z78.html

(22) http://de.wikipedia.org/wiki/HMS_Edinburgh_%28C16%29#Bergung_des_Goldes

(23) www.staatsschuldenuhr.de/

(24) „Die Kreatur von Jekyll Island", G. Edward Griffin, Kopp-Verlag, S. 174

(24b) wie (5)

(25) wie (5)

(26) www.zerohedge.com/news/2014-02-03/deutsche-bank-weve-created-global-debt-monster

(27) http://de.wikipedia.org/wiki/Goldreserve

(28) www.goldseiten.de/artikel/196323--Dunkelgold~-Ein-mysterioeser-Markt-beleuchtet-.html

(29) http://de.wikipedia.org/wiki/Gold/Tabellen_und_Grafiken

(30) http://de.wikipedia.org/wiki/Gold/Tabellen_und_Grafiken

(31) www.manager-magazin.de/unternehmen/artikel/nasa-will-mit-unternehmen-rohstoffe-vom-mond-abbauen-a-952536.html#ref=rss

(32) http://de.wikipedia.org/wiki/Gold/Tabellen_und_Grafiken

(33) www.goldseiten.de/artikel/169388--Weltweite-Goldproduktion-2013-2012.html

(34) http://turkishgoldminersassociation.com/statistics/european-gold-production
(35) www.focus.de/finanzen/news/neue-minen-in-europa-goldrausch-in-griechenland_aid_858774.html
(36) http://wirtschaftsblatt.at/home/nachrichten/oesterreich/salzburg/1553079/
(37) www.noricumgold.com/index_austrian.aspx
(38) www.3sat.de/page/?source=/wissenaktuell/148035/index.html
(39) www.rheingold-profi.de/de/rheingold-in-zahl-und-bild
(40) www.goldankauf-pro24.de/gold-illegal-schuerfen.html
(41) www.goldankauf-pro24.de/gold-illegal-schuerfen.html
(42) http://de.wikipedia.org/wiki/Bergbau_in_Ghana#Galamsey_Mining
(43) http://diepresse.com/home/reporter/461005/Goldrausch-in-Ghana-auf-der-Spur-der-Gier
(44) www.goldankauf-pro24.de/gold-illegal-schuerfen.html
(45) http://de.wikipedia.org/wiki/Gold/Tabellen_und_Grafiken
(46) www.goldseiten.de/modules/news/print.php?storyid=196432
(47) http://blogs.wsj.com/corporate-intelligence/2013/03/14/minings-austerity-era-is-bad-news-for-the-tax-collector/
(48) http://lerablog.org/wp-content/uploads/2013/05/gold-mine.jpg
(49) http://bilder4.n-tv.de/img/incoming/origs7184131/936273977-w1000-h960/RTR2CRYK.jpg
(50) www.stockreport.de/module/kolumnen/kolumnen.asp?action=d&a=0&nr=118&kid
(51) www.goldfixing.de/goldnews/goldfoerderung-in-suedafrika-um-14-prozent-gesunken/
(52) www.goldseiten.de/modules/news/print.php?storyid=13076
(53) www.goldseiten.de/modules/info/print.php?id=617&page=0 © Boss Cube (2001) Ein Referat von Boss Cube anläßlich der 2. Elliott-Waves-Tagung in Friedrichroda
(54) http://www.regenwald.org/files/de/gold-fakten-download.pdf
(55) http://de.wikipedia.org/wiki/Baia-Mare-Dammbruch
(56) http://diepresse.com/home/reporter/461005/Goldrausch-in-Ghana-auf-der-Spur-der-Gier
(57) http://de.wikipedia.org/wiki/Freeport-McMoRan
(58) www.goldseiten.de/artikel/177102--Die-drei-groessten-Goldminen-der-Welt.html
(59) www.fondscheck.de/analysen/Artikel-Goldfoerderung_auf_Rekordhoch_Einfluss_nicht_unterschaetzen-5537284
(60) www.spiegel.de/wissenschaft/technik/uno-berechnung-zu-elektroschrott-gold-berge-auf-muellhalden-a-679381.html
(61) www.gold.de
(62) http://boerse.ard.de/anlageformen/rohstoffe/wie-die-fed-den-goldpreis-manipuliert-100.html
(63) wie (62)
(64) www.goldseiten.de/artikel/193073--Goldminen-auf-Jahrzehntunterstuetzung-nach-historischem-Goldnegativjahr.html
(65) www.wiwo.de/finanzen/boerse/goldmuenzen-in-akkordarbeit-praegeanstalten-leisten-ueberstunden/9394200.html
(66) www.investor-verlag.de/gold/goldpreisentwicklung/langfristige-goldpreis-entwicklung-und-prognose/105178381/

(67) www.finews.ch/news/finanzplatz/14254-gold-goldpreis-feinde-regierungen-zentralbanken-asset-manager-vermoegensverwalter
(68) Interview mit Peter Rossmann am 10. Januar 2014 in Berlin
(69) www.bullionaer.de/shop_content.php/coID/14/product/Der-Goldmarkt
(70) http://deutsche-wirtschafts-nachrichten.de/2014/01/16/bafin-chefin-der-ehrbare-kaufmann-als-vorbild-fuer-banker-nicht-gordon-gekko/
(71) http://goldpreis.co/2014/01/commerzbank-verkauft-goldmuenzen-online/
(72) www.bloomberg.com/news/2014-01-28/gold-flows-east-as-bars-recast-for-chinese-defying-slump.html
(73) www.mining.com/deutsche-bank-opens-9-billion-gold-vault-in-singapore-97174/
(73a) http://diepresse.com/home/meingeld/1569527/Wie-der-Goldpreis-geschmiedet-wird
(73b) www.handelsblatt.com/finanzen/rohstoffe-devisen/rohstoffe/deutsche-bank-unter-verdacht-investor-reicht-klage-gegen-geldhaeuser-ein-/9571670.html
(74) www.focus.de/finanzen/banken/sechs-institute-verurteilt-banken-muessen-1-7-milliarden-euro-busse-in-zinsskandal-zahlen_id_3453871.html
(75) www.manager-magazin.de/unternehmen/banken/a-873979.html
(76) www.welt.de/newsticker/bloomberg/article122280262/Goldfixing-auf-dem-Pruefstand-moegliche-Informationsvorspruenge.html
(77) www.goldseiten.de/artikel/186467--10-Tonnen-Gold-fuer-JP-Morgan.html
(78) http://mises.org/daily/6401/
(79) World Gold Council, WORLD OFFICIAL GOLD HOLDINGS International Financial Statistics, January 2014
(80) www.bild.de/geld/wirtschaft/bundesbank/holt-deutsches-gold-zurueck-33977522.bild.html
(81) www.goldseiten.de/artikel/195254--Erneut-hoher-Goldabfluss-aus-J.P.-Morgans-COMEX-Lagerhaus.html
(82) www.wiwo.de/finanzen/geldanlage/deutsches-gold-im-ausland-was-ist-mit-unseren-goldreserven-passiert-seite-all/9296876-all.html
(83) http://news.goldseek.com/GoldSeek/1391712254.php
(84) www.goldseitenblog.com/peter_boehringer/index.php/2014/01/07/deutsches-gold-bundesbank-verwickelt-sic
(85) www.goldseiten.de/artikel/195266--Neue-Hinweise-ueber-das-Bundesgold-.html
(86) www.gold.de/artikel,594,Bundesbank-holt-37-Tonnen-Gold-nach-Frankfurt.html
(87) www.atlantik-bruecke.org/programme/arbeits-und-regionalgruppen/regionalgruppen/rg-rhein-ruhr-karel-de-gucht/
(88) www.spiegel.de/politik/ausland/konfliktbarometer-2013-20-kriege-weltweit-11-in-afrika-6-in-nahost-a-955389.html
(89) „Alles, was Sie über Gold wissen müssen: Hintergründe, Fakten und Anlagetipps", Christoph Eibl, Finanzbuch Verlag, 2008
(90) www.planet-wissen.de/politik_geschichte/wirtschaft_und_finanzen/gold/haus_rothschild.jsp
(91) Ferdinand Lips im Gespräch mit Jim Puplava am 6.5.2004
(92) Ferdinand Lips, „Die Gold-Verschwörung", Kopp Verlag, Rottenburg
(93) wie (5)
(94) wie (5)

(95) wie (92)
(96) http://die-rote-pille.blogspot.de/2011/05/die-verborgene-weltdiktatur-des.html
(97) https://sites.google.com/site/link72dots/calendar/list-of-topics/rothschild-gold
(98) http://de.wikipedia.org/wiki/Klondike-Goldrausch
(99) „200th Anniversary of the 1810 Bullion Committee, A landmark in the history of the London market“, Timothy Green
(100) http://taxfreegold.co.uk/rmrroyalmintrefinery.html
(101) „The history of Investment in the United States to 1914“, Mira Wilkins, S. 472
(102) http://wirsindeins.org/hinter-den-kulissen-der-macht/finanzen/federal-reserve-bank/das-kartell-der-federal-reserve-die-acht-familien/
(103) http://de.wikipedia.org/wiki/Deutsch-Franz%C3%B6sischer_Krieg
(104) http://de.wikipedia.org/wiki/Bankhaus_S._Bleichr%C3%B6der
(104a) http://de.wikipedia.org/wiki/Rio_Tinto_Group
(105) wie (101), S. 473
(106) http://en.wikipedia.org/wiki/Treadwell_gold_mine
(107) http://en.wikipedia.org/wiki/Treadwell_gold_mine
(108) wie (105)
(109) www.goldankauf-pro24.de/jb-goldankauf-goldgeschichte/jb-goldankauf-goldgeschichte-goldproduktion-mitte-19-jahrhundert.html
(110) http://en.wikipedia.org/wiki/Raphaels_Bank
(111) http://de.wikipedia.org/wiki/Johnson_Matthey
(112) wie (89)
(113) wie (24), S. 23
(114) wie (24), Seite 523/468
(115) http://tribune.com.pk/story/224896/pentagon-chief-warns-wont-accept-extra-spending-cuts/
(116) „United States Mint – Former Manufacturer of Gold Bullion Bars“ www.goldbarsworldwide.com, Grendon International Research Pty Ltd 2012
(117) wie (24), S. 526f, 472f
(118) wie (24)
(119) http://de.wikipedia.org/wiki/Goldverbot
(120) www.wie-sagt-man-noch.de/wissen/lexikon/2045/Erster-Weltkrieg-und-die-Kriegskosten.html
(121) http://deutsche-wirtschafts-nachrichten.de/2013/04/04/angst-vor-goldverbot-italiener-schmuggeln-gold-in-die-schweiz/
(122) www.goldreporter.de/geheime-vertragsdetails-gold-der-griechen-kann-beschlagnahmt-werden/gold/19381/
(123) http://de.wikipedia.org/wiki/Deutsche_Reparationen_nach_dem_Ersten_Weltkrieg
(124) wie (24), S. 480/429
(125) www.derwesten.de/politik/der-erste-weltkrieg-geht-diesen-sonntag-zu-ende-id3770887.html
(126) www.junker-edelmetalle.de/341-0-Goldverbot.html
(126a) www.gold-to-go.com/service/goldmarkt/goldverbot-in-den-usa-1933/
(127) wie (92), S. 70
(128) „Das Goldbuch“, Manfred Gburek, Finanzbuch Verlag, S. 106 ff

(129) John Maynard Keynes, „The Collected Writings of", Vol. V, New York, Macmillan
(130) http://de.wikipedia.org/wiki/Emil_Puhl
(131) www.archives.gov/publications/prologue/1999/spring/nazi-gold-merkers-mine-treasure.html
(132) „Nazi Gold: The Merkers Mine Treasure", *Prologue*, Spring 1999, vol. 31, no. 1
(133) www.berliner-zeitung.de/archiv/was-mit-von-den-nazis-in-gettos-und-konzentrationslagern-geraubtem-und-im-deutschen-reich-eingeschmolzenen-edelmetall-geschah-das-geheimnis-des--melmer--goldes,10810590,9369994.html
(134) http://de.wikipedia.org/wiki/Tripartite_Gold_Commission
(135) wie (133)
(136) http://sbgv1.orf.at/magazin/studio/stories/7987/
(137) http://de.wikipedia.org/wiki/Raubgold
(138) www.nytimes.com/1997/11/02/world/nazi-gold-was-recast-and-issued-in-the-us.html
(139) http://de.wikipedia.org/wiki/Goldzug
(140) wie (132)
(141) www.theguardian.com/world/2013/jan/21/vatican-secret-property-empire-mussolini
(142) www.spiegel.de/spiegel/print/d-44906300.html
(143) www.cai.org/de/bibelstudien/papst-wurde-nach-33-tagen-vergiftet
(144) www.christundwelt.de/themen/detail/artikel/der-kirchenstaat-steht-kopf/
(145) http://americanfreepress.net/?p=3281
(146) http://americanfreepress.net/?p=3281#sthash.ZyleWnuS.dpuf
(147) http://americanfreepress.net/?p=3281#sthash.ZyleWnuS.dpuf
(148) www.spiegel.de/spiegel/print/d-13525110.html
(149) http://en.wikipedia.org/wiki/Rogelio_Roxas
(150) www.youtube.com/watch?v=0Xpj0orZR0Y
(151) http://de.wikipedia.org/wiki/Goldverbot
(152) http://de.wikipedia.org/wiki/Goldpreis#Londoner_Goldpool
(153) www.goldseiten.de/modules/news/print.php?storyid=194227
(154) wie (5)
(155) wie (92), S. 121
(156) wie (92), S. 206
(157) wie (89), S. 119
(158) wie (92), S. 207
(159) wie (92), S. 209
(160) wie (92), S. 208
(161) wie (128), S. 82
(162) www.n24.de/n24/Mediathek/Dokumentationen/d/3982660/die-macht-des-goldes.html
(163) „Die geheime Goldpolitik: Warum die Zentralbanken den Goldpreis steuern", Dimitri Speck, Finanzbuch Verlag 2013
(164) www.silverdoctors.com/gordon-brown-dumped-britains-gold-to-save-goldman-sachs-jp-morgan/
(165) http://gata.org/node/12084
(166) www.rottmeyer.de/keine-angst-vor-der-goldpreismanipulation/
(166a) www.goldseiten.de/artikel/200941--Klage-gegen-JP-Morgan-und-die-COMEX.html
(167) www.20min.ch/finance/news/story/29921503

(168) wie (92), S. 272
(169) http://dieboersenblogger.de/18911/2011/09/profitieren-jetzt-auch-die-gold-und-silberdeveloper/
(170) http://www.goldtrend.de/goldpreis/buch/gold-verschwoerung.htm
(171) www.handelszeitung.ch/konjunktur/schweiz/diesen-laendern-lagert-das-schweizer-gold
(172) http://de.statista.com/statistik/daten/studie/72099/umfrage/umsatz-mit-bargeldlosem-zahlungsverkehr-seit-dem-jahr-2007/
(173) www.tagesspiegel.de/weltspiegel/us-oekonom-larry-summers-will-bargeld-abschaffen-damit-staat-und-banken-besseren-zugriff-haben/9326548.html
(174) „Was Sie nicht wissen sollen!", Michael Morris, Amadeus Verlag, 2011, Seite 237ff
(175) www.tagesspiegel.de/weltspiegel/us-oekonom-larry-summers-will-bargeld-abschaffen-damit-staat-und-banken-besseren-zugriff-haben/9326548.html
(176) http://deutsche-wirtschafts-nachrichten.de/2014/01/23/banken-beschleunigen-ende-des-bargelds/
(177) www.credit-suisse.com/de/de/news-and-expertise/news/economy/global-trends.article.html/article/pwp/news-and-expertise/2013/07/de/cybersecurity--a-global-concern-for-governments--firms.html
(178) www.tagesschau.de/wirtschaft/korruptionsbericht108.html
(179) http://deutsche-wirtschafts-nachrichten.de/2014/02/13/whistle-blower-hsbc-waescht-geld-fuer-drogen-kartelle/
(180) http://de.wikipedia.org/wiki/Zigarettenw%C3%A4hrung
(181) http://deutsche-wirtschafts-nachrichten.de/2013/12/19/iwf-will-ueber-neue-welt-regierung-zugriff-auf-spar-guthaben/
(182) http://deutsche-wirtschafts-nachrichten.de/2013/12/19/iwf-will-ueber-neue-welt-regierung-zugriff-auf-spar-guthaben/
(183) www.goldseiten.de/artikel/193470--Betrug-Betrogene-und-Bezugspunkte-1~2.html?seite=1
(184) www.mathaba.net/news/?x=626678
(185) http://mathaba.net/wm/wm.html
(186) www.goldseiten.de/artikel/152611--Interview-mit-Gerald-Celente.html
(187) Eric Hobsbawm, www.stern.de/wirtschaft/news/maerkte/eric-hobsbawm-es-wird-blut-fliessen-viel-blut-700669.html
(188) www.thepeoplesvoice.org/TPV3/Videos.php/2011/05/08/gaddafi-gold-for-oil-dollar-doom-plans-b
(189) www.deutsch-tuerkische-nachrichten.de/2013/07/480739/gold-fuer-erdgas-niedriger-goldpreis-und-iran-embargo-bereiten-tuerkei-kopfzerbrechen/
(190) www.spiegel.de/wirtschaft/soziales/waehrungsstreit-weltbank-chef-fordert-neuen-goldstandard-a-727789.html
(191) http://german.china.org.cn/business/txt/2012-05/15/content_25390359.htm
(192) http://diepresse.com/home/wirtschaft/boerse/463833/Angriff-auf-Dollar_China-verlangt-neue-Weltwaehrung
(193) www.goldhot-line.de/index.php?option=com_content&view=article&id=368:bangladesch-kauft-10-t-gold-von-iwf-analyse-mineral-deposits&catid=1:tagesbericht&Itemid=2

(194) www.goldreporter.de/us-politiker-in-virginia-erwagen-eigene-gold-wahrung/gold/30391/
(195) www.goldreporter.de/gold-als-geld-jetzt-auch-im-us-bundestaat-arizona-geplant/gold/30580/
(196) „Goldene Harfe und zugewiesene Goldkonten“ – Teil 1/2, veröffentlicht am 2.11.2012, Jim Willie CB
(197) http://deutsche-wirtschafts-nachrichten.de/2014/02/08/finanzkrise-treibt-junge-spanier-in-den-selbstmord/
(198) www.telegraph.co.uk/news/worldnews/europe/eu/10559458/We-want-a-United-States-of-Europe-says-top-EU-official.html
(199) http://deutsche-wirtschafts-nachrichten.de/2014/02/15/umfrage-deutschen-verlieren-vertrauen-in-parteien/
(200) www.globalresearch.ca/people-living-in-caves-as-uk-homelessness-reaches-five-year-high/5342441
(201) http://deutsche-wirtschafts-nachrichten.de/2014/01/25/europa-auf-dem-weg-zur-massen-armut/
(202) http://kingworld-news.com/kingworldnews/KWN_DailyWeb/Entries/2013/12/5_China_Mining_Some_Gold_For_A_Staggering_$2%2C500_An_Ounce.html).
(203) www.finanzen.net/nachricht/private-finanzen/Interview-Dirk-Mueller-Die-meisten-kaufen-Aktien-wenn-es-zu-spaet-ist-3271970
(204) http://deutsche-wirtschafts-nachrichten.de/2014/02/12/hollande-zu-obama-freihandel-schnell-durchziehen/
(205) http://terragermania.com/2011/07/28/hintergrunde-zur-verhaftung-von-dominique-strauss-kahn/comment-page-1/
(206) www.gold-eagle.com/article/popular-manifesto-demand-solutions
(207) www.goldseiten.de/artikel/191440--Gold-im-Sekundentakt-nach-unten.html
(208) www.welt.de/newsticker/bloomberg/article122280262/Goldfixing-auf-dem-Pruefstand-moegliche-Informationsvorspruenge.html
(209) www.goldseiten.de/modules/news/print.php?storyid=195124
(210) http://nypost.com/2010/03/29/jpmorgan-chase-story-in-uk/
(211) http://en.wikipedia.org/wiki/Andrew_Maguire_%28whistleblower%29
(212) http://en.wikipedia.org/wiki/Andrew_Maguire_%28whistleblower%29
(213) www.goldseiten.de/artikel/191170--Erster-Short-Squeeze-im-Gold.html
(213a) http://deutsche-wirtschafts-nachrichten.de/2013/09/02/goldman-raet-zum-verkauf-von-gold-und-kauft-selbst-in-grossem-stil/
(214) www.goldseiten.de/artikel/185804--Nicht-auf-ewig~-JP-Morgans-perfekte-Silbermanipulation.html
(215) Edelmetall- und Rohstoffmesse in München gegenüber *Goldreporter.de* berichtete www.goldreporter.de/goldpreis-crash-goldprognosen-und-goldmanipulation-experten-befragt/gold/37562/
(216) www.goldseiten.de/artikel/185901--Gold~-Wiederauferstehung-aus-dem-Finanzdesaster-.html
(217) www.goldseiten.de/artikel/186467--10-Tonnen-Gold-fuer-JP-Morgan.html
(218) www.tfmetalsreport.com/blog/5400/short-hairs

(219) www.goldseiten.de/artikel/191700--JP-Morgan-scheint-Gold-zu--lieben-oder-zu-brauchen.html
(220) www.zerohedge.com/news/2014-02-01/market-cornered-jpmorgan-owns-over-60-notional-all-gold-derivatives
(221) www.goldseiten.de/artikel/196379--Neuer-Rekord-beim-Spekulieren-auf-Kredit-.html
(222) http://deutsche-wirtschafts-nachrichten.de/2014/03/12/kleine-banken-unter-druck-grossbanken-wollen-europa-beherrschen/
(223) http://de.wikipedia.org/wiki/Tipu_Sultan
(224) www.moz.de/artikel-ansicht/dg/0/1/1110461
(225) www.indienaktuell.de/magazin/wirtschaft-allgemein/indien-und-das-gold-325372
(226) www.goldseiten.de/artikel/187191--Grant-Williams~-Klartext~-Goldnachfrage---Indien-Asien-und-der-Westen--Teil-1~2.html?seite=1
(227) http://www.n-tv.de/wirtschaft/In-Indien-blueht-der-Gold-Schmuggel-article11911366.html
(228) Eric Sprott, „Ein weiteres Zeichen für Manipulation am Goldmarkt", veröffentlicht am 28.1.2014
(229) http://therealasset.co.uk/nationalist-china-gold/
(230) http://michaelturton.blogspot.com/2008/08/myth-of-chinese-gold-in-economic.html
(231) www.wantchinatimes.com/news-subclass cnt.aspx?id=20110404000007&cid=1501
(232) „Goldenes Sturmzentrum", 20.4.2012, Jim Willie CB
(233) www.goldseiten.de/artikel/197794--Indien-noch-immer-groesster-Goldkonsument-der-Welt.html
(234) http://deutsche-wirtschafts-nachrichten.de/2014/01/22/chinas-gold-reserven-haben-sich-verdreifacht/
(235) www.nationmultimedia.com/opinion/Prepare-for-a-new-gold-standard-30212197.html
(236) www.zerohedge.com/news/2013-10-18/chinas-largest-conglomerate-buys-building-houses-jpmorgans-gold-vault
(237) „Gold And Silver – In East v West Gold War, Both Are Still Winning", 4.1.2014 http://edgetraderplus.com/market-commentaries/gold-and-silver-in-east-v-west-gold-war-both-are-still-winning
(238) http://news.goldseek.com/GoldSeek/1391712254.php
(239) wie (5)
(240) www.goldseiten.de/artikel/196323--Dunkelgold~-Ein-mysterioeser-Markt-beleuchtet-.html?seite=2
(240a) http://news.goldseek.com/GoldSeek/1391712254.php)
(241) www.finews.ch/news/finanzplatz/14254-gold-goldpreis-feinde-regierungen-zentralbanken-asset-manager-vermoegensverwalter
(242) „The Long and Short of Gold Investing", www.safehaven.com/article/32284/the-long-and-short-of-gold-investing
(243) wie (5)
(244) www.stockre-port.de/module/kolumnen/kolumnen.asp?action=d&a=0&nr=118&kid=
(245) www.goldseiten.de/modules/news/print.php?storyid=194227
(246) www.wiwo.de/finanzen/geldanlage/goldminenaktien-die-besten-goldgruben-fuer-anleger/7897004.html

(247) „Goldminen auf Jahrzehntunterstützung nach historischem Goldnegativjahr“, 8.1.2014, Uwe Bergold
(248) http://haetten-sie-gewusst.blogspot.de/2013/09/zahl-der-aktionare-wie-viele-menschen.html – Stand: 2012
(249) www.goldseiten.de/artikel/169388--Weltweite-Goldproduktion-2013-2012.html
(250) www.gold.de/gold-anonym-kaufen.html
(251) Ferdinand Lips im Gespräch mit Jim Puplava, 6.5.2004
(252) www.faz.net/aktuell/gesellschaft/kriminalitaet/jahrestag-in-berlin-opfer-des-tunnelraubs-demonstrieren-vor-bank-12751517.html
(253) www.dasinvestment.com/nc/finanzboulevard/news/datum/2014/01/20/bankraub-zehn-kilo-gold-geklaut/
(254) www.fr-online.de/panorama/berliner-commerzbank-100-schliessfaecher-gepluendert,1472782,3343910.html

Bildquellen

(1) http://de.wikipedia.org/wiki/Gold/Tabellen_und_Grafiken
(2) http://de.wikipedia.org/wiki/Gold/Tabellen_und_Grafiken
(3) http://blogs.wsj.com/corporate-intelligence/2013/03/14/minings-austerity-era-is-bad-news-for-the-tax-collector/
(4) http://lerablog.org/wp-content/uploads/2013/05/gold-mine.jpg
(5) www.n-tv.de/wirtschaft/Moskau-versteigert-Goldader-article7184211.html
(6) www.silber.de/goldkurs.html
(7) The New York Times, 13.9.1919
(8) The New York Times, 21.8.1921
(9) www.seestyle-magazin.de/wp-content/uploads/2012/10/ras_merkers_DW_Ver_1431441s.jpg
(10) http://unsolved.com/ajaxfiles/tre_ferdinand_marcos_gold_buddha.htm
(11) http://de.finance.yahoo.com/q/bc?s=EURCHF=X&t=5y&l=on&z=m&q=l&c=
(12) www.goldseiten.de/bilder/upload/gs52aacf3cd27c5.png, Chart 15, 3.12.2013, Hannes Huster „Gold im Sekundentakt nach unten“
(13) www.ag-edelmetalle.de/charts/gold/
(14) www.argentarius.de/blog/2012/09/28/rothschild-gussbarren-castbar/
(15) www.tafelbarren.de/uploads/pics/Anleitung-1_03.jpg
(16) http://de.wikipedia.org/wiki/Goldvreneli
(17) www.muenzen.eu/tl_files/bilder/goldmuenzen/kruegerrand.jpg
(18) www.gold.de/images/download/In-GOLD-we-TRUST-2013.pdf, Nick Laird, Sharelynx.com, Barrons, Incrementum AG
(19) www.zerohedge.com/sites/default/files/images/user5/imageroot/2012/03/bar3.jpg
(20) www.zerohedge.com/sites/default/files/images/user5/imageroot/2012/03/Bar2.jpg

Namenregister

Sach- und Firmenregister

WAS SIE NICHT WISSEN SOLLEN!

Michael Morris

Einigen wenigen Familien gehört die gesamte westliche Welt – und nun wollen sie den Rest!

Lord Josiah Charles Stamp, der ehemalige Direktor der *Bank of England* und einst einer der reichsten Männer der Welt, erklärte 1937: *„Das moderne Bankwesen produziert Geld aus dem Nichts. Dieser Vorgang ist vielleicht die erstaunlichste Erfindung in der Geschichte der Menschheit. Die Banker besitzen die Erde. Nimm den Bankern die Erde weg, aber lass ihnen die Macht, Geld zu schöpfen, dann werden sie im Handumdrehen wieder genug Geld haben, um sie zurückzukaufen."*

Eine kleine Gruppe von Privatbankiers regiert im Geheimen unsere Welt. Diese Bankiers steuern nicht nur die FED oder die EZB, sondern auch überregionale Organisationen wie die UNO, die Weltbank, den IWF und die BIZ. Sie manipulieren den Gold- und Silberpreis, haben die Immobilienblase und die Bankenkrise bewusst herbeigeführt und stürzen die Welt absichtlich in den Abgrund. Das jahrhundertealte Ziel dieser Geldelite ist kein Geringeres als die Weltherrschaft, genannt die *Neue Weltordnung*! Und dafür nehmen sie jedes Opfer in Kauf. Sie planen sogar ganz offiziell die nach ihrer Meinung nötige Dezimierung der Weltbevölkerung.

Michael Morris erklärt uns: *„Seit mehr als zweihundert Jahren bricht in regelmäßigen Abständen die Wirtschaft zusammen, weil es genau so geplant und gewollt ist. Und genauso geplant ist auch der nächste Börsencrash – und der kommt sehr bald. Denn dadurch werden das Geld und damit die Macht von unten nach oben umverteilt... Immer wieder fallen wir auf dieselben alten Taschenspielertricks herein. Das geht nur deswegen, weil die wenigsten Menschen verstehen, wie unser globales Finanzsystem funktioniert. Es ist derart schwierig gehalten, damit sich kaum einer wirklich damit auseinandersetzt. Und das ist bewusst so gemacht. Dabei ist es im Grunde so simpel!"*

Michael Morris erklärt auf ungewöhnlich einfache und verständliche Weise, wie das Bankwesen und Finanzsystem funktioniert, wie und warum Inflation entsteht und wie sie verhindert werden könnte! Und er zeigt detailliert auf, wer dahintersteckt, wer diese Welt samt den unterschiedlichsten Politikern und Medien regiert. Hat man das einmal verstanden, gehen einem die Augen auf!

Der Autor deckt wie noch keiner zuvor das Geflecht aktueller Firmenbeteiligungen der Rothschild- und Rockefeller-Familien sowie das IWF-Konzept für eine Weltwährung auf. Aber er zeigt auch Alternativen im wirtschaftlichen wie im sozialen Bereich. Spannend, packend, aufrüttelnd und topaktuell!

ISBN 978-3-938656-13-6 • 21,00 Euro

JETZT GEHT'S LOS!

Michael Morris

Wir sind diejenigen, auf die wir immer gewartet haben!

Alles in uns und um uns herum ist im Wandel, ob wir es wollen oder nicht. Viele Energien im Universum ändern sich gerade nachhaltig, was auch deutlich erkennbare Auswirkungen auf die Erde, auf unser Klima und auf unser Verhalten hat. Dabei erkennen immer mehr Menschen, dass unsere modernen Gesellschaften und unsere Wirtschaftssysteme ihr natürliches Haltbarkeitsdatum erreicht haben. Alte Strukturen geraten ins Wanken. Vielerorts kommt es zu Demonstrationen, Aufständen, Bürgerkriegen. Immer mehr Organisationen entstehen, die versuchen, jene Fehler zu beheben, die durch eine rückwärtsgewandte Wirtschaft und Politik entstanden sind – eine Politik, die sich völlig vom Menschen und dessen Bedürfnissen entfernt hat. Doch was kann jeder Einzelne von uns tun, um mit einer Welt Schritt zu halten, die sich immer rascher verändert? Sind die Machthaber der Erde denn nicht schon viel zu mächtig und die Überwachungsstrukturen zu flächendeckend, als dass man noch irgendetwas ausrichten könnte?

Genau diese Fragen wurden Michael Morris von vielen seiner Leser gestellt, die seinen Polit-Bestseller „Was Sie nicht wissen sollen!“ gelesen hatten, in dem er beschreibt, wie sich ein paar hundert mächtige Familien über die letzten zweihundert Jahre die Rohstoffe der Welt unter den Nagel gerissen haben und wie sie heute über Wirtschafts- und Politikstrukturen die Weltgeschicke lenken. Im vorliegenden Buch zeigt er Möglichkeiten auf, wie wir uns aus dem Sumpf befreien können, in dem wir uns gegenwärtig befinden. Michael Morris erklärt, welche praktischen Wege es gibt, einen sinnvollen, hilfreichen Beitrag für das Wohl der Erde und der Menschheit an sich zu leisten, und was man für die eigene Gesundheit, Zufriedenheit und Selbstverwirklichung tun kann. Er zeigt zudem Alternativen in der Wirtschaft und im Geldwesen auf, ebenso wie im Bereich der Bildung – denn jede Revolution beginnt im Geiste. Er betrachtet dabei auch die spirituellen Aspekte des Lebens, um verständlich zu machen, wie wir überhaupt erst in diese Lage kommen konnten und welche Chancen sich daraus ergeben.

Es gibt bereits zahlreiche neue Strömungen, sowohl in der Bildung, in der Medizin als auch in der Wirtschaft und im Geldwesen. Es gibt völlig neue Formen von frei verfügbarer, unbegrenzter Energie, die alles auf diesem Planeten verändern werden. All das ist keine Utopie, keine Zukunftsmusik, sondern bereits Realität. All diese Neuigkeiten finden sich nicht in den Massenmedien wieder, doch sie wurden von Michael Morris zusammengetragen und ergeben so ein einmaliges, umfassendes Bild des gegenwärtigen Wandels auf Erden. Wir sind im Begriff, Zeugen einer geistigen Revolution auf Erden zu werden, und jeder von uns kann seinen eigenen, kleinen, aber bedeutsamen Beitrag dazu leisten. Sind Sie mit dabei?

ISBN 978-3-938656-14-3 • 21,00 Euro

POLITISCH UNKORREKT

Jan van Helsing & Co.

Mit der Schere im Kopf...

...müssen viele Autoren, Journalisten und Verleger arbeiten und schreiben nicht das, was sie gerne möchten und was auch die Bürger interessieren würde, sondern sie unterliegen einem unsichtbaren Diktat – der Politischen Korrektheit!
Wenn Sie bislang der etwas wohlmeinenden Ansicht gewesen sein sollten, dass *„man in Deutschland doch alles sagen darf, da wir doch eine durch das Grundgesetz garantierte Meinungsfreiheit"* haben, dann liegen Sie falsch. Wir dürfen sicherlich mehr sagen als in China oder im Iran oder in Nordkorea, aber bei uns darf man bestimmte Themen nicht ansprechen oder gar publizieren. Ansonsten folgt eine gesellschaftliche – meist durch die Medien angezettelte – Hetze und im Regelfall dann auch eine Bestrafung. Fakt ist, dass den Bürgern entweder Teile einer Nachricht vorenthalten werden, weil sie „politisch unkorrekt" sind und eventuell den „öffentlichen Frieden" stören könnten, oder es tauchen in vielen Fällen die Ereignisse überhaupt nicht in den Nachrichten auf, man hält sie einfach von der Öffentlichkeit fern, um das Volk nicht zu beunruhigen!
In diesem Buch wird hingegen Klartext gesprochen, denn wir Bürger sind reif genug und auch wert, dass man uns reinen Wein einschenkt über die Vorgänge hinter den Kulissen – in Deutschland und weltweit!
Jan van Helsing und 13 weitere Autoren lassen sich den Mund nicht verbieten und bringen in diesem Buch Themen zur Sprache, die womöglich von diversen Kreisen und Medienorganen als „politisch unkorrekt" beurteilt werden, die aber die Autoren als ganz besonders „lesens- und wissenswert" empfinden...

Behandelt werden Themen wie:

- Zensur in den Massenmedien
- Sexualisierung unserer Kinder
- Der Codex Alimentarius
- Migrantengewalt gegen Deutsche
- Ein Illuminat bricht sein Schweigen
- Flugscheiben bei der Bundeswehr
- Wer initiierte die Wirtschaftskrise?
- Die Klimalüge
- Gewalt gegen Polizisten
- Christenverfolgung in der Welt
- Geheimakte Rudolf Heß
- Neue Lügen um 9/11
- Impfen macht krank
- Die 99er-Loge
- Abtreibungskritik
- Das Terror-Trio

Selbstverständlich wird im Buch auch die Frage behandelt, WER denn ein Interesse an dieser Zensur hat und wohin das alles führen soll – denn dahinter steckt ein gut ausgedachter Plan einiger Mächtiger. Wollen Sie denen auch in die Suppe spucken?

ISBN 978-3-938656-60-0 • 24,00 Euro

GEHEIMGESELLSCHAFTEN 3

Jan van Helsing

Halten Sie es für möglich, dass ein paar mächtige Organisationen die Geschicke der Menschheit steuern? Jan van Helsing ist es nun gelungen, einen aktiven Hochgradfreimaurer zu einem Interview zu bewegen, in dem dieser detailliert über das verborgene Wirken der weltgrößten Geheimverbindung spricht – aus erster Hand! Dieser Insider informiert uns darüber: Was die Neue Weltordnung darstellt, wie sie aufgebaut wurde und seit wann sie etabliert ist – weshalb die Menschen einen Mikrochip implantiert bekommen – dass die Menschheit massiv dezimiert wird – welche Rolle Luzifer in der Freimaurerei spielt – dass der Mensch niemals vom Affen abstammen kann – welche Rolle die Blutlinie Jesu spielt – dass es eine Art Meuterei in der Freimaurerei gibt und was im Jahr 2012 aus Sicht der Freimaurer auf die Menschheit zukommt.

ISBN 978-3-938656-80-8 • 26,00 Euro

DIE JAHRTAUSENDLÜGE

Jan van Helsing & Stefan Erdmann

Seit Jahrtausenden sind die Menschen von den ägyptischen Pyramiden fasziniert, dem letzten der sieben Weltwunder der Antike. Sie strahlen etwas Mystisches, etwas Magisches und Geheimnisvolles aus, und viele haben sich – so wie Stefan und Jan – in der Großen Pyramide aufgehalten, dort gar die eine oder andere Nacht verbracht und können von eigenartigen Erlebnissen, Visionen oder ganz besonderen Eindrücken berichten. Wie passt das zur gängigen Theorie, dass die Große Pyramide von Gizeh ein Grabmal gewesen sein soll? Oder war sie eine Einweihungsstätte, wie manch Esoteriker es annimmt? Was ist denn an solchen Behauptungen dran, was davon ist bewiesen? Oder war die Große Pyramide etwas ganz anderes?

Durch ein geheimes Zusammentreffen mit einem hochrangigen ägyptischen Diplomaten erfuhren Stefan und Jan von neuen, geheimen Grabungen und einer Entdeckung, welche den Sinn und Zweck der Erbauung der Großen Pyramide in ein ganz neues und gänzlich unerwartetes Licht rückt. In diesem Buch präsentieren die beiden ihre Erkenntnisse und vor allem auch Beweise einer abenteuerlichen Recherche – die moderne Wissenschaft macht's möglich...

ISBN 978-3-938656-30-3 • 19,70 Euro

JETZT REICHT'S! 2

Johannes Holey

Rote Karte für Krankheits- und Ernährungsschwindler

Der überraschende Beschluss der Regierungsvertreter Nahrungsergänzungs- und Naturheilmittel zu verbieten, jedoch weiterhin z.B. WLAN, das unsere Gehirne regelrecht ‚grillt', in allen Ecken und Winkeln zu erlauben, weckt Protest. Stellen Sie sich auch manchmal die Frage, wie man in einem solchen Chaos überhaupt gesund bleiben kann? Johannes Holey deckt in seinem 2. Band »Jetzt reicht's!« erneut eine Menge dreister Schwindel für Sie auf. Wussten Sie beispielsweise, dass man mit System die Familien zerstören will oder dass aus Profitsucht gezielt Krankheiten erfunden werden?
In einer Zeit, in der immer mehr Masken fallen und Lügen Beine kriegen, floriert aber auch gleichzeitig ein noch nie dagewesenes Potential an neuen Unterstützungsmöglichkeiten!

ISBN 978-3-938656-09-9 • 19,70 Euro

JETZT REICHT'S!

Johannes Holey

Wie lange lassen wir uns das noch gefallen?
Lügen in Wirtschaft, Medizin, Ernährung und Religion

Sind Sie der Meinung, dass Sie durch Fernsehen und Presse die Wahrheit erfahren? Dann können Sie sich das Lesen dieses Buches ersparen. Der Autor lässt Sie einen Blick hinter all jene Lügen riskieren, die Ihre Gesundheit, Ihr Leben und das Ihrer Kinder bis aufs Äußerste belasten. Seine Recherche in der alternativen Fachpresse und in weit über hundert Wissenschaftsberichten liefert dazu die jeweiligen top-aktuellen Wahrheiten. Dort, wo mächtige Organisationen das Weltgeschehen steuern und die Mainstream-Medien dazu schweigen müssen, suchte und fand er reichlich Aufklärung, auch wenn man darüber teilweise sehr erschrickt.
Johannes Holey demaskiert Lüge um Lüge – von erfundenen Krankheiten, über bewusste Mangelerzeugungen (Vitamin B12, Eisen u.a.), systematische Vergiftungen (Fluor, Übersäuerung u.a.), die lukrativen Ernährungslügen, den Fleisch-, Zucker- und Getränkeschwindel. Die möglichen Krankmacher Mikrowelle, Kunstlicht und Mobilfunk sind mit dabei wie auch das Klimakatastrophen-Märchen und die geplante Währungsreform.

ISBN 978-3-938656-44-0 • 21,00 Euro

DAS EINE MILLION EURO BUCH

Jan van Helsing & Dr. Dinero

Erkennen Sie die Zeichen?

Glauben Sie an Zufälle? Denken Sie, es ist reiner Zufall, dass ein paar hundert Familien mehr besitzen als der Rest der gesamten Menschheit? Was wissen diese über Geld, was der Rest der Menschheit nicht weiß? Glauben Sie, dass Glück, Reichtum, Geld und Besitz ganz zufällig bei bestimmten Personen landet?
Es ist kein Zufall, sondern es gibt ein besonderes Wissen über den Umgang mit Geld und Erfolg, das man der Masse vorenthält. Jeder kennt den Begriff ‚Erfolgsrezept'. Gibt es denn so etwas wirklich, ein Rezept für Erfolg? Ja, das gibt es tatsächlich! Es gibt für alles einen 'richtigen Zeitpunkt' und einen 'richtigen Ort', den man erkennen muss. Dies gibt es auch im Bereich des Geldes.

ISBN 978-3-938656-99-0 • 21,00 Euro

NSU – WAS DIE ÖFFENTLICHKEIT NICHT WISSEN SOLL...

Udo Schulze

Mitte November 2011 brachte ein aus zwei Männern und einer Frau bestehendes Trio Deutschlands Ermittlungsbehörden an den Rand des Wahnsinns, denn die drei aus Thüringen sorgten ungewollt dafür, dass Verfassungsschutz, Bundeskriminalamt, Bundesnachrichtendienst und Landeskriminalämter schonungslos als das offenbart wurden, was sie zweifelsfrei sind: Totalversager oder gefährliche Taschenspieler. Die Verhältnisse um die Thüringer Zschäpe, Böhnhardt und Mundlos machen einfach nur sprachlos – bis zum heutigen Tage. Alles begann im Jahr 2000 mit einer Mordserie, wie es bis dahin in Deutschland noch keine gegeben hatte. Über sechs Jahre hinweg wurden insgesamt acht türkische Kleinselbständige und ein Grieche durch Kopfschüsse regelrecht hingerichtet. Dann, im April des Jahres 2007, wurde eine junge Polizistin in ihrem Streifenwagen auf der Heilbronner Theresienwiese erschossen, ihr Kollege lebensgefährlich verletzt. Alles wurde dem NSU in die Schuhe geschoben. Inzwischen gehen immer mehr Beobachter davon aus, dass der NSU mit der Mordserie nur bedingt zu tun hat, und die wahren Täter einen Hintergrund haben, vor dessen Aufdeckung sich hohe und höchste Kreise in der Bundesrepublik geradezu fürchten. Und weil sich die etablierten Medien – aus welchen Gründen auch immer – weigern, über die vielen Merkwürdigkeiten in diesem Fall zu berichten, werden sie in vorliegendem Buch genannt und aufgezeigt.

ISBN 978-3938656-17-4 • 14,80 Euro

HÄNDE WEG VON DIESEM BUCH!

Jan van Helsing

Sie werden sich sicherlich fragen, wieso Sie dieses Buch nicht in die Hand nehmen sollen. Handelt es sich hierbei nur um eine clevere Werbestrategie? Nein, der Rat: **„Hände weg von diesem Buch!"** ist ernst gemeint. Denn nach diesem Buch wird es nicht leicht für Sie sein, so weiterzuleben wie bisher. Heute könnten Sie möglicherweise noch denken: *„Das hatte mir ja keiner gesagt, woher hätte ich denn das auch wissen sollen?"* Heute können Sie vielleicht auch noch meinen, dass Sie als Einzelperson sowieso nichts zu melden haben und nichts verändern können. Nach diesem Buch ist es mit dieser Sichtweise jedoch vorbei! Sollten Sie ein Mensch sein, den Geheimnisse nicht interessieren, der nie den Wunsch nach innerem und äußerem Reichtum verspürt hat, der sich um Erfolg und Gesundheit keine Gedanken macht, dann ist es besser, wenn Sie den gut gemeinten Rat befolgen und Ihre Finger von diesem Buch lassen.

ISBN 978-3-9807106-8-8 • 21,00 Euro

DIE KINDER DES NEUEN JAHRTAUSENDS

Jan van Helsing

Mediale Kinder verändern die Welt!

Der dreizehnjährige Lorenz sieht seinen verstorbenen Großvater, spricht mit ihm und gibt dessen Hinweise aus dem Jenseits an andere weiter. Kevin kommt ins Bett der Eltern gekrochen und erzählt, dass *„der große Engel wieder am Bett stand".* Peter ist neun und kann nicht nur die Aura um Lebewesen sehen, sondern auch die Gedanken anderer Menschen lesen. Vladimir liest aus verschlossenen Büchern und sein Bruder Sergej verbiegt Löffel durch Gedankenkraft.

Ausnahmen, meinen Sie, ein Kind unter tausend, das solche Begabungen hat? Nein, keinesfalls! Wie der Autor in diesem, durch viele Fallbeispiele belebten Buch aufzeigt, schlummern in allen Kindern solche und viele andere Talente, die jedoch überwiegend durch falsche Religions- und Erziehungssysteme, aber auch durch Unachtsamkeit oder fehlende Kenntnis der Eltern übersehen oder gar verdrängt werden. Und das spannendste an dieser Tatsache ist, dass nicht nur die Anzahl der medial geborenen Kinder enorm steigt, sondern sich auch ihre Fähigkeiten verstärken. Was hat es damit auf sich?

Lauschen wir den spannenden und faszinierenden Berichten medialer Kinder aus aller Welt.

ISBN 978-3-9807106-4-0 • 23,30 Euro

NATIONALE SICHERHEIT – Die Verschwörung

Dan Davis

Theorien über eine Verschwörung gab es genug! In diesem Buch finden Sie die Fakten dazu: Adressen, Bilder, Beweise, Interviews!
Viele Menschen sind für diese Aufdeckungen verfolgt und gerichtlich belangt worden, unzählige wurden umgebracht. Und die Uhr tickt!
Der Autor wurde aufgrund unglaublicher Fakten von hochrangigen Politikern der Bundesregierung zu ‚Vier-Augen-Gesprächen' eingeladen, interviewte Opfer der Projekte MK-Ultra und Monarch, sprach mit verschiedenen Insidern und hatte bereits in seiner frühesten Kindheit Bekanntschaft mit Hochtechnologie, die dem Normalbürger gänzlich unbekannt ist.

Das Buch enthält 548 Fotos von geheimen Entwicklungen in Luft- und Raumfahrt!

ISBN 978-3-938656-25-9 • 25,50 Euro

BUCH 3 – Der Dritte Weltkrieg

Jan van Helsing

Ist das Schicksal der Menschheit vorherbestimmt...?

Im Jahre 1871 erstellten die Führer einer Geheimloge einen Plan, wie sie über drei Weltkriege die Welt – sprich die Zentralbanken, das Öl, die Energie- sowie die Wasserversorgung und die Medien – in ihre Gewalt bringen können. Auf dem Weg zur *Neuen Weltordnung* – einer Weltregierung kontrolliert von diesen Schattenmännern – sollte der Erste Weltkrieg inszeniert werden, um das zaristische Rußland in ihre Hände zu bringen. Der Zweite Weltkrieg sollte über die Manipulation der zwischen den deutschen Nationalisten und den politischen Zionisten herrschenden Meinungsverschiedenheiten fabriziert werden, und der Dritte Weltkrieg sollte sich, diesem Plan zufolge, aus den Meinungsverschiedenheiten ergeben, die man zwischen den Zionisten und den Arabern hervorrufen würde. Es wurde die weltweite Ausdehnung des Konfliktes geplant.
Interessiert es Sie, ob es tatsächlich dazu kommt, und wenn ja, wie dieser Krieg ausgehen wird? Die in diesem Buch aufgeführten Prophezeiungen von über einhundert verschiedenen Sehern haben alle genau diesen Dritten Weltkrieg vorausgesehen und die weitere Entwicklung der irdischen Menschheit im Detail beschrieben.

ISBN 978-3-9805733-5-1 • 25,50 Euro

BANKEN, BROT UND BOMBEN – Band 1

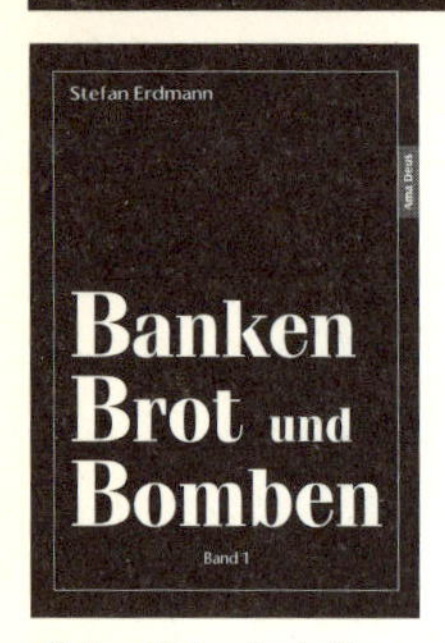

Stefan Erdmann

Band 1

Die historischen Hintergründe...

„Es ist egal, ob George W. Bush oder Al Gore Präsident wird – Alan Greenspan ist der Chef der Notenbank...“, las man vor der letzten US-Präsidentschaftswahl in der Süddeutschen Zeitung.

Sicherlich sind die meisten Personen, die heute die Welt steuern, aus dem Wirtschafts- und Finanzbereich. Doch der wahre Grund, warum sie so mächtig sind und die Geschicke der Welt über unsichtbare Fäden lenken, liegt mitunter in ihrer Mitgliedschaft in Geheimlogen.
Wer das ist und was diese Kreise vorhaben, präsentiert hier Stefan Erdmann in seinem Zweiteiler ***Banken, Brot und Bomben***.

ISBN 978-3-9807106-1-9 • 19,70 Euro

GEHEIMAKTE BUNDESLADE

Stefan Erdmann

Was wissen Sie über die Bundeslade? War Ihnen bekannt, dass es sich hierbei um den bedeutendsten Kultgegenstand der Juden und Christen handelt? Doch was verbirgt sich in ihr, was genau ist sie? Waren die zehn Gebote darin aufbewahrt? War es eine technische Apparatur oder gar ein Gerät zur Kommunikation mit den Göttern?
Offiziell ist sie nie gefunden worden. Einige Quellen behaupten, sie sei spurlos verschwunden.
Stefan Erdmann enthüllt in diesem Buch erstmals Details über einen geheimnisvollen Fund der Tempelritter im Jahre 1118, den diese aus Jerusalem nach Frankreich brachten und der die Grundlage für ihren unermesslichen Reichtum wurde. Auf seiner Spurensuche traf er sich unter anderem auch mit Vertretern verschiedener Logengemeinschaften und fand erstmals Verbindungen zwischen den Templern, den Freimaurern, den Zisterziensern und der Thule-Gesellschaft. Diese Verknüpfungen waren die Grundlage für geheime militärische wie auch wissenschaftliche Operationen, und es wurde offenbar, dass das Grundlagenwissen für den Bau deutscher Flugscheiben während des Zweiten Weltkriegs wie auch für das US-amerikanische Philadelphia Experiment im Jahre 1943, zum Teil aus Geheimarchiven der Zisterzienser stammte.

ISBN 978-3-9807106-2-6 • 21,00 Euro